もちっこ広場 カレンダー

5月

● 説明会
「どんな親子が来てくれるのかな。」
「名札の作り方，うまく説明できるかな。」

5月

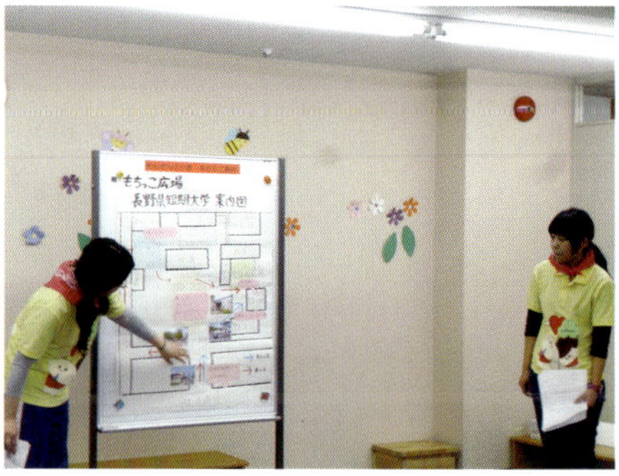

● 説明会
「分かりやすく説明するって難しいな。」

6月

● 第1回「キャンパス探検」
「親子とどんなふうにかかわっていけば
いいんだろう…。」

7月

● 第2回「色水で遊ぼう」事前準備
「子どもたちがけがをしないように，ペッ
トボトルの縁にはしっかりテープを貼ろ
うね。」

7月

●第2回「色水で遊ぼう」
「色と色を混ぜると，まったく違う色に
なるね。不思議でしょう？」

8月

●第3回「水で遊ぼう！」
「消毒できたかな？大きいプールで思
いっきり遊ぼうね。」

8月

●第3回「水で遊ぼう」
「時間ぎりぎりまで，『雨だ！雨だ』と叫
んでうれしそうだった。よかったな。」

9月

●第4回「初めての運動会・親子で楽し
　もう！」ボランティア学生説明会
「指導案を配布して，ボランティア学生
に説明。『分かりやすいと思ってくれる
かな？』」

9月

●第4回「初めての運動会・親子で楽しもう！」
「2年生も積極的に動いてくれた。」

10月

●第5回「秋の自然と触れ合おう」
「計画を立てる前に学内の放射能を測定した（8月）。」

10月

●第5回「秋の自然と触れ合おう
「リーダー役も2度目，笑顔で話ができた。」

10月

●第5回「秋の自然と触れ合おう」
「活動には『達成感を味わう』『何かを知るきっかけになる』『初めて経験する』など，いろいろある。『今日の活動はどんな意味があったんだろう？』」

12 月

● 第6回「クリスマスの楽しさを味わう」
　事前準備（プレゼント作り）
「手作りのまつぼっくりのツリーは『心がこもっていてうれしかった。』と保護者からお礼の言葉をいただいた。」

12 月

● 第6回「クリスマスの楽しさを味わう」
「子どもたちが初めて見る楽器に興味をもってくれてよかった。でも，２歳児の興味関心の続く時間が予想以上に短かったので，少し慌ててしまった。」

1 月

● 第7回「⑴制作『オリジナルのお便り挟みを作ろう』，運動『新聞紙で遊ぼう』
　⑵大人『おしゃべり会』」
「『一人でできるかな？』心配だったけど，ほとんどの子が挑戦していて，中には『もっとやりたい』という子もいた。子どもの発達って意外と早い？」

2 月

● 総合演習発表会
「ゼミの集大成，私たちの学びをしっかりみんなに伝えよう。」

実践力を育てる

「学生主体の子育て支援」を通して

立浪　澄子

立浪澄子著『実践力を育てる』の上梓を歓ぶ

長野県短期大学学長・信州大学名誉教授　　上條宏之

　長野県短期大学は，1929（昭和4）年発足の長野県女子専門学校を前身とし，わが国公立短期大学で最も長い，84年にわたる歴史を刻んできた3学科からなる総合型短期大学である。この短期大学における幼児教育学科の特徴は，3年制であり，付属幼稚園で実習が可能な教育課程を組んできたところにある。学科の専門教育にかかわる教育目的は，「幅広い教養と総合的視野に基づく子ども観・保育観をもち，豊かな人間性，優れた専門知識と技能を備えた保育・幼児教育の専門家として地域社会に貢献できる人材の養成」と謳っている。

　事実，当幼児教育学科は，毎年40人の学生を迎え入れ，例年ほぼ長野県内を中心に100％の就職率を挙げて，保育の専門家を送り出している。教育目的をおおむね達成している学科であると，外部からも高い評価を得ており，志願者の数も多い。

　これは，1962（昭和37）年4月に児童科として発足以来の50年ほどにわたる関係者の努力の積み重ねの成果と言ってよい。その歴史は，1965（昭和40）年に付属幼稚園を設置し，その活用とそこでの理論的実践的研究をも踏まえて幼稚園教諭の養成をおこなうことから始まった。そののち，2004（平成16）年4月，長野県内の保育園経営の皆さんの強い要望を受けて，3年制の保育士養成課程を導入し，当初は専攻科幼児教育学専攻（1年制，定員30人）とした。それを，2010（平成22）年4月から3年制幼児教育学科に改革・発展させ，幼稚園教諭兼保育士を養成してきて，現在の成果を上げることが出来ている。

　いっぽう，長野県短期大学は，2006（平成18）年7月，文部科学省の現代的教育ニーズ取組支援プログラムの「地域活性化への貢献（地元型）」に，「豊かな子ども観を育む総合的短期大学の取組」が選定され，2年間にわたり，全学を挙げてテーマに取り組んだ。この中で，幼児教育学科は，「もちっこ広場」などにより，この取り組みを中心で進め，この著書を書き上げた立浪澄子教授が推進役であった。

　思えば，1900年，20世紀に入る前年，スエーデンの女性社会思想家 Ellen Karolina Sofia Kei（1849 − 1926）は，『児童の世紀』を発刊し，20世紀こそは児童の世紀として，子どもが幸せに育つことのできる平和な社会を築くべき時代にしたい，と提言した。この書は，たちまち11カ国語に翻訳されたという。日本では，1906年にドイツ語版から大村仁太郎が，1916年に英語版から原田実が翻訳して発刊された。この思想は，独自な存在としての子どもへの関心を高めたが，日本の現実は，子どもの権利を踏みにじる動きが跡を絶たなかった。

　20世紀は，真の意味での「児童の世紀」とはならなかったが，第二次世界大戦を経て，

例えば，1989（昭和64）年11月国連総会で「こどもの権利条約」が承認され，わが国でもこれに批准し，「児童の権利に関する条約（児童の権利条約）」を1994（平成6）年5月16日に定めた。

　この児童の権利を保障し，「児童の権利条約」の前文に謳われている児童を育てるためには，本学の幼児教育学科におけるような教育目的を具体化する教育実践の積み上げによる保育・幼児教育の専門家の養成を欠かすことが出来ないに違いないと，私は考えていたが，この本を読んでそれを再確認した。

　本書では，「学生主体の子育て支援」のできる「実践力」を，大学で養成する道筋を明らかにする課題に取り組んだプロセスが，丹念に記録され，質の高い保育専門家をどう育てたらよいのかが，理論と実践との相互交渉の具体的姿から組み立てられ集成されている。

　立浪教授は，国際的視点も視野に入れた保育の歴史にかかわる研究業績をもつ。立浪教授が，保育の本質を歴史的に捉えるという大きなパースペクティブをもつ視点を背景に踏まえながら，大学の内と外とを結んだ人的物的ネットワークのもとに，「実践力」のある「学生主体の子育て支援」のあり方を構築する道筋を照らし出し，きわめて具体的な手法・手順にまでわたって編み出したのが本書である。

　現代の保育者に求められる「実践力」を，立浪教授は「直接的には保育者の言葉や行為，あるいは環境構成などを通して，子どもに直接・間接に働きかける際の効力的な働きかけ，つまり短期的であれ長期的であれ，子どもたちの生活を豊かにし，その成長に役立つ，保育としての実りある成果を引き起こすもの」と定義している。

　問題は，この定義のしめす具体像を導き出すことを可能にする「実践力」を養成する方法の構築である。そして，その方法によって，どのような実践力をもつ学生が育ってきたのか，が見えるかどうかである。それらが，本書の意義をはかる鍵となる。

　本書には，その方法と実践力をもった学生の姿が，確かに，わかりやすく描かれている。私は，大学教育に最近求められている「人間力の養成」にもヒントを与える鍵が，本書の中に散りばめられていると思った。

　実践力のある子育て支援の具体化は，一見，小さなことのようであるが，真正の「児童の世紀」を今後に到来させる道に欠かせない条件であることを，私は本書から感じ取っている。

　著者の労を多とし，心から本書の上梓を歓ぶ所以である。

2013年2月

まえがき

○現代の保育者に求められる「実践力」

　今日の保育者養成の大きな課題として，とりわけ保育者の「実践力」の養成が求められています。

　「実践力」といえば，一昔前であれば，手游びや弾き歌い，紙芝居や絵本の読み聞かせなどで，子どもたちを巧みにひきつける能力を指して使われることが多かったのではないでしょうか。一瞬で子どもたちを静かにさせたり，活動に集中させたりすることが楽々とできる保育者は，「実践力のある保育者」として実習生の憧れの的であり，同僚や保護者の信頼を集めてきました。しかし，ここで述べる「実践力」は，そのような意味では使っておりません。

　これから述べる「実践力」とは，単に子どもを保育者の方に集中させる能力ではなく，保育者が保育の本質とは何かを深く追求していくために，実践のなかに保育の本質を体現する力を意味する言葉として使っていくつもりです。

　具体的に言えば，「実践力」とは，直接的には保育者の言葉や行為，あるいは環境構成などを通して，子どもに直接・間接に働きかける際の効力的な働きかけ，つまり短期的であれ長期的であれ，子どもたちの生活を豊かにし，その成長に役立つ，保育として実りある成果を引き起こすものという意味で使用したいと思います。

　と同時に，実践力はそのような働きかけをより有効にする保育者一人一人の内面的な企画力や組織力をも含んでいます。たとえば，今，目の前にいる子どもたちの実態をよくとらえ，その姿に合った教育・保育課程を編成し，実施したり，結果を全体的に考察し，次回につなげていく力などを含みます。

　当然それは，保育者一人一人の内面的力量とともに，園のすべての職員・親や地域の住民，行政関係者も含めた地域全体の集団的力量で推進していくものでありますが，実践力とは，その集団的力量の核となる保育者の専門的力量を指しています。

　もちろんこのような力量は一朝一夕に身に付くものではなく，長い年月をかけて保育者一人一人がたゆみない努力を重ね，職員全体での討議と実践経験を積み上げるなかで磨かれていくものです。

　養成の場は実践力の素地を養う機会を提供するに過ぎません。しかし学生時代にそういう場があったかどうか，このことが将来問われてくるのではないでしょうか。そのような時代の到来を見据えて，これからの時代の保育者養成教育を考えていきたいと思います。

○実践力を育てる取り組み

　「実践力を育てる」取り組みは，すでに養成校ごとにさまざまな工夫がなされていると思われますが，本書では，保育者養成教育の一環として，特に学生の実践そのものに教員が寄り添い，時には直接指導を加えることで学生の実践力を育てる取り組みを紹介してい

ます。

　その一例は以下のとおりです。

　筆者は，3年制の公立短期大学幼児教育学科（40名定員）において，2006（平成18）年度から，ゼミ活動（演習4単位）として学生グループ（7～10名程度）が主体となって運営する20組の親子の子育て広場を，年に数回程度開催してきました。（2006年度～2008年度は2年次通年演習2コマ4単位の「幼児教育学総合演習」として，2009年度は専攻科の通年演習2コマ4単位の「幼児教育学専修研究」として，2010年度以降は3年制短大の3年次通年演習2コマ4単位の「幼児教育学総合演習」として実施。）

　その中で，特に2007年度からは学生たちとともに教材研究，指導案の作成，事後評価を共同で行ってきました。この経験が学生の成長に非常に役に立つことを確信するに至り，今日的な養成スタイルの一例として一書にまとめてみたものです。

○保育者養成の実践記録

　また本書は，「学生時代に実践力を育てる」ということを課題とした筆者自身の保育者養成教育実践の実践記録でもあります。

　保育学は実践科学であり，実践的研究がその学問的方法の中核であるという筆者自身の立場を，自身の実践記録を通して多くの方に問いかけてみたいという願いを込めたものです。

　保育の実践的研究への関心は，ようやく近年になって保育学研究者の間でも高まってきたようですが，現在でも，その研究の多くは現場保育者の実践記録か，保育現場における自身の観察記録を対象としたものが大部分です。それには，さまざまな事情や歴史的経過があり，研究者自身が自らの実践によって実践研究を本格化するには，まだ相当の時間を要するでしょう。

　しかし，実践的研究手法の是非を問うのであれば，自らもまた実践を通して研究することは研究者にとってより優位な研究方法です。筆者の実践は，未来の保育者を養成するための教育実践ですが，それは講義だけでなく，学生たち自身が行う実践的学習の場に立ち会うことによって，その学習にどのように関与できるかを問おうとするものです。本書は，このような筆者自身の研究的実践の記録を通して，学生の実践的研究にはどのような可能性があるのか，どのような方法が有用なのかを探ろうとするものでもあります。

　　2013年4月

　　　　　　　　　　　　　　　　　　　　立浪　澄子

も く じ

立浪澄子著『実践力を育てる』の上梓を歓ぶ
　　　　（長野県短期大学学長・信州大学名誉教授　　上條宏之）

まえがき
　○現代の保育者にもとめられる「実践力」
　○「実践力」を育てる取り組み
　○保育者養成の実践記録

第1章　なぜ「実践力」を課題とするのか　………………………………　9

　① 保育者に求められる本当のちから － 実践力　………………………　9
　　❶ 保育論の発展　　9
　　　●保育とは何か　　9
　　　●なぜ保育を行うのか　　9
　　　●人間は人間に保護と教育を受けて人間となる － 保育論の発展　　9
　　❷ 現代と保育　　11
　　　●現代の保育論　　11
　　　●現代の子どもはどんな世界に生まれ落ちるか　　12
　　❸ 現代の保育と保育者養成　　13
　　　●保育の専門性とは　　13
　　　●実践とは何か － これまでの保育者養成論が積み残してきたもの　　15
　　　●今後求められる実践的研究の方法　　15

　② 実践力を育てるカリキュラム　………………………………………　16
　　❶ 現在の問題点　　16
　　　●カリキュラムのモザイク化　　16
　　　●保育学の未成立　　17
　　　●実習学の未発達　　17
　　　●現場の多様化，複雑化　　17
　　❷ 実習の可能性　　17
　　　●実習の意義とねらい　　17

　　　　　●実習の現状と課題　　18

　　　　　●継続実習の実施と事後研究の充実　　20

　　　　　●学生たちの実践を直接援助　　28

第2章　保育者養成のための教育実践の一例

　　　　　「学生主体の子育て支援」の実践を通して　……………………　29

　①　子育て支援活動の取り組みと現代GPの採択　………………………　29

　　❶子育て支援　保育者養成の新しい取り組み　　29

　　❷現代ＧＰによる採択　　29

　②　NPO法人「ながのこどもの城いきいきプロジェクト」との連携　……　30

　　❶NPO法人「ながのこどもの城いきいきプロジェクトのこども広場

　　　　－じゃん・けん・ぽん」との連携　　30

　　❷「もちっこ広場」のスタート　　31

　③　学生主体の子育て支援　………………………………………………　32

　　❶「学生主体」の取り組みの意義　　32

　　　　●学生自身による実践的研究　　32

　　　　●子育て支援に必要な基礎的「資質」と「専門性」の追求　　32

　　❷「もちっこ広場」のあゆみと展開　　33

　　　　❶2006（平成18）年度　　33

　　　　❷2007（平成19）年度　　36

　　　　❸2008（平成20）年度　　67

　　　　❹2009（平成21）年度　　100

　　❸「託児」の実践　　124

　　　　●2010（平成22）年度　　124

　　　　　●「市民カレッジの託児－実践から学ぶ子育て支援－」　　124

　　　　　◎ひろば・りんごのほっぺ　　126

　　❹3年制課程での「もちっこ広場」の取り組みとその成果　　130

　　　　●2011（平成23）年度　　130

第3章　「学生主体の子育て支援」実践の考察　………………………　133

　①　保育者を目指す学生に育てたいもの　………………………………　133

❶「子どもが好き」から「子どもに寄り添う大人」へ　133

❷「やってあげたら，こどもは自分でやらなくなる？」　135

❸「トラブルは障壁ではない？」　137

② 「学生主体の子育て支援」実践のなかで見出したもの ……………………… 138

❶常に「今の子ども」を見つめて　138

❷教材研究を丁寧に　140

❸指導案の作成と評価　142

❹子育て支援とは　180

❺卒業生のたよりから　183

あとがき

第1章

なぜ「実践力」を課題にするのか

1 保育者に求められる本当の ちから　－実践力

❶ 保育論の発展

●保育とは何か

　保育とは，広くは生まれたばかりの幼子を一人前の人間に育てることを意味しています。似た用語として，「子育て」「育児」「養育」などもあります。

　しかし，ここでは，特に「保育」という用語をとりあげ，それを小学校に入るまでの幼稚園や保育所等に通う子どもたちを対象として，乳幼児の教育と心身の保護を集団で専門的に行う際の用語として使用しています。つまり，同じように乳幼児を対象とするかかわりであっても，家庭や地域社会で親や周りの大人が一般的に行うかかわりとは一線を画しています。あくまでも「幼稚園教諭」または「保育士」その他の保育の専門家による「社会が乳幼児に対し，その保育に責任を持つことを具現化したかかわり」という点に焦点を当てて考察しています。

●なぜ保育を行うのか

　幼い子どもは，まだ自分ひとりでは生命を維持し，心や体を一人前の人間としてふさわしく成長させることはできません。生まれた直後から周囲の大人がまずは子どもを保護し，生命と生活を保障してやらなければなりません。この行為を仮に保護とするならば，保育は保護を前提として成り立っています。保育においては，どんな場面でもまず保護を優先させる必要があります。

　そして，次の段階として，自己形成がまだ初期段階にある乳幼児は，まず精神や肉体を存分に発達成長させることが肝心です。そのためには，本人の活動・意欲はもちろんのこと，周囲による環境構成，発達段階に見合った適切な形での感化や指導，援助が不可欠です。

●人間は人間に保護と教育を受けて人間となる－保育論の発展

　ここで考えておかなければならないことは，なぜ子どもが発達成長するためには周囲による環境構成，感化や指導，援助が不可欠なのか，さらにはどのような環境構成，感化や指導，援助がふさわしいのかという点です。

　この点については，古くから基本的に2つの異なる考え方が並存してきました。1つは，人間の成長発達とは人間が持って生まれた資質をより完全に発現させることであるから，

教育や保育はその助けをすることであるという考え方，もう1つは，人間の成長発達は人間の行為の結果であり，前もってプログラム化された資質の単なる現出あるいは成熟のみではない，そこでは「はたらきかけ」すなわち教育こそが育ちの成果を左右する重要事項であるとみなす考え方です。

このことは，発達心理学の分野では「成熟か，環境か」というテーマで古くから問題になってきたことです。ただし，現在では，人間の発達は「成熟か，環境か」と二分するのではなく，成熟，環境それぞれの「相互作用」の結果として認識すべきもの，という考えが広く支持されています。

教育学の分野では，はじめて大学で教育学を論じたとされるカント（1724〜1804）によれば，教育とは「養護（保育・扶養），訓練（訓育），教授ならびに陶冶」とされました。しかし，ここでいう「養護」とは「幼児がその能力の危険なもちい方をしないように，両親があらかじめ配慮することである。」とカントは述べていますので，いまで言うところの施設で行われる「養護」や「保育」とは多少意味概念が異なります。

カントのいう「養護」とは，特に幼児に対し「初期の教育は単に消極的でなければならず，換言すれば，自然の先慮以上になお新しいものを付け加えてはならず自然はそのままにしておきさえすればよい」[①]というとらえ方から発しており，ルソー（1712〜1778）のいう「消極的教育」と似通っています。

カントが生きた18世紀ころは，教育といってもカント自身もそうであったように家庭教師による個別の教育が主流でしたから，「教化」が重視された少年期と違って，乳幼児の教育は「自然にまかせておく」という考えが支配的だったのです。

それに対し，1859年ダーウィン（1809〜1882）は『種の起源』を発表し，動物は進化の産物であるという画期的な学説を表明しました。

ついでエンゲルス（1820〜1895）が，1867年に「猿が人間になるについての労働の役割」という小著を著わし，そのなかで「はじめには労働，ついでそれとともに言語，これが，猿の脳髄が，よく似てはいるがずっと大きくてもっと完全な人間の脳髄にしだいに変わっていくのをうながした，二つのもっとも重要な刺激である。」[②]と述べました。エンゲルスは，労働が人類の共同作業を促し，共同作業はやがて言葉を誕生させ，それが人類のより高度な集団活動を可能にしたと主張します。その結果，人類が作り出した社会的環境が，何百万年に及ぶ世代交代を経て人間の祖先の生理的機能にも影響を及ぼし，脳の進化を促した，そして，その進化がさらに人間の文明的発展をもたらしたといっています。

こうして，19世紀には，それまでのルソーやカントなどによる「世界は偉大な造物主によって創り出された。人間も神が創ったものであるが，未開の状態で生まれ，人間によって教育されて初めてその人間性を開花させる。」という人間観とは異なる「人間は人間を取り巻く環境に働きかけることによって環境を変え，その結果自らも変えていく。」という人間観が生まれました。

20世紀に入ると，ポルトマン（1897〜1982）が「人間は生後1歳になって，真の哺乳類が生まれた時に実現している発育状態に，やっとたどりつく」[③]と述べ，人間の生理的早産説を主張しています。彼は，人間が動物よりも1年早く生まれてくる結果，その後の人間の教育の可能性がより広がることを指摘し，適切な環境の中での保護と，未熟

な状態から成長した状態へ発達するための支援が人間の成長にとって不可欠の条件であることをあきらかにしたのです。

このようにして，人間がこれまで長い間蓄積してきた学問的な研究の結果，現在では，適切な環境の中での周囲からの適切な働きかけという意味での「環境」あるいは「発達への支援」は人間の生存と発達に欠かせないものである，という認識が広く浸透してきました。

しかし今なお，神の摂理にしたがって「成熟」や「教化」をすすめる，もしくは「発達」や「環境」を一面的に重視するなどの考え方が消滅したわけではなく，時に左右に振れながら複雑な様相を示しています。

また，教育は「教え，育てる」というその語義からも，もともと他者による働きかけを意味しています。教育は，教育する者と教育される者があって成り立つことがらであり，そこにはいやおうなく「教育する者と教育される者との関係」が成立します。このような「関係」もまた，「環境」と同じく教育の成果に作用を及ぼしているのです。

このことは，学校教育の歴史が始まって初めて教育関係者に意識されてきたことです。ヨーロッパでは，教育が一般に普及するにつれ，その世界に「集団」という要素が切り離せないものとして出現しました。同年代の子どもを一堂に集めて，一斉に同じことを教える取り組みがしだいに普及したからです。日本でも，特に明治期以降，教育は集団の場で集団を対象として行われることが一般化しました。

保育においても同じく明治期以降，家庭とは質の異なる「集団保育」が出現し，幼稚園や保育所が普及したのです。

現在では，「発達」や「環境」，あるいは「関係」に関する整理された知識や技術，経験が教師の専門教育上不可欠であることがあきらかにされています。そのため，多くの国で教師教育が普及し，その多くは専門的な学校で行われるようになりました。日本でも，教師や保育者の養成は基本的に養成校としての認可を受けた学校で行われています。

このような発達論や教育論の進展に伴って子どもに対する視点が変化し，また教師教育の発展によって，少なくとも保育すなわち乳幼児に対する適切な保護と教育というテーマは，保育学として学問的にも追及されるようになってきました。しかしその内容論，方法論は，現在まだきわめて流動的であり，研究者によっても大きく異なっています。したがって当然保育学もまだその視座を明確に確立するに至っておりません。これは今後の大きな課題と言えましょう。

❷　現代と保育

●現代の保育論

現在，日本には，就学前の乳幼児を対象とする保育施設として幼稚園と保育所，認定こども園その他があり，そこには子どもとかかわる専門家としての「幼稚園教諭」と「保育士」が存在し，両者はともに国家の指定する免許・資格によってその専門性が客観的に保証されています。なぜなら，先に見たとおり，教育観やこども観の歴史的発展によって，現代では教育はすべての国民に等しく開かれているものであり，幼稚園教諭や保育士は，社会の代理者として親や社会から負託されて保育に当たっているからです。

しかし，それでもまだ，小学校以上の学校教育と比較すれば，就学前の子どもを対象とする保育はその意義がはっきり認められてい

るとは言えません。それは，今なお保育の義務化や無償化が進んでいないことによくあらわれています。

　かつて，特に第二次世界大戦まで，幼稚園保育といえば「家庭教育の補完」[④]としての情操教育とか就学前教育という目的でしか捉えられていなかった時代がありました。

　一方で，保育所保育は都市貧困層のためのもの，地方では季節託児所として広がり，特に第二次大戦後は，行政的な立場からは「保育に欠ける」[⑤]家庭のためのものとして主導されてきました。そこでは，保育は「家庭における育児，子育て」とまさに同義であり，家庭保育の「代替」として，もっぱら「生活指導」や「保健指導」に力を入れてきました。

　しかしその後，保育所保育は「幼児の保育については，教育に関する事項を含み保育と分離することはできない」とされ，「保育所のもつ機能のうち，教育に関するものは，幼稚園教育要領に準じることが望ましい」[⑥]ものとなって，現代に至っています。

　最近は少しずつですが，保育も，すべての階層のどのような子どもにとっても欠かすことのできない経験，つまり人間形成の一部として不可欠であるという認識が一般的になってきています。このことは，2006（平成18）年に教育基本法[⑦]が改定されたとき，その第11条に「幼児期の教育は，生涯にわたる人格形成の基礎を培う重要なものであることにかんがみ，国及び地方公共団体は，幼児の健やかな成長に資する良好な環境の整備その他適当な方法によって，その振興に努めなければならない。」と新たに規定されたことに象徴されています。一定の質を伴った保育をどの子どもにも平等に保障することは，もはや現代社会の責任といえましょう。

　しかし，「一定の質」とは具体的にはどの

ようなものなのか，その内容はまだ客観的にあきらかとは言えません。先の教育基本法の表現を借りるならば，「幼児の健やかな成長に資する良好な環境の整備その他適当な方法」の，よりいっそうの明確化が求められているのです。本書では，このような幼児期にあるすべての子どもに対して，今どのような保育の環境や内容，方法が構成されるべきかという点にまで踏み込んで，自らその環境や内容，方法を構成する保育者の経験と思索を検討課題として視野においています。

　なお，教育基本法では「幼児期の教育」と言っていますが，歴史的に見れば，これは「保育」とほぼ同義と言っても差し支えないでしょう。それなら，なぜこのように用語が異なるのかという疑問が生じると思われますが，ここでその疑問に答えるには本書の意図から外れます。本書では，「幼児期の教育」と「保育」はほぼ同義とする立場から，「保育」の用語で統一して，「保育は，すべての階層のどのような子どもにとっても欠かすことのできない経験，人間形成の一部として不可欠なもの」という立場から論をすすめていきます。

●現代の子どもはどんな世界に生まれ　落ちるか

　なぜ保育は，現代において，すべての階層のどのような子どもにとっても欠かすことのできない経験となってきたのでしょうか。

　くわしく述べるまでもありませんが，子どもをとりまく環境は，年を追うごとに複雑さの度合いを増して来ています。とりわけ日本のようないわゆる先進国においては，幼いころから車や飛行機による移動も日常的であり，身の回りの家具，生活用品，衣服，遊具は驚くほど多彩になっています。情報は瞬時

に世界中から集まり，子どもたちの目や耳にもそのまま容易に届きます。それでいて，過去と比べれば，特に自然とのかかわりが乏しく，人間関係は小単位で単調になりがちな状況にあります。

あまりにも巨大で多層的でありながら，一方では驚くほど一面的で閉鎖的という，どこかいびつな感もある環境とのかかわりを，子どもが取りこぼしなく有益に行うには，現代は大人の的確なコントロールと支援が不可欠になってきた時代と言わざるを得ません。このような巨大で複雑な人工的環境のなかで，人間がより人間らしく生きていくためには，大人による細心かつ周到な準備とかかわりが，これまでのどの時代にもまして切実に求められている時代なのです。このような行為は，誰にでも，いつでも，どこででもできることではなくなってきています。教育の専門家や教育の場にふさわしい施設や機会が求められるゆえんです。

現代の保育は，したがって，子どもが生きる時代とその環境を見据えて，子ども一人ひとりの生命・身体・精神の保護を前提に，膨大な科学や文化，芸術と子どもとの出会いの場を発達段階に応じた形で適切に作っていく必要があります。そのうえで同時に，そこに成立する保育専門家と子どもの，子どもと子ども同士の係わり合いを通して，社会的存在である人間同士の人間関係を築いていく人生最初の「場」（単なる場所ではなく，人や物，空間や時間を含む総合的な環境）を作り出す実践的行為であると言ってよいでしょう。

❸　現代の保育と保育者養成

●保育の専門性とは

このような場として，現代は，どこの国で

も幼稚園や保育所に類する保育の場が広がってきています。

日本では，幼稚園は幼児教育の専門機関として，保育所はさまざまな事情から家庭的養育をうけられない子どもたちを集め，親代わりの大人が直接世話をする施設として発達してきました。認定こども園は，両者を一体化し総合するものとして2006（平成18）年にスタートしました。

このような施設保育は，学校教育同様，教育が家庭や地域で行われていた時代から，特定の場で特定の教師から集団で教育を受ける近代的な姿へと変わっていったのと，機を一にしています。

しかも先に述べたように，そこでは適切な施設環境と併せて専門家による適切な保育が求められています。専門家による適切な保育とは，保育者の的確な働きかけや企画力，組織力などを総合して実現する現代にふさわしい質の高い保育であり，それを体現するのが保育者の実践力です。

これまで，このような幼稚園や保育所等で乳幼児の保育にあたる保育者は，長い間「専門家」とはみなされてきませんでした。実際には現在でも，その傾向が根強く残っている例が少なくありません。

幼稚園は「学校」となってゆうに半世紀をすぎていますが，今なお義務教育ではなく，無償化もされていません。私立幼稚園教諭や保育士は教師の研修権を明記した「教育公務員特例法」の対象ではないので，研修権の法的な保障もありません。

このようななかで，学校教師（小学校以上の教師であっても，医師，薬剤師，弁護士等に比較すれば専門家としての社会的位置づけは必ずしも高くありません。），幼稚園教師や保育士（本書では両者を総じて保育者と言う

ことにします。）らは自らの職業を専門職として確立すべく，さまざまな努力を積み重ねてきました。

1966（昭和41）年，ユネスコにおける特別政府間会議で採択されたILO（国際労働機関）とユネスコ（国際連合教育科学文化機関）による「教員の地位に関する勧告」は，第6項で，幼稚園，保育所の教師も含めて「教育の仕事は専門職とみなされるべきである。この職業は厳しい，継続的な研究を経て獲得され，維持される専門的知識および特別な技術を教員に要求する公共的業務の一種である。また，責任をもたされた生徒の教育および福祉に対して，個人的および共同の責任感を要求するものである。」[8]と述べ，教師が専門職であることの認識を世界に呼びかけました。

また近年は，社会福祉関係の職種において倫理綱領の採択が相次いでいます。それらはいずれも，自らの職種を専門職と規定し，専門職としての意識を高めようとしています。

保育士の全国組織である全国保育士会は，2003（平成15）年，「全国保育士会倫理綱領」を制定し，その文末に（専門職としての責務）として「8．私たちは，研修や自己研鑽を通して，常に自らの人間性と専門性の向上に努め，専門職としての責務を果たします。」[9]と明記しました。

このように，教育職や福祉職が自らを専門職と位置づける機運は，近年かつてなく高まっています。しかし，その実質についての検討は，まだまだ弱いのではないでしょうか。

1983（昭和58）年，アメリカで出版されたドナルド・ショーン（Donald A. Schön）著『The Reflective Practitioner : How Professionals Think in Action』（反省的実践家－専門家は行為の中でどう思考するか）

Basic Books. [10]は，その後アメリカはもとより日本でも非常に注目され，特に教育界ではその後2種類の訳書が刊行され，急速に「反省的実践家」[11]の語が普及しました。

「専門家」といえば，従来は，ショーンが紹介しているように，「高度で厳密な意味での技術的知識」[12]を，少なくとも大学レベルで教育されてきた人々を指してきたことが多かったと言えましょう。内容的には，「専門家が尊厳を得られると言えるだけの実質的な知識領域」及び「専門家が習得する必要があるとされる熟達した知を生産し，その知を適応する技術」を持っている人々，すなわち「技術的熟達者」です。

ところが，そこには実はそれぞれレベルが異なるとする階層モデルがあり，「一般的知識＝基礎科学」→「問題解決＝応用科学」→「サービス＝技能・態度」の順で，専門性が弱まると考えられているのです。[13]

このような視点に立てば，物ではなく技能や態度，すなわち価値的なサービスの提供を主軸とする学校の教師や保育者，教師教育に携わる養成校の教員等は，専門職とはいってもマイナーな専門職ということになります。なぜなら，その領域は「変わりやすいあいまいな目的や，実践にかかわる制度の不安定な状況に苦しみ，〈そのため〉体系的で科学的なプロフェッショナルの知の基礎を発展させることができない」[14]状況にあるからです。

しかしショーンは，このような変わりやすくあいまいで不確実な問題状況に直面しては常にその場で考え対応する，すなわち状況と対話しつつ「行為の中の省察」[15]によって，行為を通して獲得される知を自らのよりどころとする専門家像を新たに提起しました。それが「反省的実践家」（reflective practitioner）と呼ばれるものです。

実践のなかでは，瞬時に生じる思考や気づきを通して自分の実践の意味や問題を発見したりすることがありますが，これが「行為の中の省察」と称されるものです。「行為のなかの省察」は，時には言葉にならない感覚的なものも含めて，実践が内包している独自の認識論，つまり「知」へのアプローチです。

今求められているのは，まさにこのような実践の本質を捉え，実践独自の意義を明確に踏まえた「実践の専門家像」であり，その一例がショーンの提起した反省的実践家像と言ってよいでしょう。ただ日本では，今日「反省的実践家」の言葉こそ普及してきたものの，その中身についてはいまだ具体的な検討や実践が進んでいるとはとても思えません。

●実践とは何か－これまでの保育者養成論が積み残してきたもの

保育は教育，医療，看護，介護等と同じく，人間が人間を対象として直接人間に働きかける人間の自覚的行為の一種です。つまり，人間が自分の知見や認識に基づいて，その感性や技能・技術を用いて，保育の目的を達成するために行為する「場」を作っていく実践的過程です。子どもと環境と保育者が作り出すこの「場」は，通常は１回限りのものです。しかも環境も子どもも，そのときの状況つまり「場」も，日々新たに変化していきます。同じことの繰り返しはありません。失敗しても厳密な意味ではやり直しはききません。

このように，事実を客観的に確認する手立てが取りにくい「実践」を，その独自性に基づいて理論的，具体的に解明し，現場の保育者の実践力を高めるのに役立てようとする視点は，最近までそれほど一般的なものではありませんでした。「『実践』は学問的探求に耐えられるものではない」，「実践を対象とした論文は研究論文の名に値しない」などは，筆者自身が一部の研究者から直接受けてきた言葉でもあります。

しかし，実践的過程こそ，子どもの成長発達に直接かかわる過程であり，この過程を科学的に解明し，その実際的効果や問題点を検証していくことは，教育学や保育学にとって避けて通れないテーマであり，むしろ中心課題であると言っても過言ではないでしょう。

そしてその中心となるのは，何と言っても「場」を取り仕切っている保育者です。「場」の連続が実践的過程であるとすれば，このような実践的過程を着実に前進させる力は保育者の「実践力」にあります。保育者の「実践力」の内容的な解明とそれを身につけていく道筋を明らかにしていくことこそ，今後の保育者養成研究の中心的課題と言えましょう。

●今後求められる実践的研究の方法

さて，実践は，先に述べたとおり，通常一回限りのやり直しのきかない過程です。そして保育学は，日々を生きている人間一人一人の「幸福な人生」を追求するための実践科学の一分野です。実践科学は，瞬時に消えてしまう実践からそのエッセンスを掬い取り，いかにして実践の意義や課題をあきらかにするかを目的とするものですから，そもそも統制され，限定された実験計画にのっとって，かつ何回でもやり直しがきく実験室や試験管の中での作業とは異なります。

科学を，このような実験科学にのみ限定するのは，これまで見てきたように，世界的な潮流とはすでにかけ離れています。しかし，科学である限り，それはある程度一般化が可能なものでなければなりませんし，原則は，万人に共有されるものでなければなりません。

したがって，これからの保育の実践的研究とは，実践者や実践的研究者が日々刻々と変化する保育の過程を，いかにして正確に記録し，省察し，そこから成果や問題点を客観的に万人のものにしていくかが，いっそう問われてくるでしょう。そのための方法論が，もっと厳密な形でしっかりと求められてくると考えます。

では，どのような研究手法が有効なのでしょうか。

これまで実践的研究と言えば，実践を写し取った実践家自身による実践記録，観察者による観察記録（ＶＴＲや録音，写真等をも含む。），公開授業や公開保育後の自評や討議の記録等によってなされてきました。

確かに実践的研究の鍵は，記録にあると言っても過言ではありません。実験的統制や条件的比較に制約がある実践的研究では，まず実践を克明に正確に記述することから出発せざるを得ません。

研究的記録では，たとえそこにいる研究者が自分ひとりであっても，そのとき自分はどのような課題意識をもち，どのような目的で誰にどのように働きかけたか，その結果はどうであり，そこから何が言えるのか，自分のこのような行為のプロセスを，もう一人の自分の目で，できるだけその場にいなかった第三者にも理解できるように，冷静に考察していった記録が求められます。

このような実践過程をありのままに記録として書く力をつけることこそ，実践的研究を豊かに実らせる上での前提となります。

ただ，現状を見ると，記録と称していても，まだまだ，いわゆる「主観的」感想にすぎないものも少なくありません。また，なぜ記録を書くのか，その意義も十分理解されているとは思えません。淡々と子どもの姿を述べる

だけの記録が多く，なぜその場面を記録に取ったのか，場面をどのように解釈し，そこからどのような働きかけの手立てを考え，実行したか，その結果はどうで，そこから何が読み取れるかといった記録，しかもそれが第三者にも手に取るようにわかりやすくまとめられた記録は，まだまだ少ないのではないでしょうか。

このような研究記録を書く努力と工夫をするなかで，保育者が自らの実践を深く振り返り，自らの実践の成果と課題を正確にとらえ，第三者にもわかりやすく伝え，共有できる基盤が形作られていくのだと思います。そのような基盤ができてはじめて，実践的研究は多くの研究者の理解と共感を得，実践そのものも質が高まっていくでしょう。

では，そのような実践的研究はどのようにして進めればよいのでしょうか。また，実践的研究の直接の担い手となるべき将来の保育者を育てるために，養成現場ではどのような取り組みが求められているのでしょうか。

2 実践力を育てるカリキュラム

❶ 現在の問題点

●カリキュラムのモザイク化

保育者養成は現在，幼稚園教諭と保育士の両免取得が大勢を占めています。しかも，近年４年制養成課程が急増しているとはいえ，まだ多くは短大，専門学校であり，２年間の養成課程が大部分を占めています。[16]そのカリキュラムといえば，教育学の分野である幼児教育と社会学の分野である児童福祉とが折衷的に折り込まれ，さらにその中で枝分かれした科目が，モザイクのような模様状にぎっ

しりとはめ込まれている状態です。

●保育学の未成立

養成カリキュラムには，さまざまな分野が網羅されていますが，乳幼児のための保育学に限っても，歴史学や心理学，実践理論などの寄せ集めで，基本的な柱となるべき保育学そのものが，まだ未成熟な状況と言わざるをえません。なぜなら保育学は，まさに保育実践を対象とする学問ですが，その方法論の主柱となるべき実践的研究がまだまだ未成熟だからです。したがって保育学を根幹として，そこから派生した保育内容論，保育内容技術論，実習論等の構造的で系統的な積み上げもまだ十分ではありません。

●実習学の未発達

特に，実践力を育てる上で不可欠な実習は，対象範囲が広く，時間的にも不足しているために，実習を通して実践力を高めるまでには至っていません。さらに，実習のあり方，指導法，評価法など実習学が未発達であり，現場に浸透していないことが大きな問題で，これも実習の効果がなかなか思うようにあがらない一つの要因になっています。

●現場の多様化，複雑化

近年保育現場では，長時間保育，一時保育，子育て支援等，保育内容が多様化，複雑化しています。また正規保育者の割合が減少し，かつ嘱託，パート勤務者が増大しており，保育者の身分や勤務形態も一様ではなくなってきています。その結果，実習指導に十分な時間とエネルギーを割く余力も，だんだん弱くなってきています。

❷ 実習の可能性

しかし，実践科学である保育学にとって，実習は強力な研究方法であり，教育方法であります。

学生たちが実習中や実習を終えたあと，異口同音に言う事の一つに，「やはり現場に出てみないとわからないことってたくさんあるんだな」というのがあります。話を聞いたり，映像を見たり，模擬保育をやったり，それなりに事前に学習し準備をして出て行くのですが，やはり現場ははるかに自分の想像を超える場であり，子どもの行動，保育者の創意工夫，保護者の態度等にすっかり圧倒されて学校に戻ってきます。

しかし多くの学生は，「保育者はいつでも子どもの『お手本』なのだと実感した。」「一番の収穫は，自分は劣っているところばかりだけれど，絶対に保育者になりたいと思えたことでした。」「2週間現場に出て実習をして，本当に素敵な職業だと思った分，体力，臨機応変さ，親とのコミュニケーション能力等々，身につけるべき分もたくさんありそうで，大変だなということを肌で感じました。」など，意欲をかき立てられ，がんばるようになります。特に実習を通じて，自らの課題を明確にした学生の努力には，胸打たれる場合もしばしばです。

●実習の意義とねらい

ここで，特に30年来教育実習を担当してきた筆者の経験をもとに，実習の効果や養成上の意義を整理してみますと，現場における学生の実習は，

① 子どもとかかわるなかで，かかわることの喜びや充実感を知る。

② 保育者の子どもへのかかわりや環境構

成を間近に見て，その意図や方法を具体的に理解する。

③ 子どもの行動や言動へのかかわりや観察から，子どもを正しく理解する視点と保育の課題をつかむ訓練を積む。

④ 保育の課題をねらいとして表現し，ねらいに見合った内容をイメージ化して子どもとともに実践する。

⑤ 実践を振り返り，客観的具体的にその成果と課題を考察する

⑥ 実習の成果や課題を次の学習に生かし，自らの成長に結びつける。

というプロセスを可能にし，学生に未来の保育者としての自信と展望を与えるものであるということができます。

筆者は第一に，①と②を重視しています。なにごとも最初が肝心です。まずは保育の全体像をつかみ，さらに，「実習は楽しい，充実している。保育者への道を選んでよかった。もっと保育について勉強したい。」というやる気を持つことが一番の目標です。

次に忘れてはならないのは，保育という仕事は，しばしばとても孤独な作業であるということを自覚することです。保育が一人担任を根幹とするかぎり，チームでの共同作業というのは限られています。保育中，原則として自分の仕事を見つめている大人は自分のほかにいないのですから，常に自分自身で自分の仕事を振り返り，自己評価を公正に行っていかなくてはなりません。

したがって実習では，ぜひとも③，④をしっかり経験し，その基礎を身につけておく必要があります。うまくいったことは自信につながり，失敗したことはどこに問題があったかを発見すれば，次への挑戦に積極的になれます。③，④は，基本的に実習を通してしか経験できないことであり，それが十分に体得で

きるような実習の量と質が求められます。

⑤，⑥は，学生自身の問題であり，学生の自己教育力によって決定されるでしょう。ですから，できれば実習までにそのような自己教育力をしっかりと身につけられるような，学生への指導が必要です。

●実習の現状と課題

しかし現状ではこれら1〜6の過程には，どの段階においてもさまざまな問題があり，多くの学生や指導者が悩んでいます。

まず①，②については，圧倒的に時間が足りません。多くの場合，一園につき1週間から4週間程度の実習期間がありますが，そのなかで，最初は多くのクラスに1日か2日ずつ順番に入り，園の全体像をつかむ観察が行われることが多いかと思います。これは本来とても大事なことですが，現状程度の時間数では，実習生が次の段階である担任実習をするクラスの子どもたちの名前や特徴をしっかりと覚え，子どもたちが今求めている保育内容の指導計画を作成するには，日数がきわめて不十分であることは容易に想像されます。

そのため，少数ですが，実習の配属クラスを1クラスのみに限定したり，実習期間を増やしたりしている園や養成校もあります。

筆者が勤務する大学では，基本的な形として，3年次に保育実習Ⅱ（Ⅲについては実習先の数や規模から必ずしも原則とはしていない。）を選択する学生は，実習先を2年次の保育実習Ⅰ（2週間程度）と同じ園にお願いし，保育実習Ⅱのうち2単位分は，前期に毎週1日，定期的に同一クラスで観察実習（11日程度）を行います。その後後期11月に，同じクラスで2単位分の集中実習（11日程度）を行っています。したがって，保育実習

Ⅱは4単位となりますが，同じクラスにほぼ半年通いますので，園やクラスの雰囲気もよくわかるようになります。また，子どもたちとの人間関係もかなりできてきていますので，「とてもリラックスして，楽しい実習ができた。」という学生が毎年多数に上ります。この形態は養成課程が3年制のため可能になったものでありました。

しかし，ある程度の実習期間を確保したとしても，その内容が不十分であれば，期待する成果を収めることはできません。実習の内容と指導の質もまた問われます。

これまでの経験でとりわけ問題を感じているのは，実習日誌の内容や書き方と指導計画の作成，実施，評価の2点についてです。（教材研究についても，実はいろいろ問題が多いのですが，これは実習担当者だけでは取り組みきれない大きな問題ですので，別の機会に譲りたいと思います。）

実習日誌とは，いわば学生の実習による実践的研究の記録であり，子どもへの理解と保育者の保育内容，方法の観察，自己の実践（参加，担任実習等）を自らの研究的視点（さしあたっては学生自身がそれを明確に意識しているかどうかは問いませんが）から記録し，他者にも分かるようにまとめたものです。

ここでは，何よりも「他者にもわかるように」（自分の視点や考察が読む人に正確に伝わるように）書くことが求められます。実習日誌は，指導上の資料として指導者に読んでもらうために書くのですから，人にわかるように書くことはもちろんですが，読まれることを意識して書くことで，自らもまた自己の視点や考察内容をより客観的に自覚するきっかけになるからです。

実習日誌の書き方の指導は，本来は上記のような観点から行われるべきであると考えます。しかし，なかには「余白がないように」「すべての子どもについて書くように」「一日のうちにあったことはすべて書くように」という指示をする園もあるようです。

学生においても，「A子はくやしいのでB子にくってかかった。」「担任は子どもの興味をそらさないように上手に対応している」など，子どもや保育者の行動や態度を自己流に解釈して，その解釈を記録の欄に無造作に書き込む例が後を絶ちません。

解釈は，その根拠となった子どもや保育者の言動や態度，環境構成などを具体的に記述し，なぜ自分がそのように解釈したかを明らかにしたうえで，「気づいたこと」や「感想」などの欄に書き込むことが望まれます。それによって，はじめてその解釈が妥当かどうか，第三者を交えた討議が有効になるからです。

指導計画についても，問題は山積しています。

教育実習，保育実習いずれの場合でも，わずか2～4週間の実習のなかで，それも時には2，3日の観察実習のあとで，「主活動の指導計画」や「一日実習の指導計画（日案）」作成の課題が出される園もあります。子どもの名前や一日の生活の流れの把握もおぼつかないうちから，「試案」を提出し，何度も書き直すということになれば，学生の緊張や混乱は容易に想像がつきます。できれば，子どもの名前と顔が一致し，生活の流れや保育者のねらいなども理解できるようになってから，自分が意図するねらいや内容で，部分実習案や可能ならば日案を作成するようにしたいものです。

さらに指導計画作成で大きな問題は，「具体的なねらいと内容」の設定が学生にはなかなか難しいことです。

幼稚園教育要領には第3章のなかに「具

体的なねらい及び内容を明確に設定し，適切な環境を構成することなどにより活動が選択・展開されるようにすること」とあります。ここで述べられている「具体的なねらい及び内容」とは，第2章で述べられている「ねらい」すなわち「幼稚園修了までに育つことが期待される生きる力の基礎となる心情，意欲，態度」[17]と「内容」すなわち「ねらいを達成するために指導する事項」[18]と同一のものではありません。「具体的なねらい及び内容」は第2章の「ねらい」や「内容」を，担当する子どもの実態や興味関心，これまでの経験内容に合わせ，保育者が設定する環境構成や援助の内容に潜ませて，より直接的，限定的に設定したものです。このような「具体的なねらい及び内容」を，小学校のような教科書や教師用指導書もない幼稚園や保育所において，実習生が園や乳幼児の実態を踏まえて適切に設定することができるためには，相当期間の観察や具体的知識，経験が必要となります。

しかし，先に述べたように，通常学生は，実習に入って日が浅く，子どもたちの実態やそれまでの活動経験を熟知していません。そのようななかでは，何を具体的なねらいとし，内容としたらよいのか，自分では容易に判断できないものです。いきおい，先輩の指導案や参考書，月刊雑誌等の活動例を丸写ししたり鵜呑みにしたりする例が出てきます。

また内容を実施するに当たって，子どもの活動や反応を前もって予想することも簡単ではないので，実際は指導計画通りには展開しないことが多いのです。そのことで，ときにはすっかり自信をなくしたり，実習に恐怖感を持ったりしてしまう例も皆無ではありません。

指導計画の作成については，「学校でしっかり経験してきてほしい」という実習園からの要請も少なくありません。

しかし学校では，一般的注意や事例の指導はできても，現実にそのクラスのその日の日案の中身に基づいた具体的な書き方を指導することはなかなかできません。それはやはり，園のカリキュラムとクラスの子どもたちの実態を熟知した担任保育者の指導を仰ぎたいところです。

なお，学校で行う，一般的注意にしても，具体性がなければ学生はなかなか理解できません。ところが，通常現場を持たない（持ったことがあってもすでに離れて久しい）養成校教員にとっては，これも簡単ではありません。子どもたちの興味関心や経験内容は年ごとに急速に変化してきていますし，各園による独自性や環境の差も決して無視できません。筆者も，この点については長年にわたって隔靴掻痒の思いを抱いてきました。

●継続実習の実施と事後研究の充実

そのなかで筆者は，いくつかの改善策を練り，実行してきました。

その一つに継続実習があります。これは2週間とか10日間とか集中して実習を行うのではなく，週1日とか半日の実習を一定期間継続して行い，そのあとに毎回事後研究を行うものです。そうすれば，学生は実習と実習の間に1週間程度の余裕があるので，自らの実習を振り返って考えたり，他の実習生の意見を聞いたりする機会があります。筆者自身も，実習そのものには同席できないものの，学生の実習日誌を読み，その討議に参加することで，直接学生の子ども理解や保育の解釈の特徴を知り，それについて意見を述べる機会を持つことができます。

先に述べた3年次の保育実習IIの取り組

みもその一例ですが，ここではもう一例，1年次の付属幼稚園での実習方法を紹介します。

　具体的には，まず1年次後期から始まる付属幼稚園実習では，40人の学生を4グループに分けて2コマ連続の「参加実習」⇨「事後研究」⇨「教材研究」⇨「教材研究」の4週間サイクルを一人当たり4サイクル実施しています。「参加実習」では一クラス2，3人ずつ同じクラスに継続して入ります。翌週は，実習日誌をもとに前週参加観察を行ったグループによる「事後研究」討議を行い，交代で討議記録を作成します。各グループそれぞれ4回の事後研究のうち，3回は筆者，1回は付属幼稚園主任教諭が担当しています。翌2週は，各自自由に「教材研究」を行い，そのレポートを毎回提出し，指導を受けます。そのほかにも，運動会，お楽しみ会（発表会），りんりんまつり（親子活動），もちつきなど，随時園の行事に参加し，レポートを作成する場合もあります。

　次に紹介するのは，継続実習の中の「事後研究」の一例です。内容はわかりやすいように一部加筆してあります。

■第4回　事後研究のまとめ
　　　　　平成23年2月3日3～4限
　　　　　参加者　10人
　　　　　記録者　M，S，K
　　　　　[子どもの氏名は仮名，学生名はイニシャル]

■K（5歳児ひまわり組配属）
　朝の会が終わって，担任が子どもたちにトイレに行くよう促す。トイレの前に上履きを並べずに行く子がほとんどで，たくさんの上履きが脱ぎ散らかされていた。トイレから出てきた子は，自分の上履きが見つからず，しゃがんで探している。それに気づいた**ゆり**は，一人で上履きを並べ始めた。それに気づいた**K**は，「**ゆり**ちゃんありがとう。よく気づいたね。」という。**ゆり**は「うん。」と言い，並べ続ける。その様子を見ていた担任が，「ありがとう，**ゆり**ちゃん。」という。**ゆり**は照れたような表情を見せる。

　このように，友達の気持ちを思いやって行動したり，状況を判断し，友達のために自発的に行動する姿は，年少，年中児では見られなかったものだと感じた。子どもの成長を感じた瞬間だった。

■R（3歳児すみれ組配属）
　のぞむは，**みずき**と温泉づくりをして遊んでいた。そこに**まい**が，「入れて。」と言って来た。しかし，**みずき**が「仮面ライダーだけ。」と言ったので，**まい**はがっかりしている。**まい**の落ち込んだ様子を見ていた**のぞむ**は，「ライダーでもプリキュアでもいいよ。」という。**R**は，「お楽しみ会では何の役やったんだっけ。」と**まい**に尋ねる。**まい**は，「ゴセイイエロー。」と答え，2人が作って遊んでいた温泉に入り，一緒に遊びだす。**R**は，**のぞむ**が**まい**の表情を見て判断している姿から，**のぞむ**の思いやりを感じた。今回初めて見られた姿だった。

■N（3歳児つくし組配属）
　普段，言い合いになってしまうことが多い**しょうた**と**けいこ**。いつもは実習生や担任が関わって，気持ちの整理をしてあげることが多かった。しかし今回は**けいこ**が，「ごめんね。」と先に謝り，「私も謝ったから，しょうた君も謝って。」と言い，**しょうた**も「ごめん。」と言った。2人が話し合って，自分たちで解決をしているのを見て，一回目の実習のころ

に比べて2人の成長を感じた。

■K（5歳児ひまわり組配属）

年長になって急に成長するのではなく，3歳児には3歳児，4歳児には4歳児の成長があると感じた。子どもたちは，その年齢なりの成長をしていくことに気づかされる。

□立浪先生から

言い合いや遊びに入れないなどの問題があるときのみでなく，何もない普段の生活の中でゆりがその場の状況から自分が何をすべきかを判断できたのですね。素晴らしいです。

■G（4歳児すずらん組配属）

まなみとさやか，かなを含む女の子4人が，テーブルで粘土遊びをしていた。しかし，まなみだけが立ったまま，粘土板のないところで粘土遊びをしている。Gは，「自分の粘土板を持ってきて，椅子に座ってしようよ。」とまなみに言う。しかし，さやかの話から，かながまなみの粘土を使って遊んでいるため，まなみが立って遊んでいるとわかる。Gは，自分の粘土セットを使われているのに「いやだからやめて。」と言えないまなみを見て，かなに，「自分の粘土セットを持ってきて遊ぼう。」と言った。このときGは，『まなみに自分の粘土でおもいきり遊んでほしい』，また，「まなみはかなに『使わないで。』と言えないだろう。」と思い，自分でかなにこのような声かけをした。しかしあとで振り返ると，『この状況を早く改善しなくては』という思いが先に立ってしまっていた。まなみが「私のだから使わないで。」と言えるような援助ができればよかった。

日誌で担任から，「『自分のだよって言っていいんだよ』とまなみに言えたらよかったのでは」というコメントをいただいた。しかし，

実習中は，Gは，「まなみは，自分の気持ちが言えなくてかわいそう」と思っていたため，そのことを考え付かなかった。

□立浪先生から

困っている子どもをどう助けてあげたらその子のためになるのか考えることが大事。できないだろうと思われることを保育者がしてあげることは大切だが，いつまでもやっていては，子どもができるようにならないのも事実。どう対応するべきか見極めが重要。年齢や成長に応じて援助をすること。自分で言えるよう援助する時期を見極める。自己主張ができたり，自分の行動を判断し，自分で決められるようになったら，自分で言わせるようにする。また，実習後，自分がなぜ，そのとき，その場面で，気づくことができなかったのかをよく考えることが大切。

■K（5歳児ひまわり組配属）

かずきがそうたろうの遊んでいるブロックを，「ちょうだい。」と言って持って行ったが，そうたろうは納得していない。Kはかずきをそうたろうのところに呼んで，「そうたろうくん，今どんな気持ちになったか，かずきくんに言ってみよう。」と言った。そうたろうは，「とっても悲しかった。」と言った。この言葉を聞いたかずきの口から，すぐに「ごめんね。」という言葉が出てきた。

□立浪先生から

かずきをそうたろうのところへ連れて行って，そうたろう自身に自分の思いを口にする機会を作るという，保育者がワンクッション置くことで，子どもが考えることができる。

■ S（5歳児ひまわり組配属）

　遊戯室でこま回しの練習していた時。腕を怪我していた**あきな**はフラフープくぐらせごまの練習をしていた。Sはフラフープを持って**あきな**を援助していた。**あきな**がこまを回そうとした瞬間に，こまの紐がこまに引っかかってこまの縁が**あきな**の額に当たってしまった。すぐにSと近くにいた**こうすけ**が**あきな**に駆け寄り「大丈夫？」と声をかけた。**あきな**は初め「大丈夫」と答えてこま回しの続きを始めようとしたが，Sに，「やっぱりA先生（担任）に言ってくる」と言い，「先生も一緒に行こう」と言ってSと一緒に担任のところへ向かった。担任は**あきな**に怪我をした時の状況を聞き，怪我の状態を詳しく観察していた。

　Sは**あきな**が怪我をしても元気で，外傷も見当たらなかったので，**あきな**が「先生に言ってくる」と言わなかったらそのままにしていたかもしれない。自分の判断の遅さと甘さを反省した。

□ 立浪先生から

　あきながなぜ，実習生についてきてほしいと思ったのか。それは，不安だったからもあるだろうが，自分ではうまく説明できないかもしれない，と思ったのではないか。**あきな**の判断は的確だった。日ごろの保育で，子どもたちに自分で判断する力が育っていることがわかる。

　怪我の程度に関係なく，一見なんともなさそうに見える怪我でも，必ずすぐに担任へ報告する。たとえ，集会やお集まりの最中でも。

■ Z（3歳児つくし組配属）

　お誕生日会の後にみんなでドーナッツを食べた。欠席者が2人いたため，その分ドーナッツが余ってしまった。担任は1つを実習生に分けた後，園児に「おかわり欲しい人！」と声をかけた。全員が「はーい！」と手をあげたので担任は1つのドーナッツを全員分に小さく平等にちぎって，1人1人に配っていた。

　それを見たZは，もし自分が担任だったら，ドーナツは1個しかないため，全員にあげるには少なすぎると思うのでジャンケンか，「余りをどこかに置いておいて，子どもたちにはあげない」という選択をしたと思う。「欲しい人みんなに配る」という担任の考えは「そういう分け方もあるんだな」という点ですごいと思った。平等に分けられたドーナッツはとても小さかったが，園児たちの表情はとても嬉しそうだった。全員が満足できるように，どんなに小さくてもみんな平等にあげることが大切なのではないかと思った。

■ S（5歳児ひまわり組配属）

　自主実習に行った際，年少で「おかわりが欲しい」という子がいた。他のクラスに行ってみたのだが余りがなく，おかわりをもらうことができなかった。おかわりを欲しがっていた子は「なかった〜」とあきらめていた様子だった。

　このような場合なら「なかったならしょうがない」と思えるだろうが，1個残ったドーナツをジャンケンなどの勝ち負けで自分がもらえなかったとしたら「仕方がない」とは思えないのではないか。

□ 立浪先生より

・園児に「負けたから」といって自分の気持ちを抑えさせるのは大変なこと。最初はジャンケンに賛成していても，結局負けてしまった子は「僕も欲しい，私も欲しい」と言

い出してしまうだろう。なぜなら，子どもたちは自分が負けた時のことは考えていないだろうから。また，たとえジャンケンのルールを守って，「負けたからしょうがない」と言っていても，心の中では「嫌だ」と思っているこどももいるはず。そのようなことから，幼稚園段階ではジャンケンは使わない方が良い。

・先生は子どもたちに平等に関わることが大切。つくし組の担任も平等に関わるために，全員にドーナッツを分けてあげたのだろう。つくし組のみんなは，先生に同じように関わってもらえて嬉しかったはず。

■ I （3歳児つくし組配属）

自由遊びの時間に**たつや・みな・なみ・まさと**と一緒にカルタをしていた。みんなで同じ遊びをしているのに，一人一人違う楽しみ方をしているのを発見することができた。

たつやは，Iと一緒に読み手を楽しんでいた。ゆっくりではあるが，1文字1文字丁寧に読んでいる姿が見られた。**みな**は**なみ**とどちらが早くとれるか勝負することを楽しんでいた。**なみ**は他の遊びとカルタ遊びをいったりきたりし，カルタをやっている時は，とった札を全部**まさと**にあげていた。**まさと**は，実際に自分でとった札は2枚ほどだったのだが，**なみ**にもらった分がとてもたくさんあったので「見て，こんなにとれた〜。」とIに嬉しそうに話していた。**まさと**は，自分でとること以外に，自分の手に札の数が何枚もあることに楽しみを感じていたようだった。

ここでIは，カルタという遊びをしているのだが，競うのではなく，4人全員がそれぞれ違う楽しみ方をしているのだということを感じた。

□立浪先生から

勝ち負けを競っている場合はルール違反をしていたら注意する。しかし，競いあいに楽しみをおいていない場合はルールにこだわる必要はない。遊びには，危険な場合や人に不快感を与える場合を除けば「これをやってはいけない」という考えはない。どんなにめちゃめちゃでも，子どもたちが楽しそうならそれで良い。ただし，「1人だけ楽しい」というのはまた別。みんなが楽しめるようにルールを柔軟に変えるなど多角的な考えをもつことが大事。

■ J （3歳児すみれ組配属）

自由遊びの片づけをしている時，**こうすけ**がブロックを4つ重ねて，片づける場所まで持っていこうとしていた。そこへ他の子どもたちがやってきて，**こうすけ**がもっている重なったブロックのうち上にあるものをとって片づけるところへ持って行ってしまった。そのため**こうすけ**は泣いてしまう。Jは片づける場所で子どもたちの援助をしていたのだが，その様子を見ていた。それで，**こうすけ**が片づけようとしていたブロックをもってきた**なお**に「このブロック，**こうすけ**君が片付けたかったんじゃない？」と尋ねてみると「私も片付けたかったんだもん。」と言って**なお**も泣き始めてしまった。Jは「そうだね，片づけたかったんだよね。ごめんね。じゃあ片づけて。」と声をかけた。**なお**のその後の表情の変化はわからなかったのだが，そのまま泣きやまなかった。

この時Jは，「**こうすけ**が泣いている」ということに目がいってしまい，**なお**の気持ちを考えてあげることができなかった。**なお**の「私も持って行きたかった。」という気持ちも考えてあげられたら良かった。

□立浪先生から

　泣いている方ばかりに目がいきがちだけど，周りを見ることも大切。泣いていなくても助けを必要としている子どもがいる場合がある。泣いたり喧嘩をしている時だけが助けを必要としている時ではない。的確な状況判断と，「こうなるのではないか。」というように，子どもの行動を予想することが大事。もちろんだれでもその場で必ず的確な判断ができるとは限らない。しかし，「なぜあの時気付かなかったのか。」「あの時自分はどうしたら良かったのか。」と，自分を振り返って考えることが今の課題。

■Y（4歳児すずらん組配属）

　Yは，朝の支度が終わった**かな**と一緒にいろいろな話をしていた。途中，**たかひろ**も横から話を始め，Yは，**かな**と**たかひろ**の話を交互に聞いて会話をしていた。少しして**たかひろ**が「カルタをしよう。」言った。その少し後に**かな**が「トランプをしよう。」と言ってきた。ほとんど同時に誘われたのでどうしようか迷ってしまったのだが，**たかひろ**の方が少し早かったので，「先にカルタやってからトランプやってもいいかな？」と，**かな**に聞くと，「だめ！」と言って手を引っ張られた。それで，今度は**たかひろ**に「先にトランプやってからでもいい？」と聞くと，「嫌だ。」と言われてしまった。どちらを先にやるか順番を決めるゲームを提案したところ2人とも納得してくれた。しかし，なぜか**かな**が急に「パズルやる。」と言って，パズルのセットを出して始めてしまった。「トランプやらなくていいの？」と言ったが「うん，やらない。」と言われ，Yは**たかひろ**とカルタをして遊んだ。

　このことを日誌に書いたのだが，「保育者が迷っていると子どもたちにも伝わり，遊びたい気持ちが薄れてしまいますね。ここは先に誘った方からで良いのでは。」とあり，もっと早く順番決めの提案ができたら良かったと反省した。しかし，立浪先生とお話をしたり，先生の質問に答えるうちに，**かな**の「遊びたい」という気持ちが薄れてしまった原因は他にもあったのでは？ということも感じた。

■S（5歳児ひまわり組配属）

　自主実習でのこと（5歳）。お昼寝の時，男の子に「あとで葉っぱ食べようね。」と言われ，一緒に葉っぱを食べることを約束した。しかしSは，その前に「お昼寝終わったら氷鬼しようね。」と女の子たちに誘われていて，そちらも約束していた。お昼寝が終わった後，その男の子と女の子がつかみあいの言いあいをしていてSは困ってしまったのだが，「そんなに言うならじゃあいいよ。」と，女の子が言い，みんなで葉っぱを食べに行った。

　子どもたちだけで問題を解決する姿が見られた。

□立浪先生から

・「保育は恋と一緒。」と言った人がいる。（恋は相手が1人，保育は相手が複数という点では少し違うが。）どの子も，実習生と遊びたい，自分を一番に見てほしいと思っている。2人が満足できるにはどうしたら良いかを考える。この時は，「なぜ**たかひろ**と最初に遊ぶのか」を**かな**に言い，了解を得るべきだった。

・子どもとは気安く約束はしない。そして，約束や順番はきちんと守る。同時にできないときは，「同時にできない。」としっかり伝える。

■I（3歳児つくし組配属）

　お誕生日会の劇「てぶくろ」に急遽参加することになった。てぶくろに入れてあげる前に出す問題を「家に帰ったらお母さんが言ってくれる"さい"は？」というものにした。子どもたちもみんなすぐわかったようで良かったと思ったのだが、「お母さんのいない子ども、お母さんじゃない人が『おかえりなさい』を言う家庭の子どもがいる」ということを考えるよう指摘を受けた。もっと家庭環境に配慮した問題を作るべきだったと反省した。

■G（4歳児すずらん組配属）

　劇はとても緊張したけど、現場ではこういう場面がたくさんある。将来のためにもこのような機会に積極的に参加していきたい。とても良い経験ができた。

■K（5歳児ひまわり組配属）

　Iの出した問題を聞いて、「家庭環境に配慮した発言をするべきだ」と気付いたが、私も気付かずにそういった発言や言動をしてしまうことがあるかもしれないと思った。保育者の発言や言動で子どものこころを傷つけることがないよう、しっかりと気を配っていきたい。

□立浪先生から

　•親がいない子がいるクラスは最近珍しくないので、お父さんお母さんに関する絵を描いたり、メッセージを書いたりするものはできることならやめた方が良い。そのような活動をしたい場合は、事前に家庭環境を調べる必要がある。そしてやり方を慎重に考える。
　•外部実習でのお別れ会では「何か発表してください。」と言われることがあるので、

その時は恥ずかしがらず、堂々と、子どもを喜ばせられるように前もって心がけ、準備をしておくように。

【4回の事後研究を通しての感想】

Z：実習をやって自分なりに考えることはあっても他の人から意見をもらったり、指摘を受けたりすることはなかった。そういった機会をこの事後研究の場で持てたのでよかった。
（印象に残ったこと：子どもの怪我についての話し合い）

I：わかりやすく相手に伝えることの難しさを感じた。実習で自分が思ったことについて、いろいろな人の意見も聞けたので一回一回の実習が広がり、とても実りのある事後研究になった。
（印象に残っていること：子どもが遊んでいた時、どこまで見守ってどこまで援助をすればいいのかについての話し合い）

N：事後研究で他のクラスの様子を聞けて、年齢ごとにどこがどう違うかを知れてよかった。自分1人では考え付かなかったことも、他の人の意見が聞けてよかった。
（印象に残っていること：困ったときの対処の話し合いで他の人の意見が聞けたのがよかったこと）

R：自分の経験した事例と似たようなことを他の人も経験していて、援助の方法がいろいろ知れてよかった。自分とは違った対応に「そういうのもあるんだ」と学べた。
（印象に残っていること：言葉がけがワンパターンになってしまうことについての話し合

J：自分の思いを伝えることの難しさを知った。他の人の事例や意見が聞けて，事例に対しての対応の仕方が分かった。子どもの状況や周りの状況を見ることの大切さを学んだ。子どもの気持ち，周囲の状況を予想できる実習にしたいと思った。

G：事後研究を通して目をつけるポイントが身に付いた。今回の事例で**かな**と**まなみ**に対してのみんなの意見を聞くと**まなみ**に言わせる方法もあるのだなと思った。他の人の意見を聞いて自分も向上できた。前に**Y**が計画や目標を立てて実習に臨んでいるというのを聞いて，自分も実践するようになった。

Y：4回の事後研究で相手に伝わるように話すことが少しは上手くできるようになったと思う。実習に行く時に，前回のことをおさらいして行ったので，同じ事例があったらしっかりと対応できた。事後研究で次に繋がる目標を見つけることができてよかった。**たく**とずっと関わるという目標を立てていたので**たく**の成長を見ることができてよかった。

S：自分の感じたことをそのままにするのではなく，事後研究でそのことをもう一度見つめ直し，他の人の意見も聞けたのでとても勉強になった。他の人の話を聞いて「自分ならどうするか」と自分に置き換えて考えることもできた。他のクラスの事例でどう対応したのかというのを聞けたのでよかった。

K：自分の中だけに学びを留めず，みんなと話し合って，他の人の意見や先生のお話を聞き事例を共有することで自分の事例も深まっ

た。別の視点から他の人がどう考えているかも知れたし，いろいろな援助の方法も見つけられた。（印象に残っていること：方言についての話し合い。いろいろな意見を聞いたが方言を否定する人がいなかったので，自分は方言を話すことによって魅力的な保育者になれたらと思った。）

　この事後研究を実施してみて，一番の成果は先にも触れたように，学生同士の学び合いを組織できたことです。学外の集中実習では，クラスに入るのは1人または少人数です。反省会でもこのような多様な経験が語られることは，おそらく時間的に無理でしょう。

　しかし，このように1つのクラスに複数で入り，さらに，実習の翌週，同じ日に実習した学生たち10人前後で2コマの事後研究を行いますと，友人たちの異なる経験，同じクラスでの経験でも，見方の異なる意見にはっとさせられたり，もし自分だったらと想像をめぐらす機会が多くあります。またそれを次の実習の場で思い出し，対応を考えるゆとりがあったとする意見も数多く出されました。

　このようなスタイルは，3年次の実習研究でも実施しています。この実習研究は3人の教員で分担していますが，筆者のグループ（通常12，3人〜17，8人程度）では，外部実習の保育実習Ⅱが終了したあと，発表用のレポート（A4一枚）を作成し，その日の実習日誌のコピーとともにメンバーに配布します。そして毎回，2人ずつ発表し，そのあと全員で討議します。特に，11月の集中実習が終了したあとは，3回ほど連続して実習園の保育者を大学にお招きしています。（これは「保育実習Ⅱ」を選択した学生の実習研究では全員に対し行っています。）そして5，6人程度の小グループで発表と討議を行い，

最後に参加してくださった保育者から講評を受けます。このときは、レポート作成だけでなく、司会や記録の作成も学生に任せ、採用後の研修においても、まごつかないですむように工夫しています。

この機会は、学生から思ってもみなかった質問が出たり、実習生ならではの戸惑いや疑問を直接知る機会となったりして、参加してくださった現場保育者からも幸い好評を得ています。ただ、平日の夕方、大学まで出向いて討議に参加することは、保育者にとっても決して楽なことではないでしょうから、そのご厚意と熱意に甘えていることには内心忸怩たるものがあります。

● **学生たちの実践を直接援助**

その後、後述する「もちっこ広場」や「託児」など「学生主体の子育て支援」の実践では、直接学生の実践に立ち会うことができるようになりました。具体的なねらいや内容、予想される子どもの活動や保育者の関わり、そして実践後の反省や考察等まで、学生の活動の一部始終を直接見ることができ、曲がりなりにもその場を捉えて具体的な指摘ができる機会を得られるようになりました。

これらの経験はそれまでの筆者の手詰まり感を打破し、養成教育の行く末に一つの光明を見出すきっかけとなりました。

---

❶☞　カント全集第 16 巻　尾渡達雄訳『教育学・小論集・遺稿集』理想社　1966　p.38

❷☞　大月書店編集部編『猿が人間になるについての労働の役割―他 10 篇』大月書店　1965　p.12 ～ 13

❸☞　アドルフ・ポルトマン著，高木正孝訳『人間はどこまで動物か―新しい人間像のために』岩波書店　1961　p.61

❹☞　1899（明治 32）年，文部省は，「幼稚園保育及設備規程」を制定した。そこには保育の目的として「心身ヲシテ健全ナル発育ヲ遂ゲ善良ナル習慣ヲ得シメ以テ家庭保育ヲ補ハンコト」とあり，これは基本的に 1947（昭和 22）年，学校教育法が成立するまで続いた。

❺☞　1947（昭和 22）年成立した児童福祉法第 24 条において初めて「市町村長は，保護者の労働又は疾病等の事由により，その監護すべき乳児又は幼児の保育に欠けるところがあると認めるときは，その乳児又は幼児を保育所に入所させて保育しなければならない。（以下省略）」と定められた。

❻☞文部省・厚生省共同通達「幼稚園と保育所との関係について」1963（昭和 38）年

❼☞　教育の目的や理念，実施に関する基本的事項等を定めた教育に関する根本法令　1947（昭和 22）年制定，2006（平成 18）年改定

❽☞　1966 年　ユネスコ特別政府間会議採択

❾☞　2003 年　全国社会福祉協議会，全国保育協議会，全国保育士会承認

❿☞　日本では 2001 年佐藤学，秋田喜代美抄訳『専門家の知恵―反省的実践家は行為しながら考える』，2007 年柳沢昌一，三輪建二訳『省察的実践とは何か―プロフェッショナルの行為と思考』として紹介された。

⓫☞　佐藤学，秋田喜代美による reflective practitioner の訳。柳沢昌一，三輪建二訳では「省察的実践者」

⓬☞　ネイザン・グレイザーの言葉　柳沢昌一，三輪建二訳書 p.23 より

⓭☞　同上 p.24

⓮☞　同上 p.23

⓯☞　同上 p.50

⓰☞　平成 21 年 11 月 16 日第 1 回保育士養成課程検討委員会の資料によれば，平成 21 年 4 月 1 日現在養成校 583 箇所のうち大学は 213 校（37 ％）で，その他の養成校（63 ％）が過半数を超えている。

⓱☞　「幼稚園教育要領」文部科学省告示　2008

⓲☞　同上

第2章

保育者養成のための教育実践例
「学生主体の子育て支援」の実践を通して

1 子育て支援活動の取り組みと現代GPの採択

❶ 子育て支援 保育者養成の新しい取り組み

2006（平成18）年6月から「もちっこ広場」という子育て支援活動を始めました。

この活動のもともとのきっかけは，子育て支援への社会的な関心の高まりでした。

2001（平成13）年に児童福祉法の一部が改訂され，保育士の業務に「保護者に対する保育に関する指導」が追加されました。また翌年には，保育士養成課程に「家族援助論」が加わりました。その結果，親とのコミュニケーションや相談業務に軸足を置く「子育て支援」は，これまでの幼児保育の理論と技術の習得を重視した養成教育から一歩抜きん出て，親や地域との連携も視野に入れた新しい資質と専門性を，保育者に明確に求めることとなりました。

そのため，その後，いくつかの養成校で学内に子育て支援施設や独自プログラムを作り，自前で子育て支援を行う実践が生まれてきました。筆者はこの動向に着目し，それまで研究的蓄積の浅かった「子育て支援」教育の内容と方法が新たな展開を始めたことに大さな期待を持ち，後述する長野市内のNPO法人と連携して子育て広場を開始しました。

❷ 現代GPによる採択

この直接のきっかけは，2006（平成18）年7月，勤務校が応募した「豊かな子ども観を育む総合的短期大学の取組－長野市次世代育成支援行動計画・地域再生計画との連携を目指して－」が，2006年度の当時の現代GP事業のひとつとして文科省に採択され，2006年10月から2008年3月まで実施されたことにありました。

「もちっこ広場」の取り組みも，この事業の一環として取り込まれ，教材費，学生の研究発表の旅費，ボランティアの保育者への交通費，事務補助者の人件費等が補助されたので，大変助かりました。ただこの補助は2008年度以降はなくなりましたので，以後は大学としては参加費，授業のための「教材費」，「需用費」などの予算で活動のための教材費のみを捻出してやってきました。（2008年度は，学生の研究発表のための旅費補助を後援会より一部受けました。）

2007（平成19）年度には，勤務校と長野市との「連携に関する協定」が結ばれ，以後「もちっこ広場」もその一翼を担うことになりました。このことは，後述するNPO法人「な

がのこどもの城いきいきプロジェクト」が，指定管理者となっている長野市の子育て広場「じゃん・けん・ぽん」との交流，連携をよりスムーズにしてくれました。また 2010（平成 22）年度の「託児」実践のきっかけにもなりました。

2 NPO 法人「ながのこどもの城いきいきプロジェクト」との連携

❶ NPO 法人「ながのこどもの城いきいきプロジェクトのこども広場－じゃん・けん・ぽん」との連携

これまでの経過を振り返ると，「もちっこ広場」は，子育て支援を実施する地元の NPO 法人と共催であることに大きな特徴と利点を持っていると言えます。

長野市には「ながのこどもの城いきいきプロジェクト」という NPO 法人があり，この団体が 2003（平成 15）年 6 月，長野市から運営委託を受け，2006 年の 6 月からは長野市の指定管理者として，こども広場「じゃん・けん・ぽん」を運営することになりました。

この団体は，もともとは 1997（平成 9）年，長野市内の小児科医が中心になって設立した「ながのこどもの城づくりを進める会」というものでした。筆者もその結成大会に参加した一人ですが，そのときの「最近，子どもたちの様子が変だ。」という臨床現場の小児科医の発言が非常に印象に残っています。

この会はその後 2002（平成 14）年，NPO 法人となり，名称も上記のように変更されました。法人には現在でも理事として複数の小児科医が参加しており，小児科医がボランティアで直接こどもの医療相談を行っているのが大きな特色と言えます。

「じゃん・けん・ぽん」は開設当時から，善光寺にもほど近い，元は大型スーパーだった空き店舗の 2 階を活用して，広い屋内遊び場 (860 平方メートル) とさまざまなイベントや相談室を開設しています。長野市内ではもっともにぎやかな大通りに面しており，大学からは，車で 10 分もかからない距離にあります。

開設当初から，主に 3 歳未満児をもつ母親や家族が，平均すれば 3 ～ 4 時間ここで遊んでいくそうです。1 日平均 150 人前後の利用者があり，2008（平成 20）年には利用者が 30 万人を，2013（平成 25）年 4 月には 60 万人を突破しました。このような場が本当に求められていたのだということを実感する数字です。

利用者の声として，「孤独な子育ての中から悩みごと，他愛もない話を気軽に聞いてくれ，私を受け入れてくれ，必要以上に助言や提示をしてこないこと，それが初めての子育て中の私に自信をくれた」[①]という言葉が，ある雑誌に紹介されていますが，これはおそらく利用者の大部分の思いを代弁しているのではないかと思われます。

長野市のような地方都市でも，「孤独な子育て」は，すでに他人事ではなくなっています。子育て支援がいかに広く深く親たちに求められているか，筆者はここでも強く実感しました。

しかし，開設まもない「じゃん・けん・ぽん」を訪ねたとき，広いけれども窓のない構造が気にかかりました。できれば「屋外の新鮮な空気の中で子どもたちを遊ばせてあげたい。」と思ったことが，「もちっこ広場」を開設する一つの動機になりました。

その思いをすぐ理事の一人に伝えて，「もちっこ広場」への協力を依頼したところ，快く引き受けてくださったスタッフの方が，

「じゃん・けん・ぽん」の定休日である「第3水曜日なら」ということで，応援に来てくださることになったのです。

筆者は当初，「もちっこ広場」の運営主体を「じゃん・けん・ぽん」スタッフにお願いし，学生にはその助手をやってもらおうと考えていました。経験あるスタッフの活動ぶりと内容に間近に接することで，学生たちにはとても貴重な経験となるに違いないと考えてのことでした。まだ1，2度しか実習経験のない2年生の学生には，一から企画を立て，子供たちと保護者に自分から働きかけていくのは負担が大き過ぎると考えていたのです。

しかし，もちっこ広場を開始したあと，「じゃん・けん・ぽん」のスタッフから「後半は学生主体で進めては」という助言を受けました。学生たちを信頼されての助言と思うと大変うれしく，しかし少々不安も覚えながら，学生たちに提案してみました。

学生たちももちろん不安だったと思いますが，幸い全員が「やってみよう」と応諾してくれました。この背後には「一人ではない。全員でやるのなら，なんとかなるかも。」というゼミの仲間たちへの信頼感があったと思われます。

普段からの仲良しグループとは限らないメンバーが集まるゼミは，毎年初めは多少ギクシャクすることもあるのですが，回を重ねるにつれて，それぞれのメンバーの個性を互いに呑み込んで，だんだんと息があってきます。そうすると活動もしだいに楽しくなり，当初は予想もしなかったようなまとまりや協力が毎年生まれてきました。

❷ 「もちっこ広場」のスタート

こうして，2006年度より，後半は学生自身による具体的な内容の選定，それに基づく指導案の作成，当日の実施，次週の評価と継続して行う「学生主体の子育て支援」として，保育内容論ゼミ「もちっこ広場」がスタートしました。

学生たちとゼミのたびに討議を重ねる中で，筆者は，これまで実習指導等では実施できなかったその日の活動に合ったねらいと内容の選定，展開方法についてより具体的なアドバイス，指示や教材研究のヒントなどを出すことができました。

また，実際に学生自身による活動を一部始終目の当たりにしていましたので，どこが理解されていて，どこに課題があるのかとても具体的につかむことができ，それを次回の企画の指導に役立てることができました。

さらに，学生による活動の評価についても，自分が実際にその場面を見ているわけですから，評価の内容や妥当性にも確信をもって具体的な指摘ができました。

こうして，初年度，途中から学生主体の活動を組み込むことに発想を切り替えた経験から，その有用性を自覚し，2年目以降は最初から「学生主体の子育て支援活動」と明確に位置づけて実践を重ねてきました。

筆者が，このような「学生主体の子育て支援」という研究テーマを持つようになったもともとのきっかけが，まさに当初からこの活動に協力，支援してくださったこども広場「じゃん・けん・ぽん」スタッフの助言だったのです。現場の保育者と協働し連携するメリットを深く実感しました。

また，「もちっこ広場」では最初の参加者募集を「じゃん・けん・ぽん」主体で行っています。このため，参加者の中には毎年，日常的に「じゃん・けん・ぽん」へ通っている親子が数組参加しています。慣れ親しんでいる「じゃん・けん・ぽん」スタッフが応援に

来てくれているという安心感が，参加者の態度から感じられることも少なくありません。あまり目に見えませんが，これは参加者が定着する大きな要因の一つであると思います。

3　学生主体の子育て支援

❶　「学生主体」の取り組みの意義

●学生自身による実践的研究

こうして，学生主体の子育て支援活動を始めてみると，他の保育者養成校が行う子育て支援にはそれぞれの学校での工夫や特徴は見られるものの，これらの実践は養成校教員や保育者主体のものが多く，将来の当事者となる学生がそれにどのように携わり，そこで何を発見し，学び取ったかという学生自身の学習成果を，詳しく追求した例はきわめて少ないことに気がつきました。

学生が主体的に実践に携わり，そこでの学びの可能性を具体的に追求していくことは，第１章で述べたように，実習を教育方法の手立てとして重視する筆者にとって，きわめて有用な手立てであり，今後の養成教育に大きな影響を及ぼすだろうと考えました。

●子育て支援に必要な基礎的「資質」と「専門性」の追求

特に 2007 年度以降，意図的に学生を研究実践の主体に据えることで，学生の持つ学習意欲と創意工夫を引き出すことに主眼をおいた実践を計画し，その過程を通して，子育て支援に必要な保育者としての基礎的「資質」と「専門性」とは何かを，具体的・実践的に追求してきました。その経験から，養成段階でこのような保護者をも含む実践の体験とその基礎となる資質や専門性を，ぜひ身につけ

させておきたいと考えるようになりました。

「資質」とは，本来「生まれつきの性質や才能」を意味するものですが，現代では，たとえば「幼児教育に対する情熱と使命感に立脚した，知識や技術，能力の総体[2]」というように，本人の意欲や熱意に立脚した学習の結果をも含むとらえ方も出てきました。

「資質」と「専門性」については，本来もっと理論的な解明が必要であると考えられますが，本書ではとりあえず，資質をこれからなろうとするものという意味での「可能態」，専門性を「知識や技術，能力の総体」ととらえ，特に今，養成段階においてどのような「子育て支援」のための基礎的資質と専門性の教育が求められているかに焦点を当てて，研究を進めてきました。

具体的には，もちっこ広場の指導計画の作成，実施，評価の過程を，終始一貫学生とともに進めることに重点を置きました。

本来なら，そこに教材研究を加えたいところですが，これは相当時間を要するものです。毎週２コマの授業時間を取っているとはいえ，これだけではとても十分とは言えません。そこで，まずは当日のための準備を優先し，教材研究は基本的に学生たちの選択と自習に任せました。

このとき痛感したのは，他の保育内容担当者との協働です。各教員がそれぞれ個別に学生の相談に乗ってくださり，用具や材料等を快く融通してくださることもたびたびありました。ただそれが，学生たちの個別依頼によるものや，個人的協力にとどまっており，養成カリキュラムの一環として教員同士の組織的協働にまでは至っていないのが現状です。遠からずこの現状は克服され，養成校教員の協働による保育内容や子育て支援内容の総合的研究やカリキュラム化が進んでいくでしょ

う。その方向性を期待しています。

❷ 「もちっこ広場」のあゆみと展開
❶ 2006（平成18）年度

■「学生主体の子育て支援活動～『もちっこ広場』の活動を通じて～」
□ゼミ履修学生
　北村茉弓・小林身江・齋藤祥子・桜井花絵・佐藤明美・中澤　恵・保坂美里・増子有紀・宮下明子（9人）
□教員2人，「じゃん・けん・ぽん」スタッフ2人，現代GP担当教員2人（写真記録担当）

　初年度であり，まず4月にゼミの学生とこども広場「じゃん・けん・ぽん」を訪ね，スタッフの寺沢，八木沢，丸山，山口氏らと打ち合わせを行いました。その結果，名称は「もちっこ広場」，これは勤務校の中庭に大きな栃の木があり，毎年秋になるとたくさんの実を落としてくれます。この実を拾ったりする活動を企画したので，栃の実にまつわる絵本「モチモチの木」にちなんで名づけたものです。

　参加者は，未就園の2歳児（弟妹の参加も可）とその保護者を対象とし，「じゃん・けん・ぽん」を通じて事前に参加者を募集，希望者の中から抽選で20組の親子を選出しました。

　活動は6月から2月まで，毎月1回（8月を除く）第3水曜日，時間は午前10時から11時30分の1時間半，場所は勤務校のキャンパスです。具体的には厚生会館（和室），教室，体育館，中庭，グラウンド等を使用しました。

　活動内容は表の通りです。

　もっとも苦労したのは実は駐車場の確保でした。もともと駐車場の少ない大学でしたので，窮余の策として付属幼稚園の駐車場をお借りしました。そのため，付属幼稚園には，前もって，もちっこ広場の活動時間帯には行事や保護者会の活動などを入れないように依頼し，了解をいただきました。この依頼がかなわなければ，事業の実施はもっと困難だったと思われます。

　また，この年は，まだ当初はもちっこ広場をゼミのメイン活動として設定していなかったので，学生（9人）のなかには，絵本作りや自閉症児の保育，夜間保育などを研究テーマにしている学生もいました。両立はかなり大変だったのではないかと思いますが，りっぱにやりとげてくれました。

　このとき個人研究として「もちっこ広場」を研究テーマにした学生は，参加者，支援者（「じゃん・けん・ぽん」スタッフ）へのインタビュー調査の結果を別記のようにまとめています。（　）内は調査時期。

■2006年度の活動計画				
回	期　日	参加人数	活動内容	活動主体
第1回	6月21日	40人	名札作り，自己紹介，キャンパス内探検	じゃん・けん・ぽんスタッフ
第2回	7月19日	26人	色水を使った造形遊び	じゃん・けん・ぽんスタッフ
第3回	9月20日	30人	自然探し，自然で遊ぼう	じゃん・けん・ぽんスタッフ
第4回	10月18日	34人	どんぐり・落ち葉で遊ぼう	学生
第5回	11月15日	34人	体操・運動遊び（新聞遊び）	学生
第6回	12月20日	26人	もちつき	学生
第7回	1月17日	34人	工作・造形（写真立て作り）	学生
第8回	2月21日	不　明	リトミック・うた遊び	学生

■インタビュー結果
●もちっこ広場に参加している保護者の方々
○同じ年代の子と遊ぶ機会が少ないのでこのような場ができて大変よい（9月）
○日ごろ子どもを外へ連れて行くことが少ないのでいつも楽しみにしている（9月）
○子どもも，活動で作ったものを家に飾りたがったりして，活動を楽しみ，満足しているようだ（9月）
○日ごろ子どもを外へ連れて行くことが少ないのでいつも楽しみにしている（10月）
○跳び箱や，マット，紙風船などを使い遊ぶ機会が日ごろなかなかないので，とても楽しかった（11月）
○いつも楽しみにしている。月に一回ではなく，もっとたくさんあればいいと思う（11月）」

●もちっこ広場に関わっている「じゃん・けん・ぽん」職員の方
〈Ｙさん〉
■母親と相談する際に気をつけていること
○自分から相談してくる人はまだいい。じゃん・けん・ぽん利用者だけでも聞きやすい環境を十分に利用してもらいたい。これらのことを踏まえ，じゃん・けん・ぽんでは寄り添って"話を聞くこと"を大事にしている。
○まずは話を聞いて，出してもらってから，ヒントとして自分の立場から一言添える。
■これからの子育て支援について
○話を聞き，現実を見る中で，今何を求めているのかを読み取っていきたい。
○共感できるところは共感して，『みんなそうだよ』と伝える。悩んでいるのは一人じゃないということを伝えていきたい。」[3]

インタビューの記録では，「同じ年代の子と遊ぶ機会が少ないので，このような場ができて大変よい」や「日ごろ子どもを外へ連れて行くことが少ないので，いつも楽しみにしている」，「跳び箱や，マット，紙風船などを使い遊ぶ機会が日ごろなかなかないので，とても楽しかった」等の感想から，「もちっこ広場」のねらいが参加者の願いに合致していることを確認でき，貴重な証言をいただきました。

さらに子育て支援担当者へのインタビューで，調査した学生は「支援していく側に立つうえで大切なことは，悩みや不安を抱えている母親に対し，母親の立場に立ち，思いを受け取ることが大切であると感じた。」[4]と述べています。支援者が学生にぜひ伝えたいと思って話してくださったであろうこと，をしっかりと受けとめたと思われます。

2007（平成19）年2月には，保育士養成協議会関東ブロック学生研究発表会において研究発表を行いましたが，その報告のなかで，学生たちは次のように述べています。

② 展　開
(1)(2)(3)省略
(4)　参加した＜保育内容論＞ゼミ生の感想
○最初の頃は，多くの親子をどのように動かし，進めていけばよいのかととても不安で，活動を行うだけで精一杯であった。最近では親子の様子も見ながら，子どもへの言葉がけをする等の余裕が出てきた。また，実習では子どもとの関わりが主であったが，もちっこ広場の活動で親子の会話を間近に見てふれあえたことで親子との関わり方がわかってきた。
○活動案を考えるにあたっては，環境構成，安全・衛生面等の細かい配慮が大切である

ことがわかった。

○始めの頃は，つい子どもばかりと接しがち
であったが，親にも働きかけるようにして
いくと親達の笑顔が増え，親子の会話も増
えてきた。このことから，子育て支援の広
場活動では，子どもだけでなく親に働きか
けることも大切であると感じた。

○実際に親子の前に立って活動を進めていく
中で，親子に話し掛ける際は，子どもたち
がわかるような言葉を選んで話したり，視
覚的に訴えたりする等の工夫をすると，親
にも子どもにも伝わりやすいということが
わかった。

○月に1回だけの活動だったが，毎月毎月，
子ども達の成長を自分の目で見ることがで
き，その中で驚きや喜びを味わうことがで
きてうれしかった。

③ **まとめ**

『もちっこ広場』の活動を通じ，親子が楽
しめ，日ごろの子育てでも簡単に実践できる
遊びの紹介や自然遊び，運動遊びを行ってき
た。子どもが小さいうちから五感を使った遊
びや，自然に親しんだりすることは，発達の
面でも大切であると思う。

保育現場での実習では"子どもと保育者"
のかかわり合いの中から学ぶことが多かった
が，もちっこ広場の活動では，"子どもと母
親と支援者"のかかわり合いの中から，子ど
もだけではなく，母親への働きかけ方も学ぶ
ことができた。また，学生主体となって実際
に活動を計画・実践し，親子への細かな配慮
（言葉掛けの仕方，環境構成，安全面，衛生
面等）や母親自身を理解する大切さ等を学ぶ
ことができた。そして，インタビュー調査等
から，母親が育児を楽しいと感じられるよう
に支えていくことが子育て支援での一番重要

な点であると感じた。変化し続ける子育て環
境に常に目を向け，もちっこ広場の活動から
得たたくさんの貴重な経験や知識を，保育の
現場に出ても生かしていきたい。」⑤

この年は，筆者や「じゃん・けん・ぽん」
ボランティアにとっても初めての「もちっこ
広場」であり，試行錯誤の年でありましたが，
学生たちの意欲に支えられたと言っても過言
ではありません。学生たちがいきいきと活動
に取り組む姿は，なによりも次回以降への筆
者のエネルギーになりました。

同時に，学生たちが不慣れで緊張しつつも
一生懸命実践している姿は，筆者がなかなか
直接には見ることのできない実習中の姿を彷
彿とさせてくれました。実習前に指導案を
持ってきて「見てほしい」と言われることは
多いし，それを実習の事前研究の課題ともし
ているのですが，いつも，どのようなクラス
で，どのような子どもたちを前にして実習す
るのかがわからないために，なかなか直接的
個別的なアドバイスができないでいたので
す。それは，筆者自身がいつも限界を感じて
いる大きな悩みでした。

ところが，もちっこ広場では，親子の様子
や，場の状況，活動のねらいや具体的な教材
などを，筆者自身が学生と共有できる立場に
ありました。そのため，直接的なアドバイス
はもちろんのこと，その場での問題点や課題
もまた即時につかめました。これは筆者に
とって目の曇りが晴れるような，きわめて印
象的な経験でした。これまでの実習指導での
隔靴掻痒的なもどかしさもなく，自分自身の
立ち位置が明確になったという確信を持つに
至りました。

さらには，保護者が戸外での活動を多く求
めていることがアンケートなどからはっきり

確認できたことも，この年の大きな収穫でした。これらの成果が，この後何年にもわたってもちっこ広場を継続する直接的な動機となりました。

❷ 2007（平成19）年度

■「もちっこ広場〜ひろば型子育て支援の実践的研究〜」
□ゼミ履修学生
北原成美・熊谷円香・清水萌葉　田口朋絵・田本　淳・長島未怜・丹羽直美
（2年生7人）
□教員2人（付属幼稚園教諭1人含む），「じゃん・けん・ぽん」スタッフ2人，ヘルパー1人（写真記録）

この年から，総合演習の保育内容論ゼミでは，全員が同じテーマでもちっこ広場を担当することにしました。しかし，内容的には2006年度と同じく，戸外の遊びを取り入れた活動を中心に進めました。ねらいも同じく，「参加者に外遊びの楽しさを通じて自然とのふれあい，また親子のふれあいや子ども同士のふれあいをより深めてもらう」ことです。

ただ，2007年度は，大学の付属幼稚園が2歳児とその保護者を対象に幼稚園生活を体験するための支援活動として園開放（「りんりんキッズ」）を始めたので，学生もその活動の補助者として加えてもらいました。

さらに勤務校では，毎年すべての総合演習履修学生が学科の全教員，全学生の前で研究発表を行いますが，保育内容論ゼミでは2006年度からプレゼンテーションソフトを使ってグループで資料を作成し，発表するという形式をとることにしました。これからは論文形式だけでなく，プレゼンテーション形式の研究発表が増えるに違いなく，学生たちに初歩的であっても，このようなプレゼンテーションの機会を持たせたいと思ったからです。学生たちは「情報機器の操作」等の授業で学んだ知識を生かして，すべて自分たちでプレゼンテーション資料を作成し，共同で発表しました。ここに紹介する図表は，すべて2007年度の学生の作品です。ただし，第8回の活動は総合演習発表後だったため，後から付け加えたものです。（写真は編集の都合上，一部取り替えています。）

■2007年度年間計画（全体Aコース）

日　付	活動内容	場　所
6月20日	名札作り・学内探検	六鈴会館
7月18日	水遊び・ころんこ遊び	グラウンド
9月19日	虫捕り・散歩	学　内
10月17日	落ち葉遊び	中　庭
11月21日	体育・ボール遊び（予定）	体育館
12月19日	もちつき（予定）	グラウンド
1月16日	造形・工作（予定）	六鈴会館
2月20日	リズム・歌遊び（予定）	体育館

■2007年度年間計画（付属幼稚園B，Cコース）

日　付	活動内容	場　所
7月11・25日	どろんこ遊び	幼稚園園庭
9月5・12日	食育（お菓子作り）	学　内
10月3・24日	室外遊び（ままごと）	幼稚園園庭
11月7・14日	室外遊び（散歩・どんぐり拾い）	幼稚園
1月23・30日	雪遊び（雪あり）	幼稚園内
2月6・13日	室内遊び（雪なし）	

※手遊び紙芝居・歌は毎回行う。

「もちっこ広場」の全体での活動は前年と同じく，6月から2月まで（8月を除く）月に1回，第3水曜日の午前中に大学キャンパスや学内の施設を利用して行いました。6月の名札つくり・学内探検，7月の水遊び・どろんこ遊び，9月の散歩・ウォークラリーまでは，「じゃん・けん・ぽん」のボランティアスタッフが中心となり，学生は活動に慣れるまで補助者として参加しました。

10月からは，学生が主体となって毎回詳

細な指導計画を作成し，何度も検討しなおし，終わったら当日及び翌週に反省会を持って記録を作成しました。この記録は，当時大学のホームページでも公開しました。

この年から，明確に「学生主体」をテーマに掲げての研究となりましたので，前々から気になっていた「指導計画案の作成」を特に重視しました。このねらいは，その後もずっと意識的に継続させています。

付属幼稚園の園開放は，Ｂ・Ｃコース２グループに分かれて，それぞれ月１回ずつ開催しました。場所は付属幼稚園内と学内キャンパスが中心で，その内容は前ページの表のとおりです。園開放は付属幼稚園教諭が担当しますので，担当教諭の実践を間近に観察できます。園開放は，「もちっこ広場」のない水曜日の午前中に行われましたので，学生は２名ずつ交代で園開放に参加しました。そのため園開放の当番に当たっている学生は，残念ながら「もちっこ広場」の指導案検討や反省には参加できませんでした。

学生たちによる2007年度「総合演習の記録」より，１年間の活動のまとめを引用すると，以下のようになります。（一部省略）

■第１回　（6月20日）
[自己紹介，名札作り，キャンパス内探検]

６月の活動は，初めてのもちっこ広場の活動ということで，親子の名前を覚えたり，もちっこ広場の雰囲気に慣れてもらい，楽しみにしてもらえる場になればと思い，この活動に決めました。

緊張している様子も見受けられましたが，親子の会話と同時に，保護者同士の会話も見られ，楽しんでいる様子でした。しかし，どんな名札にするか話し合ったり，一緒に絵を描いたりと親子での活動が中心でした。

私たちも，初めてのもちっこ広場の活動ということもあり，どのように親子に接して良いか分からない部分も多々ありましたが，活

6月20日（全体）
自己紹介，名札作り，キャンパス内探検

キャンパス内探検

名札作りの様子

動をする中で，だんだん会話が弾み，私たち自身がこれからの活動が楽しみになるものになりました。

　このもちっこ広場での活動は，子育て支援ということもあって，保護者の方々との関わりも大切であることをこの活動で実感し，ぜひ学んでいきたいと感じるものとなりました。

■第2回　7月18日
［どろんこ遊び］

　7月は，どろんこ遊びをしました。気温も暖かくなってきたので，何か水を使った遊びをしよう，と計画しました。「じゃん・けん・ぽん」の方々の指導を受けて，事前にプリンカップやヨーグルトカップなどの容器や学校内にある大きな葉っぱなど，どろんこ遊びに利用できそうなものを用意しておきました。

　今年新たに用意した土を使って，親子で自由に砂やどろで遊びました。たらいに水を用意しておいて水も自由に使えるようにしました。遊び終わったあとに消毒できるような場も設けて，安心してどろんこ遊びができるようにしました。普段あまり自由にどろまみれになって遊ぶ機会のない子どもたちも，砂の山に登ったり，どろだんごを作ったりとても楽しんでいた様子でした。

　中にはどろんこ遊びに抵抗を示す子もいて，保護者とともに子どもが自然にどろに関われるように促しました。

　午前中だけの活動だったのであまり時間がとれず，遊びを終わりにした時『やっと盛り上がってきたのに。』という保護者の声もありました。普段こういうように自由になって遊びに熱中する機会のないような子もいる現代での，このような広場型子育て支援の重要さを改めて実感しました。

7月18日（全体）
どろんこ遊び

水に興味津々の子どもたち

土で遊ぶ子どもたち

■第3回　9月19日
[大学キャンパスでウォークラリー]

　大きな木々がうっそうと茂っている短大の前庭で，親子でウォークラリーをしました。

　親子で4グループに分かれてそれぞれ4つのポイントを回りました。ポイントには学生が待っていて，『目玉のシールを渡し，小石や葉っぱに顔を描く』とか『親子で手をつ ないでその場でジャンプする』など，それぞれ決められた課題をクリアするとパズルの1片をもらいます。4個もらうとパズルが完成します。

　『学生と握手する』というチェックポイントでは，まだ学生と握手できない子も見られました。私たちも夏休み明けで，少し緊張してしまい，親子への声かけもすぐにはできない状態でした。

9月19日（全体）
ウォークラリー（県短前庭）

ウォークラリー楽しかった？

パズルは完成できるかな。

■第4回　10月17日
[落ち葉遊び]

　4回目にあたる10月からは，学生が中心になって企画・運営を行いました。このときの活動は15組32人が参加し，学内の芝生の広場で落ち葉のかんむりと落ち葉のマント作りを行いました。

　落ち葉のかんむりは，細長く切った厚手の紙に両面テープを貼り，そこに葉っぱをつけて輪をつくり頭にはめます。また，落ち葉のマントは，手と頭が出るように穴を開け，両面テープを貼ったビニール袋に葉っぱをつけ るというものです。

　指導案作成時には，落ち葉の中を転がって葉っぱをつけることを予想していたのですが，実際では手で一枚一枚貼り付けている様子が見られ，予想と実際とはかなり違うと感じました。

　また，マントに貼り付いた葉っぱをすぐにはがす子どもも多く見られました。落ち葉にまみれる経験が少ないことから，落ち葉が体につくことに抵抗があったのではと考えました。

　しかし，活動の終わりごろには多くの子どもが落ち葉に埋まったり，落ち葉の上を転

がって遊んでいたので，今回の活動で落ち葉にまみれる楽しさを味わい，「まみれる」遊びのきっかけとなれば良いと思いました。

準備の段階では例年より葉が落ちるのが遅く，落ち葉の収集に苦労しました。しかし，クラスの仲間や他学科の方の協力もあり，活動までに集めることができました。材料や用具なども多くの方々の協力で揃えることができました。

この活動を通して子育て支援は，多くの人の力を借りて作り上げていくものだと実感しました。

10月17日　落ち葉遊び
（第4回全体活動）

落ち葉の中で遊んでいる様子

「どう！？似合う！？」
あざやかな落ち葉のかんむり

■第5回　11月21日
[体を使って遊ぼう]

第5回目の11月は，新聞紙やダンボールを使って体を動かす遊びをしました。昨年行った新聞紙のプールと新聞紙ののれんに加え，今年はダンボールで作ったブルドーザーも設置しました。

新聞紙のプールは，事前にちぎっておいた新聞紙をダンボールで作った仕切りの中に入れて，その中に入って自由に遊びました。予想される子どもの姿として，新聞紙を嫌がる子どもが出てくることを考えていたのですが，実際は新聞紙に抵抗を示す子はいませんでした。新聞紙に潜って，『埋めて埋めて！』と言う子や，『雪だ～！』と新聞紙をつかん

で上に投げ，ひらひら舞って落ちてくる様子を楽しむ姿が見られました。また，私たちが新聞紙の中にボールやぬいぐるみを埋めて，子ども達に『お姉さんたち大事なボールとぬいぐるみをこの中になくしちゃった。どうしよ。』と声掛けをすると，子ども達は宝探しのように，隠してあるものを探していました。見つかるとそれをまた隠し，探すという遊びに発展しました。

新聞紙ののれんでは，テントの四方面すべてに新聞紙を吊るしました。子どもが興味を示してくれるようにテントの中にビニールテープで作ったボンボンを3つ吊るしました。そのボンボンを見つけて，『このテントがお家で，ボンボンが電気だ。』という子ど

ももいました。

ダンボールブルドーザーは，ダンボールの中に入ってハイハイしながら前に進むというものです。子どもだけでやる子ども用と，親子が一緒に入ってやる親子用の2種類を用意しました。実際行ってみると，子どもたちはブルドーザーをするだけでなく，そのダンボールを立ててお家にしたり，ダンボールの

中に入って電車ごっこをしていました。

すべて自分たちで計画し実行する活動だったので，いろいろ不安はありましたが，親子の楽しんでいる様子が見られ，また私たちも臨機応変に活動できたので良かったです。

この活動により，子育てには，このように体を使って思いっきり遊ぶ機会も大切だな，と改めて感じました。

11月21日　体を使って遊ぼう
（第5回全休活動）

うまっちゃった〜

ごろごろ　ごろごろ〜

■第6回　12月19日
　[もちつき]

第6回目のもちっこ広場は，15組31人と一緒に，もちつきを行いました。

この本番に向けて，12月14日に付属幼稚園で行われたもちつきの見学や手伝いをさせていただき，また，17日にリハーサルを行いました。この17日と本番のとき，付属幼稚園の園児のおじいさんであるYさんにご協力を頂きました。

今回はグラウンドに集まって，学生が臼や杵の説明をし，蒸しあがったもち米をみんなで一口ずつ試食していつも食べているご飯と

は違う食感を味わいました。

そして，一組ずつ実際にもちつきを体験しました。

六鈴会館に戻って，真っ白なもちに保護者と子どもが一緒にきなこをまぶして，学生が用意したあんこやゴマのもちと一緒に食べました。黙々ともちを嚙んでいる子，にこにこしながらまわりの保護者や学生と『おいしいね』と声をかけあいながら食べる子など，それぞれ楽しんでいる様子でした。

今回，1か月前から，先輩の指導案や，アドバイスを参考にさせて頂き，もちつきの計画が一からの出発ではなかったので，とてもスムーズに進めることができました。しかし

それでも，手洗い用の子どもの椅子や，学生の係分担の時間配分が忙しかったり，細かい配慮で足りなかったところが見つかり，当日の現場を想定する力をもっと養っていけたらと反省しました。

「じゃん・けん・ぽん」の方からも，『集まっていきなり出席確認を始めるのでなく，おはようの挨拶から始めて，活動の終わりも，さようならの挨拶で終わることがとても大切』というアドバイスを頂き，挨拶は，ただ言葉を交わすものではなく，活動の節目を伝えたり，そのときの心持ちや環境を変えていく役割があったことを改めて気づくことができました。

12月19日　もちつき
（第6回全体活動）

きなこは自分でまぶしたよ。
ゴマやあんこも食べました。

「よいしょ！」
みんなの掛け声も一緒にもちつき。

■第7回　1月16日
［写真かけ作り］

　第7回目の1月は紙粘土とマカロニを使って写真かけ作りをしました。マカロニをピンク，黄色，水色のスプレーで事前に着色し，当日はそれを使って親子で自由に飾りつけを楽しみました。今回は，親と子がそれぞれひとつずつ作品を作りました。そうすることで，親も子どもも自由に作品が作れると考えたからです。共同作業だと，どうしても親子のあいだで考えの違いが生じてしまうことがありますが，分けることによって，互いに思い思いに作っている姿が見られました。

　今までの活動は体を動かすものが多く，当日外は雪が降っていたので，室内での活動に興味を持ってくれるかという不安がありましたが，初めて触れる紙粘土や，色とりどりのマカロニに興味を示し，熱心に作品を作っていました。アイデア豊富なオリジナルの作品が仕上がりました。

　完成した作品は，学生が預かり，後日ニスを塗りました。日にちがたつと紙粘土が乾燥し，写真かけにヒビがみられ，改めて教材研究の大切さを実感し，今後の活動にいかしていきたいと思いました。

1月16日　写真かけ作り
（第7回全体活動）

手遊びしよう

■第8回　2月20日
[ひなまつり]

　第8回目のもちっこ広場は，ひな祭りにちなんだ活動を行いました。今回の活動は音楽に親しむことを目的とし，『うれしいひなまつり』の歌に合わせて歌を歌ったり，手遊びをしたり，合奏をしました。

　今回は，普段の活動とは異なって指導をする時間も多くありましたが，子どもたちは歌や合奏にとても興味を示し，夢中になって活動に取り組んでいる様子が見受けられました。一方，子どもにタンバリンを配ったところ子どもはすぐタンバリンを鳴らし，音を楽しんでいました。そのため，しばらく時間を

取りその後「タンバリンはお膝の前に置こうね」と言葉がけをしたところ，子どもたちは自ら楽器を置く姿が見られ，成長を感じられたのと同時に，子どもたちの様子を観て保育を行うことの必要性を改めて感じました。

　今年度最後のもちっこ広場の活動だったため，保護者の方々に一言ずつ感想をいただきました。もちっこ広場を楽しみにしていてくれる子もいたようで，「学校の方へ向かうと『今日もちっこ？』と言ってました」という感想もありました。また，時間が少し短いということや，学生がもっと積極的に関わって欲しかったといった意見もいただき，これからの課題にしていきたいと思います。

2月20日　ひな祭り
（第8回全体活動）

どんな音がでるかなぁー？

ひなまつりの歌を歌います♪

　次に付属幼稚園で行ったB・Cグループの活動についてご紹介します。

■9月5日　[食育の事例]（他は省略）
　　　　　（県短・厚生会館，調理実習室にて）
　9月の活動は，健康栄養専攻の先生や学生による「食育」についての活動でした。私たちは観察者として参加しました。
　まず，厚生会館で子どもが嫌いなピーマンやニンジンなどの野菜が出てくるエプロンシアターを全員に見せました。嫌いな野菜でも，きちんと食べなければ健全な発育ができない，と言う内容で，子ども達も喜んで見ている様子でした。
　次に，子どもが嫌いな野菜を用いて作ったお菓子を紹介し，実際に親子に試食をしてもらいました。お母さん方は「食育」に関してとても興味があるようで，お菓子の作り方や，子どもの好き嫌いなどの悩みを学生に相談する姿がみられ，とてもよい活動になりました。
　後半の活動は調理実習室に移動し，親子ににらせんべいを作りました。

にらを食べたことがないという子どももいましたが，にらを細かくして，甘く味付けすることで，子どもたちもおいしく食べることができました。
　この活動をやってみて，お母さん方がとても食育に興味があると同時に，子どもの毎日の食事にとても悩んでいることを知り，食育という面でももっと勉強しなければいけないと感じました。

調理実習室にて食育の活動
（付属幼稚園グループ活動）

B グループ　　9月5日
C グループ　　9月12日
にらせんべいを作っている様子

まとめ

● 子どもたちの置かれた現状や発達段階を十分に
踏まえた上で活動設定や配慮をする。

● 子育て支援の活動は，保育者が保護者の方々の
現状や思いを理解し，相談しやすい場を作るこ
とが重要である。

　これまで，私たちは，じゃんけんぽんの方々が企画したもちっこ広場への参加を始め，付属幼稚園の坂口先生の企画されたもちっこ広場，そして自分たちで企画・運営したもちっこ広場を通して，本当に多くのことを学びました。

　まず第一に，このもちっこ広場の活動を通して，現在の子どもの置かれた現状を身を持って感じることが出来ました。例えば10月に行った「落ち葉のマントとかんむり作り」という企画では，落ち葉の中に潜り込んだり，転がったりはするものの，マントに落ち葉が付くとすぐに剥がすす子どもが数人いました。私たちは，その原因には現在の社会環

境が関係していると考えました。汚れること
は極力避けられ、その中で育つ子どもたちは
「汚れたらきれいにする」といった意識が植
え付けられているのではないでしょうか。こ
のように子どもたちの行動の背景を考え、気
になる点を見つけ、原因を追究していくこと
が、活動設定や環境設定、配慮を考えていく
ヒントになるということを知ることが出来ま
した。

次に、保護者の方々の現状や思いを理解す
る必要性も感じました。子どもの発達の遅れ
や、静かに話を聞けないなどといった子育て
の悩みなどを坂口先生に相談をされる姿を見
て、どのような育児不安を保護者の方々が
もっておられるかなどを知ることが出来まし
た。さらに、子どもたちの発達の個人差など
を話される坂口先生の対応を見て、保育者と
してどのような対応が求められているのか、
また、どのようなことを私たちが知っておく
べきなのかなどを、具体的に知ることが出来
ました。

このもちっこ広場の活動を通して、子ども
たちの成長が見られる保育者という職業の魅
力を感じたのと同時に、難しさや責任の重さ
をも感じました。もちっこ広場の活動を通し
て学んだことを基礎として、現代の親子の現
状に常に目を配り、親子ともに支えられる保
育者、子育て支援の出来る保育者になれるよ
うこれからも努力していきたいと思います。」

□ 2007 年度の実践を振り返って
● 指導案作成を通して

先述したように、この年から明確に「学生
主体の子育て支援」をねらいとし、ゼミを組
み立てました。また、付属幼稚園での園開放
も「もちっこ広場」の活動に取り入れ、付属
幼稚園と連携した活動を行いました。

筆者の意図として、全体において記録を重
視し、実践のたびに指導計画の立案と評価、
付属幼稚園での園開放の観察記録を課しまし
た。そして、その内容や書き方について学生
たちのイメージや構想を損なわないように配
慮しつつ、そのつど最低限の添削を行いまし
た。

そのなかから、12 月のもちつきの指導案
をご紹介します。もちつきは、前年度から取
り組んでいる活動です。

もちつきは、安全面、衛生面から学生には
ハードな内容ですが、幸い付属幼稚園では毎
年保護者の協力を得て園庭に竈（かまど）を
据え、もちを搗きます。園児たちも全員子ど
も用の杵でもちつきのまねごとをします。

そこで、このごろ少なくなった「薪を燃や
す竈」でコメを蒸し、杵と臼を使ってもちを
搗く経験を、ぜひ小さな子どもや学生たちに
させてあげたいと考えました。

餅は、古来日本の子育てとは切っても切れ
ない縁があります。餅を搗いて共食すること
で妊婦や子どもの健康と健やかな成長を願っ
た先人たちの思いを追体験し、子育ての長い
歴史に思いをはせて欲しいという願いから、
筆者は担当する「生活」の授業でもちつきを
取り入れてきました。

ゼミの場合、まずゼミ生全員が付属幼稚園
のもちつき（12 月 14 日）に参加しました。
係りに分かれて保護者の助手をし、それから
ゼミ生だけで一度リハーサル（12 月 17 日）
を行いました。その際、いつも付属幼稚園の
もちつきを指導してくださっている園児の祖
父の方が、リハーサルと当日（12 月 19 日）
と 2 回指導に出向いてくださり、竈の位置
と風の通り道との関係、米の水切りの仕方、
蒸すときのコツ（蒸籠（せいろ）にコメを入
れたら 4 本指で中央にくぼみを作ると蒸気

の通りがよくなるなど）を具体的に教えてく
ださいました。もちつきを初めて経験する学
生も多く，一晩で米が思いもよらぬほど多く
の水を吸うことに驚いたり，蒸しあがった餅
米の味に感激したりしました。

　次頁は，前月11月の「もちっこ広場」の際，
参加者に配布した「次回のもちっこ広場のお
しらせ」（Ａ4一枚）ともちつきの指導案です。
指導案は，健康栄養専攻の調理学の教員にも
点検してもらったり，集団給食担当の教員に
集団給食実習室の使用の便宜を図ってもらっ
たりなど，他学科の教員の援助も相当仰ぎま
した。

◀◀ もちっこ広場参加者のみなさんへ ▶▶

平成 19 年 11 月 21 日

◁次回のもちっこ広場のおしらせ▷

◎担当：清水・長島・丹羽

◎活　動

　もちつき

　（実際におもちをついたり丸めたりしておもちを作り，できたてのおもちをいただきます。）

◎時間

　10 時から（いつもより <u>30 分早い</u>です。）

◎集合場所

　六鈴会館（下記地図をご覧ください。）

◎持ち物

　・飲み物（屋外で行うので喉が乾くかもしれません。お茶かお水をお持ちください。）

　・エプロン・バンダナ（もちつきをしますので，保護者の方，お子様それぞれご用意ください。）

　・タッパー（食べきれなくなったときなどに使います。ご用意ください。）

　　当日は寒くなることが予想されるので，暖かい格好でお越しください。

◁六鈴会館周辺の地図▷

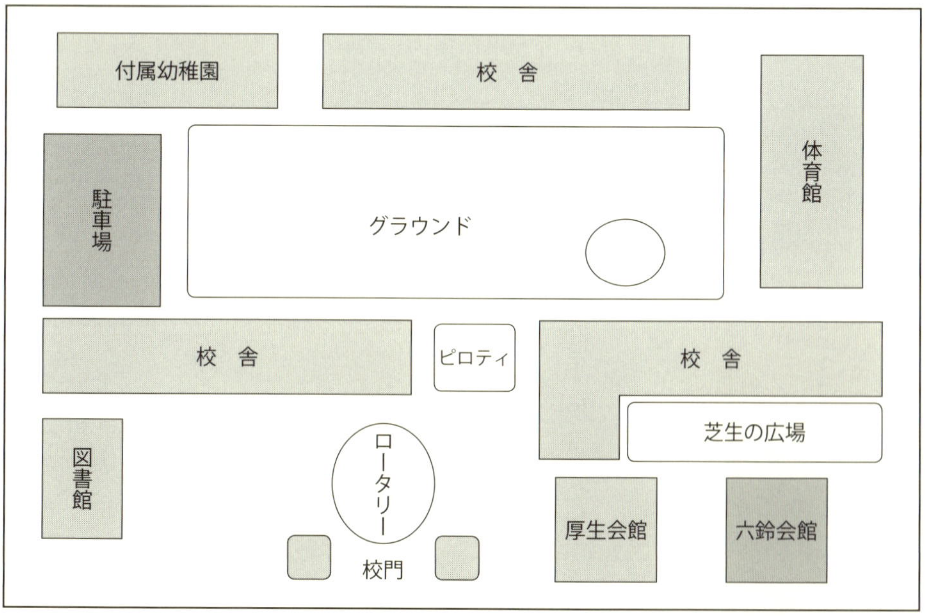

付属幼稚園	校　舎	体育館
駐車場	グラウンド	
校　舎	ピロティ　校　舎	
		芝生の広場
図書館	ロータリー　校門	厚生会館　六鈴会館

■ **2007 年度　もちっこ広場　指導計画と活動記録**

◎第 6 回もちっこ広場　「もちつき」
■**担　当**　　清水，長島，丹羽
■**日　時**　　2007 年 12 月 19 日（水）　10：00 ～ 11：30
■**活動場所**　　グラウンドの隅（雨天の場合はピロティにて）当日は晴天だったので
　　　　　　　グラウンドで行った。
■**集合場所**　　六鈴会館又はグラウンド
■**人　数**　　45 人（参加者 15 組 31 人（欠席 5 組）　地域のボランティア 1 人
　　　　　　　じゃんけんぽんスタッフ 2 人，先生方 4 人，ゼミ生 7 人）

◀準備するもの▶
●**材　料**
○もち米　6 kg（12 月 18 日みのりやで購入　3kg ずつ分けてもらう）
○砂糖入りあんこ　2kg（12 月 18 日宮下あんこ店で購入）
○黒いりゴマ　100 g × 3 袋（12 月 15 日丹羽がマツヤで購入）
○きなこ　150 g × 2 袋（12 月 15 日丹羽がマツヤで購入）
○砂糖，塩，しょうゆ　適量（12 月 15 日丹羽がマツヤで購入）
○野沢菜，たくわん　3 袋ずつ（12 月 15 日丹羽がマツヤで購入）

●**用　具**
（12 月 14 日に付属幼稚園から借用し，共同研究室に置いておくもの）
○臼，杵　1 セット　　　　　　　　○子供用杵　2 本
○かまど　2 セット　　　　　　　　○釜　1 セット
○蒸し器　1 つ　　　　　　　　　　○むしろ　1 枚
○ボウル　2 つ　　　　　　　　　　○柄杓　1 つ
○ざる　2 つ　　　　　　　　　　　○バット　10 個
○ポリバケツ　5 つ　　　　　　　　○すり鉢（大）　2 つ
○すり棒（大）　2 本　　　　　　　○蒸し器に入れるふきん　1 枚
○丸い蓋　1 枚　　　　　　　　　　○やかん（大）　2 つ
○まき　適量（これはピロティに置いておく）
○一輪車　1 台（グラウンドの隅に置いておく）

（管理栄養実習室から借用するもの）
○なべ（大）　1　　　　　　　　　　○スプーン　5 つ
○見本用の皿　2 枚　　　　　　　　○菜箸　6 膳
○まな板　1 枚　　　　　　　　　　○包丁　1 本

（その他）
○救急箱　1つ（12月18日保健室から借用）
○ミルクポン　1本（「じゃん・けん・ぽん」から借用）
○新聞紙　1日分（丹羽が持参）
○ゴムマット　2枚（ピロティ）
○ライン引き　1台（体育館外の倉庫）
○防火用バケツ　中　2つ（共同研究室，事務局から借用）
○ホース　2本（共同研究室，事務局から借用）
○じょうろ　1つ（事務局から借用）
○防火用シャベル　1つ（事務局から借用）
○やかん　1つ（共同研究室から借用）
○しゃもじ　中（ボランティアのYさんから頂いたもの。共同研究室に置いてある。）

（その他，購入したもの）
○テーブル用ふきん　10枚（12月12日長島が購入）
○ラップ　1つ（12月12日長島が購入）
○アルミホイル　1つ（12月12日長島が購入）
○軍　手　10組（12月12日長島が購入）
○割り箸　100膳（12月12日長島が購入）
○マスク　10枚（12月12日長島が購入）
○ビニール袋　6枚（12月18日学校からもらう）
○雑　巾　8枚
○浅い紙皿　30枚
○深い紙皿　20枚（12月17日長島が購入）

（六鈴会館に置いてあるもの）

○ポット　2つ	○受付用・作業用テーブル　2台
○荷物置き用テーブル　3台	○あいどり用イス　1脚
○かまど用イス　1脚	

（教材室から六鈴会館に持っていくもの）

○バスタオル　5枚	○おもちゃ
○ハンドソープ　2つ	○ガムテープ　1つ
○レジャーシート　2枚	○ゴミ箱用ダンボール　1つ
○子ども用便器　1つ	○おまる　2つ
○ブルーシート（小）　1枚	

●作　業
○食事用机　4台（厚生会館2F和室から借用し，六鈴会館へ持っていく）
○テント　1台（保育内容論研究室から六鈴会館へ持っていく）

◀前日準備▶
● 12月18日　5時限終了後六鈴会館にて
○用具をロッカーまたは六鈴会館に置いておく。（全員）
○六鈴会館ホールの机を5つ残してあとはたたみ，図1のように端に寄せ，ブルーシートを敷き，消毒液につけた雑巾で拭く。（全員）
○厚生会館2F和室の机を六鈴会館に運び出し，それぞれビニール袋を巻きつけて，消毒液につけた雑巾で拭き，会場セッティング図（下記）のように並べる。（全員）
○米屋へ予約してあったもち米をもらいに行く。（長島，丹羽）
○業者さんから15時頃にあんこを受けとり，共同研究室の冷蔵庫に保管する。（清水）
○臼・杵を集団栄養実習室の前の水道まで運び，水で洗う。その後ピロティまで運び，臼に水を入れ，杵はポリバケツに入れて水に浸す。（田本，清水）
○もち米を集団栄養実習室でとぎ，ポリバケツに入れ水に浸す。（北原，田口）
○きなこ・ゴマを味付けして，きなこを深底の紙皿（17皿）にいれ，バットに並べてラップをする。（熊谷）
○保健室から救急箱を借りる。（清水）
○庁務員室から大きいビニール袋（6枚）をもらう。（田本）

◀当日準備▶
● 12月19日　8時前にピロティー集合　（時間厳守）
○作業台をもう一度消毒したふきんで拭く。（清水，長島，丹羽）
○六鈴会館を暖めて，会場準備をする。（清水，長島，丹羽）
○ポットにお湯を汲む。（清水）
○漬物を切っておく。（熊谷）
○付属幼稚園から暖房用に竈をもう1セット借りにいく。（田口，田本）
○六鈴会館ホールの長机を1脚グラウンドへ運ぶ。（田口，丹羽）

●当日の係
○火熾し係（北原，田口）
○餅をつく係（田本）
○調理係（熊谷）
○受付（グラウンド：田本）
○受付（六鈴会館：清水）

●その他・備考

☞消毒液の作り方

○ミルクポン1に対して，水を50倍に薄める。ちなみに容器のキャップ内側の栓（15mℓ）で750mℓの溶液ができる。

☞集団栄養実習室を使うにあたって

○集団栄養実習室を使う際は必ず入り口の水道で手を洗うこと。

○必ず，三角巾・エプロン・マスクを着用すること。また，室内は寒いので，上着を脱いでも暖かい服装をすること。

○不明なことがあるときは，栄養管理学研究室の吉岡先生に尋ねること。

☞お餅の種類と数

○お餅は一人当たり10個。

○種類はあんこ2個，ゴマ4個，きなこ4個。

●会場セッティング

【図1　六鈴会館ホール】

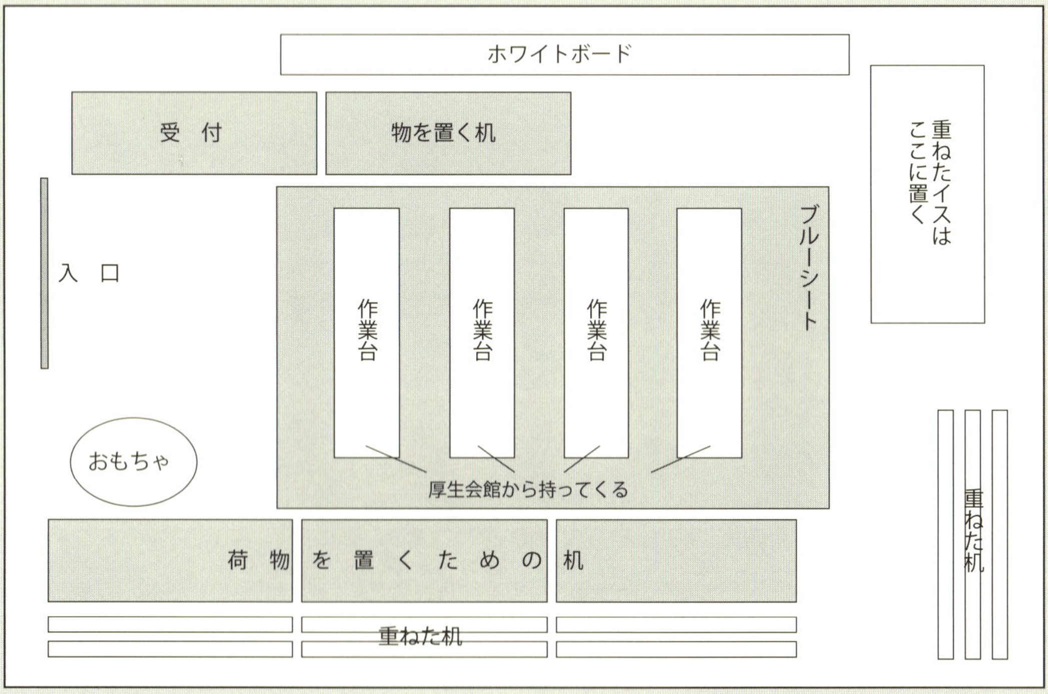

【図2　もちつき場所（東棟脇のグラウンド）】

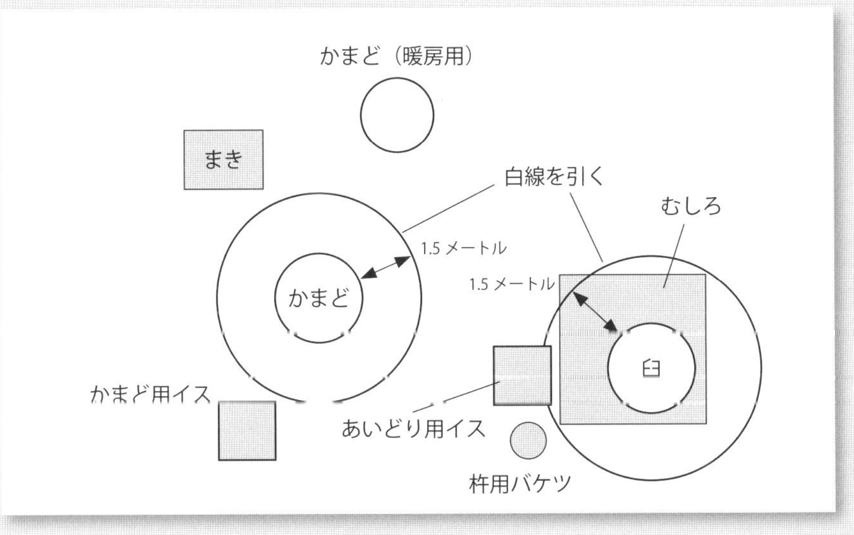

かまど（暖房用）

まき

白線を引く

むしろ

渡り廊下

1.5メートル

かまど

1.5メートル

臼

かまど用イス

あいどり用イス

杵用バケツ

フェンス

◀12月17日（リハーサル―空き時間利用）の指導案▶　（省略）
　○リハーサル終了後，当日に向けての改善点を出し合い，それを元に当日用に指導案を書き直しました。

◀当日に向けての改善点▶
　○実際にもちを丸めてみて，1臼分のもちから125個は丸められるので，参加者一組に配るもちの数を，あんこ1つ→2つに，ゴマ，きなこ2つ→4つに変更する（あんこの数が少ないのは，あんこが少し硬めでもちに絡めづらい為）。ゴマときなこの数が倍になったので，参加者はきなこだけ，もちに絡めてもらう。
　○当日，K君とおかあさんが活動しやすいように，K君の弟をじゃんけんぽんの方に預かってもらう。
　○10時に学生全員が参加者に挨拶をするのは難しい。担当者（清水，長島）のみ六鈴会館で挨拶と出席確認をする。
　○調理係が一人では困難なので，担当者（丹羽）が当日準備を終え次第，合流する。
　○Yさんから，集団給食実習室でのしゃもじは竹製であり，繊維がとれて，もちについてしまうという指摘があった。Yさんから頂いた木製のしゃもじを使用する。
　○もちを受け取る時のボウルは必ずアルミ製であるよう，Yさんからアドバイスを頂いた（アルミ製は軽くて，もちが冷めにくい為）。
　○2臼目のもちがつき終わり次第，Yさんと手の空いている係は臼と杵，竈をYさんと一緒に片付ける。
　○お湯が無くなったりしないように，六鈴会館と，共同研究室，集団給食実習室の3箇所でお湯を沸かした。もしもに備えて当日も同じように準備する。

◀12月19日（当日）の指導案▶ （文中のコメントはリハーサル用指導案からの追加・変更箇所を示

時間配分	親子の動き	火燻し係（北原，田口）	餅をつく係（田本）
8：00		• 晴れならグラウンドの隅，雨ならピロティ前のグラウンドにテントを張り，竈（かまど）・蒸し器を置く用の椅子(六鈴会館)を設置する。	• 晴れなら臼の準備をし，雨な テントを張るのを手伝って 臼の準備をする。
8：10		• 水を切ってざるにあげたもち米を設置した椅子の上に置いておく。	• 臼の周りにラインを引く。（お そ1.5メートル）
8：20		• 焚き付けに使う新聞を1枚ずつ丸めていく。 • 太い薪を竈内の両端に置き，そこへ丸めた新聞紙を乗せる。その上に細い薪を交差するように置いていく。防寒用のかまども同じことをする。	• 臼・杵の消毒用の熱湯を臼の まで持ってくる。 • 臼・杵を熱湯消毒した後，薄 たミルクポンでも消毒する。
8：40		• 竈の周りにラインを引く。（およそ1.5メートル）	
9：00		• 竈の火をつけ，水の入った釜（半分よりやや多めに入れておく）の上にせいろを乗せる。薪が減ってきたら随時くべる。 • 釜の水が沸騰するまで待つ。	• ボランティアのYさんと合流 る。
9：30	• 受付（グラウンド：田本，六鈴会館：清水）を始める。グラウンドにとどまった親子の出席は，六鈴会館の方に連絡する。出席確認がすんだら，六鈴会館にいる親子にはタッパーと飲み物を食事用の机の上に置いてもらうように促す。	• 沸騰したら，1段目のせいろに濡らした布を敷き，米を入れる。米を軽くならし，中央に指で4箇所穴を開けて布をかぶせ，2段重ねにして火をかける（蒸気の通りをよくするため）。随時火加減の調節をする。1度お湯を足す。	
10：00		• 2段目のせいろに1段目と同じように米をいれ，せいろの持ち手が1段目と重ならないように乗せ，ふたをする。	• あいどり用のバケツにお湯を れる。

。下線部はリハーサル案から変更した箇所。) 出席　15組31人　欠席5組

調理係（熊谷）	清水，長島，丹羽	実際の姿と反省
集団給食実習室で臼・杵の消毒用の熱湯を沸かし始める。	・指示を出しつつ，係のヘルプに入っていく。<u>共同研究室と六鈴会館でお湯を沸かす。</u>	・付属幼稚園のもちつきと，リハーサルと2回行っているので，係ごとに準備を整えてくれた。
前日に集団給食実習室でといだ米を，かまど前に持っていく。<u>丹羽が合流する。</u> 〔追 加〕	・六鈴会館を暖めておき，ミルクポン（バケツ2杯分）を薄めておく（臼・杵を消毒する用，杵の消毒用，作業台を拭くふきん2枚用）。 〔追 加〕	
バットを広げ，ラップをしき，ゴマときなこをひろげる。 あんこの硬さを確認する。		
		・前日に，当日，もちつきを見学する参加者たちが寒いことを予想していたので，付属幼稚園へ暖房用として竈一式を借りに行った。(田口・田本)
グラウンドに移動する。		・じゃんけんぽんの方に「去年は餅つきを見るのに夢中になってしまう親子がいた。グラウンドでも受付をするべき」というアドバイスを頂いたので，受付を2箇所にした。今回，グラウンドに直接来たのは3組の親子だった。 ・12組の親子に活動の説明をしたが，集まってすぐ出席確認を始めてしまったので，じゃんけんぽんの方から「最初は〝おはよう〟の挨拶からするべき。挨拶に始まり，挨拶に終わる，ということがとても大切」とご指摘を受けた。
まず，ついた餅を受け取り集団給実習室へ移動する。実習室で用具の確認をする。		

時間配分	親子の動き	火熾し係（北原，田口）	餅をつく係（田本）
10：10	• グラウンドにいる親子を六鈴会館に誘導する。K君の弟をじゃんけんぽんの方に預かってもらう。（追加）	• 1段目蒸しあがり予定。米が柔らかくなったら，臼に運び，あける。Yさんがころあいをみて，近くにいる係が釜の湯を随時補給する。	• Yさんと餅つきを行う。
10：20	• 竈前で見学する。		
10：25			
10：30			• 一人は竈前に集合する。
10：40	• もち飯の試食をしながら，もちつきの様子を見る。	• 2段目蒸しあがり予定。もち米を臼に移動させ，浅底の紙皿に薄くもち飯を取り分ける。割り箸を添えておく。	• もち飯を臼にに入れたら，もつきを始める（2人くらい援助
10：45	• 実際にもちをついてみる。親子で5回くらいついたら交代する。	• 北原は竈に残り，田口は調理係と合流する。	• 薄めたミルクポンで絞ったふんで，杵の持ち手の部分をく。
11：00	• 全員体験したら，手を洗うため，栄養管理学実習室へ移動する。		• 2臼目のもちを完成させる。

調理係（熊谷）	清水，長島，丹羽	実際の姿と反省
	・六鈴会館で出席確認後，今日の活動の説明と導入をする。終わり次第，グラウンドまで誘導する。 **追加**	・導入のときに，紙芝居『おいしいおいしい』を読む予定だったが，餅つきの進行状態が気になって焦ってしまい，読まずにグラウンドに誘導してしまった。まだ2臼目のもち米が蒸しあがらないうちに集合してしまったので，時間に空きができてしまった。 ・担当の清水を中心に魚きょ，足じゃんけんやその場で足ぶみしたり，少し走り回ったりを促して，寒くならないように配慮した。 ・参加者を臼と杵のところに集めて，道具の名前や使い方などを動作をあわせて説明した。場所が少し狭かったのか，遠くのほうで見えなそうな親子が出てしまった。もう少しグラウンドの開けたところに設けたほうが良かったのだろうか。 ・調理係の方では，先にあんこを作ると時間が間にあわないので急遽，絡めるのはゴマだけにして，きなこ用の餅を丸めることを優先した。
集団給食実習室で1臼目の餅を親子の食べる分・材料を絡める分(125個)をSサイズの卵くらいの大きさに丸める。 **追加** もちを丸めたり，あんこ(50個)を絡めたりしていく。残り75個の材にゴマを絡めていく。		
あんこを先に仕上げる。もちがバットいっぱいになったところでラップをしておく。仕上がり次第，順次六鈴会館に持っていく。	・皿に取り分けてもらったもち飯を親子に配ってまわる。	・もち飯は，取り分けてすぐだと熱かったので，少し間をおいてから，一口大くらいを保護者の手のひらに配っていった。 ・調理係は，きなこ用のもちが用意できたところで，あんこのもちを仕上げていった。 ・一列に並んで，みんなで「よいしょ！」と声を掛け合い一人ずつ餅つきを体験した。保護者の方がカメラを持って，写真を撮っている姿が見られた。
きなこを皿に取り分ける。		
2臼目のもちを125個丸める。きなこ・ゴマ各100個あんこ50個程度。 **追加**	・全員体験できたところで栄養管理学実習室へ誘導する。六鈴会館にもちを運ぶ。	・きなこ用のもちはできているので，ゴマとあんこをできるだけ作っていった。清水が手洗い場まで誘導し，長島が手洗い場から六鈴会館まで誘導した。

時間配分	親子の動き	火熾し係（北原，田口）	餅をつく係（田本）
	• 手の洗えた子から六鈴会館へ移動し，空いている席につく。		
11：10	• きなこを４つ実際に絡めてみる。作り終えたら紙皿に乗せ，手を洗っておく。	• Ｙさんと一緒に，臼と杵をお湯で洗い，ふきんで拭き，渡り廊下に移動させる。 • 薪はシャベルで掘った穴の中に埋める。残ったまきは付属幼稚園に返す。 • 竃が冷めたら，渡り廊下へ移動する。	
11：15	• みんなそろったところで，いただきますの挨拶をして食べ始める。	• いただきますの挨拶をして，一緒に食べる。大体均等に親子の間に入る。	• いただきますの挨拶をして，一緒に食べる。大体均等に親子の間に入る。
11：25	• 余った餅はタッパに入れたりアルミホイルに包んでもらう。ごみをゴミ箱に入れるように声をかけ，ごちそうさまの挨拶をする。次回のもちっこの説明を聞く。	• 一緒にごちそうさまの挨拶をする。	• 一緒にごちそうさまの挨拶をする。
11：30	• さよならの挨拶をして解散。	• さよならの挨拶とお見送りをする。	• さよならの挨拶とお見送りをする。

「きなことゴマ２個づつ」から「きなこ４つ」に変更

作業内容を変更

調理係（熊谷）	清水，長島，丹羽	実際の姿と反省
すでに出来上がっているもちのラップをはがして紙皿に10個（あんこ：きなこ：ゴマ＝2：4：4）ずつもちを置いていく。 **変更** きなこの入った紙皿を席に着いた親子から配る。 **火熾し係から調理係へ作業担当変更**	・手の洗えた子から誘導していく。 **変更** **変更** ・1度親子を集め，もちにきなこを絡めるところを実演し，注意点なども説明する。終わったら手を洗うように促す。	・グラウンドの片付けが終わったところでYさんが帰られた。まだ食べない様に，という注意を先に促していなかったせいもあり，きなこを絡めてすぐにみんな食べだしてしまった。担当者はみんなそろって挨拶をしてから食べることを考えていたが，予定よりもあんこやゴマのおもちが運ばれてくるのに時間がかかってしまっていたので，それまで我慢するのも難しいと感じた。子どもたちも，「おいしい」とにこにこしながら食べていたので今回の場合はよかったのではと思う。
いただきますの挨拶をして，一緒に食べる。大体均等に親子の間に入る。	・よく噛んで食べるように言葉がけをしてから，いただきますの挨拶を促す。	・手がきなこまみれになるので手洗いを促していたが，きなこを絡めた後そのまま手で食べていたこともあり，手洗いに行ったのは2,3組ぐらいだった。なのでキッチンペーパーを濡らしたものを親子に配っていった。 ・11時15分ころ，手の空いた係全員で漬物やあんことゴマのもちを皿にとりわけ，ラップをして六鈴会館に運んだ。11時30分頃に，あんことゴマの餅が全員に渡ったので，そこでいただきますの挨拶をして，じゃんけんぽんの方々，先生，学生もそろって餅を食べた。
	・あんこ，ゴマを含め，あまった餅があれば親子に配って回る。タッパーがない親子などには，アルミホイルで包んで渡す。 ・大体の親子が食べ終わったところで，ごちそうさまの挨拶を促す。次回のもちっこの説明（丹羽・熊谷／坂口先生）をしてもらう。	・参加者全員がタッパーを持参していた。 ・立浪先生から，お手伝いに来てくださったYさんの紹介があったが，親子がグラウンドに集まったときに担当者が紹介するべきだった。 ・11時30分頃K君親子が帰った。
一緒にごちそうさまの挨拶をする。		
さよならの挨拶とお見送りをする。	・さよならの挨拶とお見送りをする。	・11時40分頃にごちそうさまの挨拶をしてから，次回のもちっこの説明をして解散した。

◀感想と考察▶

　　今回の活動は，まだ「もちつき」という活動の流れをイメージできないうちから，指導案を書かなければ間に合わない状態だったので，去年もちっこ広場でもちつきを企画した先輩の指導案を参考にさせて頂き，出だしはとてもスムーズに進めることが出来ました。また，付属幼稚園のもちつきに参加させて頂いたり，地域ボランティアのYさんとリハーサルもしたりという貴重な体験の中で，もちつきという活動の過程を知ることができました。

　　それでも，やはり当日になって，子ども用の手洗いの台はどうするかなど，細かい配慮に足りないところがたくさん出てきてしまいました。調理係の時間配分も当日になってかなり変更点が出てしまいました。当日の現場をいかに想定できるかということのほかに，まず，リハーサルのとき，もちつきの流れだけでなく，担当者と保護者の流れもふまえて動いてみるべきでした。

　　また，活動の中で，余った時間に急きょ，足じゃんけんをしたり，少しグラウンドを走り回ったりしたのですが，坂口先生から，『もち米を蒸していたり，臼と杵があって，みんなが焚き火にあたっている，という情景もなかなか見られないので，このゆったりとした時間のままにしておくのもよかったのではないか』というご指摘を頂きました。みんなで遊ぶということだけでなく，子どもたち一人ひとりと，焚き火の炎を眺めてみたり，もち米を蒸しているところを見に行ったりなど，個々の関わりを考えるという方法もあったと気づきました。

　　今回の活動は，足りなかった配慮をどうするかとか，もちつきの時間と親子の流れをうまく合わせようという焦りが出てしまい，計画通りにいかなかったことについて，指導案がまだまだ薄かったからかと思っていました。しかし，そのこともあるけれど，『指導案はあくまで〝予定〟であって，当日指導案どおりにすべて進んでいくわけではないし，進めていくべきでもない』ということをじゃんけんぽんの方からお聞きしました。日々の授業の中や，教育実習の中でも教わっていたことなのに，いざ実践となったときにまた『指導案通りに』を意識してしまったので，客観的に自分を見つめる力がとても必要なことを改めて実感しました。

（2007年度第6回もちっこ広場指導計画「最終版」より）

指導案の書き方においては，まず何より
も「他人が読んで情景がイメージできるよう
な書き方」を重視しています。学生には，常
に「あなたが何かの理由で実践できなくなっ
たとき，他の人が代わってもあなたのイメー
ジで実践できるような指導案を書きなさい。」
と言っています。

それは，指導案を具体的に書くことで，そ
のねらいや内容がおのずと具体的になるから
であり，そのことによって「具体的なねらい
や内容」及び「展開」の妥当性を当人はもち
ろん，第三者も客観的に検討できるからです。

たとえば，11月の活動で，小さくちぎっ
た新聞紙のプールを作りました。このとき
は，大量の新聞紙をちぎらなくてはいけない
のでゼミ生だけでは間に合わず，1年生の希
望者にボランティアを頼みました。ところが
1年生がちぎってくれたのはよかったのです
が，ちぎり方が大まかで，ゼミ生たちはそれ
を再度さらに小さく細かくちぎり直すはめに
なりました。「小さくちぎる」といっても，
どのくらい小さくちぎったらよいのか，第三
者にもわかるように説明することの大事さ
を，身をもって知る結果となりました。

現状では，多くの例を見ても，実際に見る
までは本来の意図や具体的な展開がまったく
想像できないような，あるいは指導案（日案）
から予想できるイメージと実際とがかなりず
れているような指導案（日案）が少なくない
ように思います。実際の具体的な活動や流れ
はまちまちなのに，指導案だけは誰が書いて
も似たような表現，どこの園でも通用するよ
うなものが多いと感じているのは筆者だけで
しょうか。

本来指導案は，だれでも追試（基本的に同
じ指導案を使って別のクラスでも実施してみ
ること）が可能なものであるべきです。なぜ

なら，追試が的確に行われれば，その結果と
して指導内容の点検が行われ，それによって
内容がさらに洗練され，有効性がより高めら
れていくからです。指導案の追試を可能にす
るためには，たとえば活動に使う素材の量，
質，大きさ，デザイン，色などまで，細かく
点検し記録する，環境構成や援助の意図を文
字や図にして目に見えるように記録に残すこ
とが必要だと考えます。そしてさらに，準備
の過程や内容，予想と実際とのずれも，また，
実践後記録に残す，実践を終えての評価を必
ずする，などが極めて重要です。

このようにして完成した指導案は，次年度
の担任や他の実践者に提供する，などを進ん
で行い，指導案がもっと公開され追試される
環境を作る必要があります。それらのプロセ
スを通して，初めて保育内容の質の向上が図
られるでしょう。そのためには，追試が可能
となるような具体的な指導案を書いて公開す
る保育者を，まず養成しなければなりません。
筆者はこのような考え方を指導案指導の基本
に置いています。

2007年度は，現代GP活動の一環として，
もちっこ広場を展開しましたので，そのつど
指導案を短大のHP上で公開しました。（現
在は削除されています。）これも指導案を公
開することで，さらにさまざまな園で追試が
行われ，その結果を持ち寄って実践の交流を
深める場を作りたいと願ってのものでした。

学生たちには，まず準備の過程からできる
だけ細かく，具体的に記録するように指導し
ました。教育実習等では，そこまで細かい記
述を求められることは少ないので，なかには
かなり戸惑った学生もいましたが，幸い前年
度の記録がありましたので，それを参考に，
何を，どのくらい，いつから準備したらよい
のか，どのような手順で進めていけばよいの

かをある程度予測することができました。前年度の指導案が自分たちにとってかけがえのない手引きとなったので，自分たちもまた後輩の役に立つような指導案を作ろうという思いが，作成の原動力になりました。

さらに指導案は，「案」と言っても「ねらい」「内容」「展開」だけでなく，「評価」も含んでいるものとしてとらえ，実践後に必ず予想と実際のずれ，実践を終えての評価を書きこむよう指導しました。いくら用意周到に予想したつもりの指導案でも，実施してみるとやはり目配りが足りなかった点や，予想と現実とのズレが生じてくるものです。そのとき，なぜ予想の不足や実際とのズレが生じたのか，どこに問題があったのかを明確にし，その要因をつかんでおくことが大事です。そうしなければ，問題点の解明と改善方策にまでは行き着きません。

今回の指導案は，展開においても前年度のものを参考に，かなり具体的に記述していると思いますが，餅の搗き始めでの注意，係り同士の連携方法など，細かいところでは記述の抜けているところがあります。このようなところは，経験している者はよくわかっているので，省略されていてもあまり問題は感じなかったのかもしれませんが，初めて取り組む者にとっては，「そこが知りたいのだ」とか，「そこを見逃してしまったために当日の混乱が予想できなかったのでは。」などということが，十分起こりえるものです。また，省略されてしまったがために，その環境構成や援助は本当に適切だったのかという事後研究が抜けかねません。事後研究の不備は，指導案の大きな弱点となります。

「評価」は，主観あるいは単なる感想で終わらせるのではなく，成果と問題点を具体的に解明し，次回への足がかりとするために行

うものです。したがって，評価もまたそれが次の再案の作成に生きるよう，ねらいや内容，展開等と同じく具体的に行うことが必要です。つまり，指導案というのは，決して作成した時点で完成するものではなく，作成→実施→評価→改訂というサイクルを長期にわたって循環するものとしてとらえるべきでしょう。もちろん，先に紹介した指導案は実践終了後に書き直したものです。

なお，実際には表に出てきませんが，指導案を書くには教材研究もまた不可欠です。教材研究の妥当性が，指導案の出来不出来を大きく左右します。

「餅つき」には，日本古来の餅と日本人の子育てとの結びつきが潜んでいます。また火を使ったり，口に入れるものを作ったりするわけですから，念入りな準備と点検が不可欠です。蒸篭（せいろ），蒸し布，臼や杵などさまざまな道具を使い，ちぎったり丸めたりなど手を多様に使いますから，手作業に習熟する必要もあります。さらに共同作業でもありますから，息の合ったコミュニケーションや合理的な段取りも求められます。これらの内容が，教材研究として深められなければ優れた指導案は生まれません。

教材研究は，調査や先行事例の探索だけでなく，実際に経験してみることもとても重要です。そのため，餅つきではリハーサルを行いましたが，さまざまな体験や経験が期せずして教材研究になることもあります。

最終回のもちっこ広場では，「写真かけ作り」を行いましたが，そのとき学生たちはあえて親と子とそれぞれに作品をつくる設定にしました。このようなプランの背景には，子どもが製作している傍らで保護者が子どもに使うクレヨンの色を指示する場面を見て，「自分の好きなように製作をさせてやりたい」と

思ったという体験がありました。また親子との触れ合いを通して,「保護者だって作品を作りたいだろう」という想像が働くようにもなりました。「親も子もともに楽しめる活動を」いうねらいが,しだいに具体的になってきたのです。

　このようにして完成した餅つきの指導案ですが,もちろんこれで終わりではありません。学生たちは,このような機会を経験することで,将来保育者になったとき,この指導案よりはるかに進歩した指導案を生み出すでしょう。いつかそれを見てみたいものです。

●参加者アンケートより

　最終日の「もちっこ広場」が終わったあと,学生たちが参加者に対してアンケートを実施しました。次頁はその報告です。

2007年7月　グループ別もちっこ広場（付属幼稚園にて）
「どろんこ・水遊び」

2007年7月　グループ別もちっこ広場（付属幼稚園にて）
「排水溝にふたをしたいんだけど…」

✳✳ もちっこ広場　感想用紙 ✳✳

2008 年 2 月 20 日 実施

＜アンケート収集結果＞　回答者 13 人（回答率 56.5％）
＊自由記述があったものについては列記しています。

① 活動の回数（月 1 回）　　　　　　　　　（大変よい・よい・普通・改善が必要）

大変よい	よい	普通	改善が必要
0 人	6 人	5 人	1 人

（①番で『改善が必要』と選択された方は具体的にどのようにしたらよいかお書きください）

・月 2 回ぐらいあったらよいと思います。

② 活動時間（10：30 ～ 11：30）　　　　　（大変よい・よい・普通・改善が必要）

大変よい	よい	普通	改善が必要
2 人	3 人	2 人	5 人

（②番で『改善が必要』と選択された方は具体的にどのようにしたらよいかお書きください）

・幼稚園の活動後，少し外遊びをする時間があると嬉しかった。（子どもが遊びたがっていた。）
・10 時ごろからでもいいのでは？
・準備の時間もあると思いますが，子どもが活動や雰囲気になじむ時間を考えると，実質の活動は早い方がいいと思います。30 分早めでもいいのでは。
・いろいろな遊びをする中で，ちょうど子どもが集中してきたころに終わりになってしまうので，授業の都合もあると思いますが，せめてあと 30 分長いといいかなと思います。
・10 時くらいからはじめ 1 時間半くらいほしい。親たちがおしゃべりできる時間もあれば情報交換できてよい。
・2 時間くらい活動時間があるとよいと思います。（たまにはお弁当持参とか）

③ 活動内容　　　　　　　　　　　　　　　（大変よい・よい・普通・改善が必要）

大変よい	よい	普通	改善が必要	未回答
5 人	5 人	1 人	0 人	1 人

（③番で『改善が必要』と選択された方は具体的にどのようにしたらよいかお書きください）

・調理実習はとても楽しかったようです。家ではできない体験をもっとさせていただけると嬉しいです。

④ 学生の配慮　　　　　　　　　　　（大変よい・よい・普通・改善が必要）

大変よい	よい	普通	改善が必要
2人	3人	2人	5人

（④番で『改善が必要』と選択された方は具体的にどのようにしたらよいかお書きください）

- 学生さんの関わりがもっとあるかなと期待していましたが，控えめでちょっと物足りなかったなぁと思います。親がいてもどんどん入り込んできてください。
- 優しくてとても良かったんだけど，もっと積極的でも良かったかも。
- 皆さん子どもたちに対してとても優しく接して下さってきっと，いい先生になられると思います。
- もう少し積極的に子どもにからんで遊んでくれるといいなと思います。いつも優しく笑顔で接してくれて良かったです。

⑤　なにかお気づきの点などございましたらご記入ください。

- このような講座に参加できて，とても楽しかったです。若いお兄さんお姉さんに接する機会はなかなかないので子どもも新鮮だったと思います。ありがとうございました。
- 親子そろって学生さんと楽しい時間を過ごせました。ありがとうございました。幼稚園のA日程・B日程が柔軟に対応してもらえるとありがたいです。
- 限られた時間でなかなか仲良くなれませんでしたが，温かく見守って頂きありがとうございました。
- 季節感たっぷりの活動をやっていただけてとても良かったです。子どもも毎回楽しみでした。
- 集団にとけ込めない状態でお世話になり始めましたが，まだまだのところですが1年間行動でき嬉しく思っております。ありがとうございました。
- 家ではできない活動がたくさんできました。ありがとうございました。
- 募集要項がみんなの目のとまる場所に出るといいですね。今年参加していと思っていた知人が第二次募集に間に合わず残念な思いをしています。写真たてありがとうございました。お休みしたときの企画なので「ないよ」と言うと悲しがっておりました。すごい記念になりました。
- 子どもは毎回楽しみにしていて，良い時間を過ごせました。
- 毎回楽しく参加させて頂きました。ありがとうございました。学生の方には本当によくしてもらって感謝しています。
- 今年は幼稚園にも行けて良かったです。

ここには，参加者の率直な思いが吐露されています。もっと回数を増やして欲しいとか，時間を延ばしてほしいという要望には，このような機会が本当に求められているのだということがうかがえます。ただ，この年以降の「もちっこ広場」では，10時半になっても全員がそろわないことが多く，開始時刻を早めることは不可能でした。

「学生のもっと積極的なかかわりを望む」意見が多かったのは，少し予想外でした。この広場を始めたときは，戸外で親子のつながりが深まるような援助をすることに重きをおいていましたので，学生とこどもや保護者とのかかわりを，さほど前面には出しておりませんでした。学生たちにとっても，親子とのかかわりは初めての経験ですので，あまり負担にならないように配慮したつもりでした。

しかし，参加者の反応は筆者の予想をはるかに超えて，学生たちと子どもたちの積極的なかかわりを望む声が多くありました。参加者の胸の中には，四六時中子どもとべったりの関係を広げ，もっと親子を取り巻く多様な関係づくりを願う思いが強くあったようです。

これは，現在の子育て支援に何が求められているかの一端を示しているものと思われます。家の中だけの閉ざされた関係，あるいは家族や友人のみの限られた関係に終始するのではなく，もっと広範でさまざまな人間関係の中で，奥行きの深い子育てをしたいという親の願いが込められているものと思われます。

また同時に，学生たちの，初めて出会った人とスムーズに関われない戸惑いや経験不足の現状が露呈しているものと思われます。だからこそ，学生時代から，このような親子とのかかわりを積極的に持つことは貴重な経験

となることでしょう。

❸ 2008（平成20）年度
●教材研究の大切さに気づく

■もちっこ広場－実践を通した子育て支援
の探究－
□ゼミ履修学生
　安部愛沙子・大久保恵・岡本美希，松本
　奈央・南艶香・百瀬史麻・柳澤友希・
　横谷茉那美（8 人）
□教員 1 人　「じゃん・けん・ぽん」ボラ
　ンティアスタッフ（3 人交代で毎回 1
　人），ヘルパー 1 人（写真記録）

■ 2008 年度年間計画		
回	日　付	活動内容
第1回	6 月 18 日	学内探検
第2回	7 月 16 日	水遊び・ころんこ遊び
第3回	9 月 17 日	シャボン玉・色水遊び
第4回	10 月 15 日	ミニ運動会
第5回	11 月 19 日	どんぐり・落ち葉遊び
第6回	12 月 17 日	クリスマスツリー作り・おしゃべり会
第7回	1 月 21 日	スタンピング・おしゃべり会

　2008 年度は，だんだん「もちっこ広場」
の開催にも慣れてきて，参加者のニーズや学
生の意識や動きがある程度前もってつかめる
ようになりました。またこの年から付属幼稚
園の園開放が「りんりんキッズ」として独立
したため，毎回の「もちっこ広場」の事前事
後研究は，常にゼミ生全員で行うことにしま
した。

　そこで，まずゼミの初めに，学生たちがそ
れぞれ選んできた子育て支援に関する文献の
レポートを提出し，全員で討議する文献研究
を始めました。この年，学生たちが選んだ文
献は以下の通りです。
　•山本真実・尾木まり著『地方自治体の保
　　育への取り組み～今後の保育サービス提
　　供の視点～』フレーベル館　2001 年発
行
　•新沢誠治著『子育て支援　はじめの一歩』
　　小学館　2002 年 10 月発行
　•丸山美和子著『「子どもの発達と子育て・
　　子育て支援』かもがわ出版　2003 年 1
　　月発行
　•汐見稔幸著『お～い父親　Part1[子育て
　　篇]』大月書店　2003 年 8 月発行
　•鈴木佐喜子著『時代と向きあう保育（下）
　　－子どもたちの育ちを守ることと親を支
　　えることのジレンマをこえて－』ひとな
　　る書房　2004 年 3 月発行
　•北野幸子・立石宏明／編・著『子育て支
　　援のすすめ－施設・家庭・地域をむすぶ』
　　ミネルヴァ書房　2006 年 10 月発行（2
　　人）
　•蒲原基道・小田豊・神長美津子・篠原孝
　　子編著『幼稚園　保育所　認定子ども園
　　から広げる子育て支援ネットワーク』東
　　洋館出版社　2006 年 12 月発行

　その後，前年度のアンケート結果や反省も
踏まえ，新たに，下記のような 3 点の取り
組みを開始しました。
　①　おたより「あつまれ!! もちっこ」の
　　　発行（活動ごと）
　②　学生による子どもたちの継続的な観察
　　　記録
　③　親たちの「おしゃべり会」（12 月，1 月）
　前年度は，学生たちの企画による活動は第
4 回（10 月）から開始しましたが，この年
から第 3 回（9 月）以降（12 月，1 月の「おしゃ
べり会」を除く。）は，すべて学生がペアになっ
て企画・準備・実施・評価を主導し，指導案
（反省記録を含む。）を作成しました。

　次に紹介するのは，学生たちが毎回発行し
たおたより「あつまれ!! もちっこ」の一例

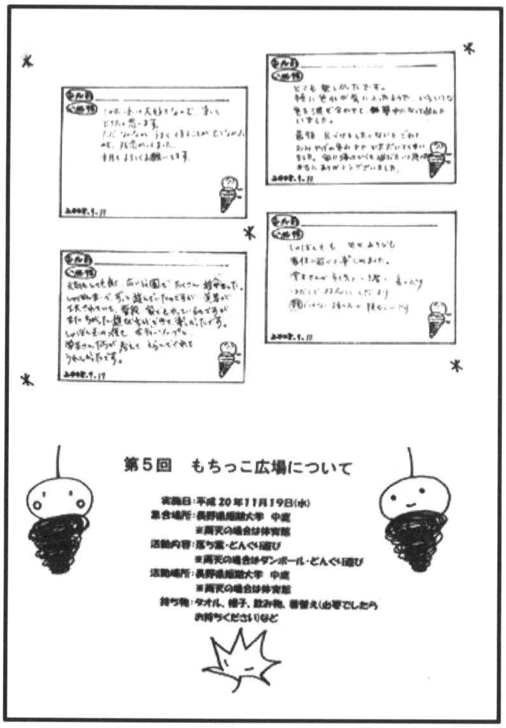

◇ 2008 年度　おたより「あつまれ！！もちっこ」の発行

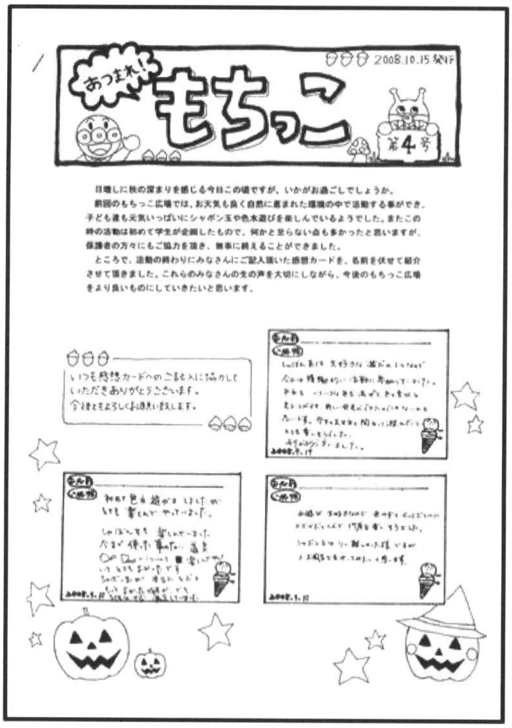

（2008 年度全国保育士養成協議会関東ブロック学生研究発表会発表資料より）

です。

　このおたよりは，学生の自己紹介や参加者に感想カードを書いてもらったのち，氏名部分を削除したものなどを掲載しました。またそのつど，次回の活動のお知らせも掲載しました。このおたよりは，当日欠席したメンバーには毎回後日郵送しましたので，情報や経験の共有に役立ちました。

　観察記録は，子どもたちを 4 グループに分け，1 グループを学生がそれぞれペアで担当し，共同で毎回の観察記録を作成しました。下記は，その一例をまとめたものから一部を抜粋したものです。

6 月〜12 月までの M ちゃんの観察記録を通して，M ちゃんと周りの人とのつながり

が生まれていく様子を追っていくことができました。はじめはずっと母親のそばから離れなかった M ちゃんが自ら外の世界へと足を踏み入れていき，その中で S ちゃんという大好きな友達もできました。そんな M ちゃんの姿を M ちゃんのお母さんは「来年から通う幼稚園の練習になり，親から離れられるという安心もある半面，少しさみしさもあった。」と感想カードに書いてくれていました。もちっこ広場を通して見られた M ちゃんの成長は，M ちゃんのお母さんも感じ取っているようでした。

（2008 年度総合演習発表会報告より）

　M ちゃんは，11 月の落ち葉遊びの活動の際，学生たちが雨の場合に備えてあらかじめ

作っておいたトーマス電車（ダンボールでつくった連結電車で機関車トーマスの絵が側面に描いてあるもの）にＳちゃんと二人で乗り，ぐるぐると芝生の上を走り回っていました。Ｍちゃんが親から離れて他の子どもと一緒に活動をしたのは，このときが初めてであり，学生も親たちも驚きの目で見ていました。このように，継続的に特定のこどもの観察記録をとることで，学生たちは，こどもたちの微細な変化をも見逃さないようになりました。

親たちの「おしゃべり会」は，前年度のアンケートを受けて，初めから活動計画に盛り込みました。行なったのは12月と1月の2回です。（活動のまとめが十分できないこともあって，この年から学年末に当たる2月の広場は取りやめました。）

「おしゃべり会」を企画したことで，時間の都合上，12月は餅つきを取りやめ，クリスマス会を実施しました。親子でフェルトを使ったクリスマス・ツリー・タペストリーを作ったあと，子どもたちはサンタの扮装をした学生に導かれて隣室へ移動し，そこで，絵本を読んでもらったり楽器遊びを行なったりしました。指導は担当の学生と「じゃん・けん・ぽん」スタッフ1名，さらにこの日は，幼児教育学科の1年生が数名ボランティアとして参加してくれました。

親たちは，そのまま部屋に残り，2グループに分かれて30分程度話し合いの機会を持ちました。

話し合いは受付時に「おしゃべりカード」を渡し，「日ごろ気になっていること」を書いてもらい，その中からテーマを選択して行いました。進行は，筆者と「じゃん・けん・ぽん」スタッフが行い，学生を2人ずつ記録係として配置しました。

カードには，「子どもを叱る時どこまで叱ればいいのかわからない」「自分がイライラしていると，ちょっとした事でも怒鳴ってしまう。後で反省する日々です。何かいい方法はありますか？」など，叱ることに対しての悩みが多く記入されていました。

子どもたちの大半は，予想以上にスムーズに親から離れて学生との活動を楽しんでくれました。これはやはり，これまでの数回の活動の成果でしょう。

親の悩みや思いを間近に直接聞くことが同席した学生にとってはこのうえなく貴重な機会だったようです。おしゃべり会に参加した学生達は，次のように感想を述べています。

> おしゃべり会を終えた後の親たちからは「気持ちが楽になった」と言う声や「長い目で楽しんで子育てをしていきたい」と子育てに対して前向きな声をたくさん聞くことができました。
>
> 今回，子育て中の親の声を聞けるおしゃべり会に参加して，とても貴重な経験をすることができました。親たちが自分の子供に対してどのような気持ちで接しているのか，感じているのか少しみえてきたような気がします。次回のもちっこ広場でもおしゃべり会が行われますが親たちの思いや願いを大切にして自分に何ができるか考えて行動していくことができればいいなと思います。
>
> （2008年度総合演習発表会報告より）

また，指導案についても，大きな変化が見られました。学生たちは，毎回の活動を通じて，教材の選択や提示の仕方が活動の成否を大きく左右するものであることを実感し，活動にかかわる教材研究の大切さを，体験的に獲得していきました。その一例を，2008年度の指導案から紹介します。

■2008年度　もちっこ広場 指導計画

■担　当　松本，柳澤
■日　時　2008年11月19日（水）

◀ねらいと活動▶

晴れ☀️　「落ち葉・どんぐり遊び」

○今の季節にあった落ち葉やどんぐりを使い，落ち葉やどんぐりの感触，また落ち葉を踏んだときの音，どんぐり同士がぶつかり合う音など，五感を使って楽しむ。

◀当日までの準備の過程▶

● **9月下旬**

○11月の活動について担当者2人で話し合う。季節のものを使って遊べたら良いと思い，第1回もちっこ広場のお便りに載っていた通りに「落ち葉・どんぐり遊び」に決定する。

● **10月7日（火）**

○〔14：30〜　食堂〕担当者で，事前準備で必要なものを紙に書き出す。当日の流れをおおまかに決めた。

● **10月8日（水）－14日（火）**

○デイリープログラムと，試案の完成。

● **10月14日（火）**

○幼児教育学科「生活」での授業の中で，ゼミ生以外の学生の手を借りながら，管理棟前でタライ2つ分のどんぐりを拾う。

拾ったどんぐりは，共同研究室に保管しておく。

● **10月22日（水）**

○ゼミの授業で，指導案を検討。

当初，落ち葉遊び（落ち葉プール）の中で，宝探しを行うつもりだったが，宝探しは独立して行うことに変更した。宝は，どんぐり人形が入ったカプセルのことで，落ち葉プールの中で行うと，踏んだ時に割れたり，子どもが転んだりして危険ではないかという意見が出たためである。

● **10月28日（火）**

○〔14：30〜　情報演習室Ⅱ〕担当者で，宝探しを活動のどの場面で行えば良いか検討する。宝探しをした後も，カプセルに入っているどんぐり人形で遊びたい子どもがいると想定し，それぞれのコーナーに分かれる前に宝探しを行うことにした。

● **10月29日（水）**

○ゼミの授業で，訂正した2回目の指導案を検討。

【晴れ案】当初，遊びの説明を行っている際に，カプセルを中庭のベンチの下や，木の陰に隠そうとしていた。しかし，子どもにどこに隠しているのか分かってしまう，またその

ゼミ生の動きによって，説明や注意事項がきちんと伝わらないのではないかという意見が出たため，活動を始める前に隠しておくことになった。しかしこの場合も，もちっこ広場に早めに着いた子どもが先に見つけてしまう可能性がある。中庭より場所を移動したところに隠したらどうか，という案が出て，適切な隠し場所があるか，これから担当者で検討する。

【雨案】怪我の恐れがあるため，ダンボールコーナーと，どんぐりコーナーの位置を遠ざける。どんぐり人形を置いておく環境を，葉っぱで森を作ったり木の枝で椅子を作ったりなど，より子どもの興味を引き付けられるように，これから検討する。

● **10月29日（水）－30日（木）**
○〔14：30～　六鈴会館と共同研究室〕拾ったどんぐりは，そのままにしておくとゾウムシの幼虫がはい出たり，カビが生えたりすることがあるため，蒸して虫がわかないようにする。蒸した後は汚れを取って，艶を出すためにどんぐりをタオルで拭いた。また，どんぐりの汚れなどは熱湯に入れ拭いたほうが落ちるし，蒸すのではなくゆでた方が効率が良かったので途中からその方法に切り変えた。

● **10月31日（金）**
○〔17：50～　教材室〕担当者でどんぐり人形を作り始める。
○〔19：00～　情報演習室Ⅱ〕担当者で宝探しの導入について検討し，指導案を訂正する。29日のゼミの授業で出た「森の動物たちがかくれんぼをしている」という案を膨らませた。その結果，ゼミ生が動物たちとかくれんぼをして遊んでいたのだが，自分たちでは見つけられなかったので，子どもたちにも一緒に見つけてほしいという設定にすることにした。また，隠し場所は中庭からすぐに移動できる造形室横に決定した。

● **11月1日（土）－2日（日）**
○担当者と幼教の学生で手分けをして，シェルシェ（長野市内デパート）３Ｆ雑貨売り場で，ガチャガチャのカプセル32個を店員に許可を取り，収集した。

● **11月4日（火）**
○〔15：00～　管理棟前〕アスレチックのおもちゃを作るのに必要な枝を拾い，アスレチックの製作・完成。（松本）

● **11月5日（水）**
○ゼミで3回目の指導案を検討する。
○ゼミの授業で，ゼミ生全員でどんぐり落としを製作する。管理棟前と造形室横で，あまり虫が食っていないきれいな落ち葉と形がきれいな，まつぼっくりを拾う。拾った落ち葉は，教材研究室に運び，乾燥させるためにビニールシートの上に広げておく。
○宝探しを行う場所を見たが，草で足場が悪かったり木の低いところにクモの巣があったりと，宝探しには不向きであると感じた。したがって，畑と造形室の間にある通路（コンクリート）部分を使ってカプセルを隠そうと考える。
○〔13：00～　教材研究室〕担当者で，どんぐり人形の製作。当初どんぐりを，つなぎ合わせる時は，つまようじを使用する予定だったが，つなげた後，頭や手足にしたどんぐ

りの位置を変えられるという点から，針金に変更した。

- **11月6日（木）**
  - 〔17：00〜　D2（長野市内ホームセンター）〕担当者で画用紙とガムテープ，ロープの買い出しに行く。
  - 〔18：00〜20：00　教材研究室〕担当者で，雨案で使用するダンボールの電車の製作。ダンボールは教材研究室にあるものを使用する。トーマスを参考に画用紙でダンボールを装飾する。

- **11月7日（金）**
  - 六鈴会館の前でシラカシのどんぐりを拾う。（柳澤）
  - 生協で画用紙を購入。
  - 〔〜20：00　教材室〕担当者でトーマス電車の製作。

- **11月9日（日）**
  - ビッグハット前の通りで，細長いどんぐりを拾う。（松本，幼教の学生）

- **11月10日（月）**
  - 〔13：00〜　共同研究室〕担当者で，シラカシのどんぐりを煮る。
  - 〔〜20：00　教材室〕担当者で，トーマス電車の製作。

- **11月11日（火）**
  - 担当者で，指導案の流れを確認する。活動内での役割分担などを決めた。

- **11月12日（水）**
  - ゼミで4回目の指導案を検討する。
    宝探しのカプセルを，葉っぱやダンボールで作った草で隠そうと，担当者で話していたのだが，先生から自然にある草や木の枝で行ったほうが良いと指摘を受ける。前に考えていた畑で行うか，コンクリート部分を葉っぱで覆ってしまうなどにして，行うのが良いのでないかと提案される。
  - ゼミ生で，管理棟前にあった落ち葉を拾う。
  - 〔13：00〜　教材室〕担当者で，雨案で使用する5体の電車を完成させた。
  - ゼミ生の百瀬の発言より，母親と子どもの2人で遊べる電車だったのだが，身長差を考えずにヒモを短くつけてしまったため，ダンボールの距離が近すぎて，歩きにくいことが判明した。ダンボールの距離をゆったり取り，歩きやすいようにヒモの長さを約30cmから60cmに改良した。
  - 生協でセロテープの購入。＊担当者

- **11月13日（木）**
  - 〔16：00〜　管理棟前と造形室横〕担当者で落ち葉拾い。教材室に運び，保管。
  - 造形室横の畑の様子を観察したが，前回見たときよりも草や子蠅の量が少なく，環境が良かったので宝探しは畑で行うことにした。奥に行くと道路につながっていたり，畑全体を使うとなると広すぎると感じたため，ビニールヒモで，範囲を限定することにした。
  - 〔17：00〜20：00　31番教室〕担当者で，どんぐり人形に顔を描いた。

○指導案に載せるどんぐり人形と，木の枝で作ったアスレチックの撮影をする。

● 11月14日（金）

○〔10：00～12：00　中庭〕　担当者で，指導案に載せるトーマス電車の撮影をする。前日に撮ったどんぐり人形と共に，指導案に写真を載せた。参考文献のページもスキャンして載せる。

○〔17：40～20：00　31番教室〕　担当者で，どんぐり落としの修正。丸い形のペットボトルだと，ビニールテープでしっかりとめて繋げてあっても，組み合わせた部分がだんだん抜けてきて，その部分がぐらついてしまう。一度組み合わせ部分をセロハンテープで固定し，その上からビニールテープでとめることにした。四角い形のペットボトルは，しっかり繋がり安定していた。

○どんぐり人形の製作。

● 11月17日（月）

○〔13：00～　教材室〕　担当者で，どんぐり人形の制作。当初，どんぐり人形の猿のしっぽを木の枝で作る予定だったが，上手く曲がらなかったため，針金に肌色の毛糸を巻きつけたものをしっぽに見立てることにした。

○生協で，黄と赤の油性ペンを購入。どんぐり人形の鳥の口ばしや，動物の口を描くのに使用した。＊担当者すべてのどんぐり人形が完成する。カプセルに人形を入れ，共同研究室に保管しておく。

○どの部分を担当者のどちらが話をするのか決め，指導案に記入。指導案の完成。

● 11月18日（火）

○〔14：30～　共同研究室〕　最終的な指導案を配り，ゼミ生で最後の打ち合わせをする。

○当日の天気が雨の予報だったため，前日に用意しておくものは全て体育館に運んだ。

○体育館で，トーマス電車とキャタピラの遊び方の実演の練習をする。（安部・岡本）

○実際に遊んでみてキャタピラのダンボールが固く，遊びにくかったため何か所にも折り線をつけダンボールを柔らかくした。（ゼミ生）

○〔～18：00　共同研究室〕　担当者の2人で最後の確認。

◀準備過程の反省・考察▶

　ゼミの話し合いで，活動の内容がより深まっていった。最初は，宝探しも落ち葉プールで行う予定だったのだが，ゼミ生の意見により，子どもにとっては危険だということを初めて認識した。やはり，担当者2人だけの考え方だけでは至らない点があり，気づけない所がたくさんあった。そのため，先生やゼミ生の意見が聞けるゼミの時間は貴重であった。

　製作物については，たくさんあったため，前々から少しずつ準備を進めていった。そのため，直前になって間に合わないと焦ることはなかったので良かった。事前に準備しておくものとして，どんぐりや落ち葉があったのだが，どの程度用意しておいたら良いのか見当がつかなかった。当初，拾ったどんぐりは2つのタライにいっぱいあり，実際はその半分以上は使用しなかった。逆に落ち葉は，当日になって少なすぎて急遽，管理棟前にあるビニール袋に

入った落ち葉をもらってくる，ということになった。使用しなかったどんぐりは大量にあったのだが，落ち葉のように，当日になって焦ることは良くないため，十分すぎて余ってしまうぐらいの量を確保しておくことが大切だと思った。

　また，製作するのに必要なものは，前もってきちんと確認しておくべきだった。今回の場合でも，後からセロハンテープや油性ペンなどが必要になり，その都度購入していた。1度に購入できれば，製作を中断することなく取り組めたと感じる。

◀当日実施した指導案　晴れ☀▶
「落ち葉・どんぐり遊び」（雨天の場合は体育館でダンボール・どんぐり遊び）

◀事前に準備するもの▶
○乾燥させた落ち葉
○どんぐり　大…クヌギ　7kg　　　小…シラカシ　200g
○まつぼっくり　20個
○簡単に折れる細い枝　約10本
○段ボール（落ち葉プールで遊ぶ際の柵）
○500mlペットボトル　どんぐり落とし用20個，そのままで置いておく用10個
○ガチャガチャのカプセル（約30個）
○プリンなどの空き容器10個
○ビニール袋30枚　Sサイズ
○ビニール紐の束　1個

◀事前に作っておくもの▶
○どんぐり落とし（10個）……ペットボトル2本の上部と下部を切り，つなげて作る。中にどんぐりを数個入れる。（参考文献のp.58.59参照）
○どんぐり人形……どんぐり，まつぼっくりを使い，リスやネズミなどの動物を作る。（参考文献のp.14.15参照）
　　【参考文献】『森の工作図鑑　vol.1　どんぐり・まつぼっくり』　岩藤しおい　いかだ社
　　　　　　2008

◀製作に使用するもの▶
○グルーガン　1個
○カラービニールテープ　黄色・赤・青・緑それぞれ1個ずつ
○カッター，はさみ　各1個
○木工用ボンド　1個
○マジック　黒・赤・白・黄
○キリ，ペンチ　各1本

○針金　1,5 m
○セロハンテープ　1個
○毛糸（クリーム色・直径2mm）　1m

◀前日に準備するもの▶
○タライ2つ[教材室→六鈴会館]（南）
○ブルーシート2枚[教材室→六鈴会館]（大久保）
○子ども用便座[教材室→六鈴会館]（岡本）
○シール，名札[教材室→六鈴会館]（柳澤・横谷）
○ビニールプールとおもちゃ[教材室→六鈴会館]（安部・百瀬）
○受付用机1脚[体育館→六鈴会館]（柳澤・横谷）
○どんぐり遊び用の机[生協→六鈴会館]（南・大久保）
○ダンボールで作られた柵　[教材室→六鈴会館]（柳澤）
○救急セット[保健室]（百瀬）

◀当日用意するもの▶
○テント[研究室]

●会場図（下図参照）

（　※会場準備の際は，手遊びの際のスペース確保のため，どんぐりコーナーはまだ作ら
　　　ず，端にかためておく。
　　※落ち葉は飛んでいかないよう，段ボールの柵で囲い，ブルーシートをかけ覆っておく。
　　※活動時には柵もビニールシートも取る。）

● 宝探しを行う畑

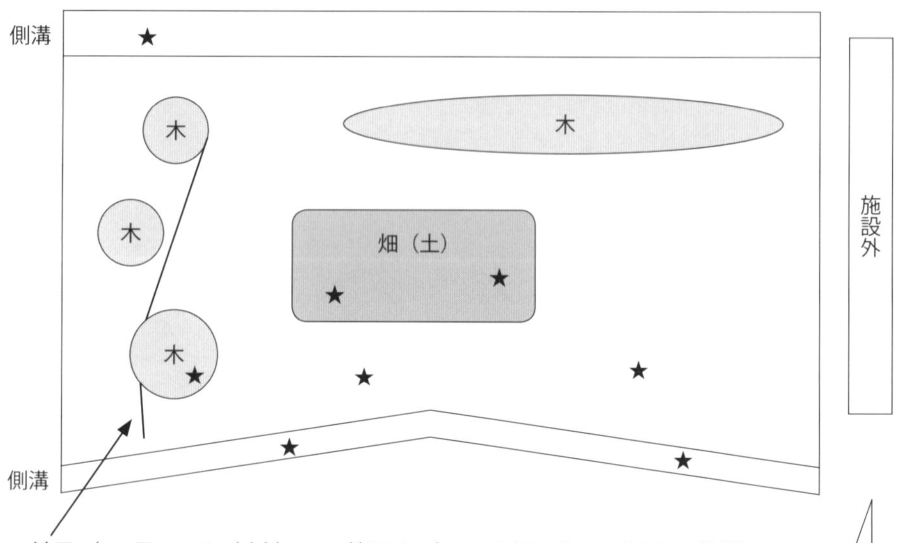

側溝　★

木

木　木

木

畑（土）　★　★

★　★

★

★　★

施設外

4

○前日（11月18日（火））に，範囲をビニール紐で作る（松本・柳澤）
　★…カプセル（約25個を散らばせて隠す）

● どんぐりコーナー

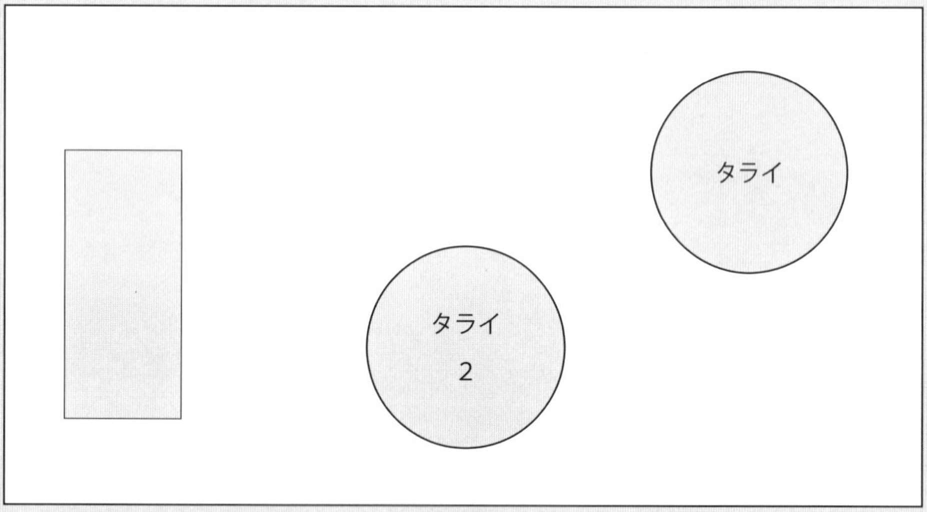

タライ

タライ
2

○どんぐりコーナーの準備は，子供たちが宝探しを行っている際に行う。
○会場準備の際は，会場の隅に固めて置いておく。（タライ，長机，落ち葉）
○生協の長机に，枝で作ったアスレチックを置いておく。
○タライ①…どんぐり落とし，プリンカップ，ペットボトル各10個ずつを入れておく。
○タライ②…どんぐりをタライの3分の1程度入れる。大小のどんぐりを混ぜたもの。
　（※タライは直径58cm，深さ約15cmのものを使用する。）

最初は落ち葉のプールを作るつもりだった。

まず初めに，リーダーが今日の活動の説明と導入を行う。

落ち葉に埋もれて遊ぶ。

網の目にドングリを通す遊びに集中しているK君。

卒業生が作った野鳥のエサ台に宝を隠す。

雨の日用指導案に沿った「トーマス電車」が思わぬ人気を博した。

◀ 11 月 19 日（当日）の指導案▶ （下線があるものは，当日に気が付いて急遽，配慮したこと。）

時間配分	内　容	配　慮
10：00 〈造形室横〉	• 子どもたちが来る前に，宝探しのための カプセルを，葉っぱの下や，草の陰，木 の枝，側溝の中などに隠しておく（ゼミ 生全員） • <u>落ち葉をブルーシートの上に広げる。前 日までに集めた落ち葉では足りなかった ため，庁務員さんが集めた落ち葉を少し 頂いて加える。</u> • 晴れ案の可能性が高かったため，前日に 体育館に運んだ道具を中庭に移動させる。	• どこに隠したのか覚えておく。 • 上にキャタピラをかぶせ，活動前に子どもたちの叫 がつかなくならないよう，また，落ち葉が飛んでい ないようにしておく。 • 教材室まで持っていく時間がないので，とりあえて 鈴会館に置いておく。
10：15 〈長野〉	• <u>雨案で使用する予定だったトーマス （p.24,26 参照）を，急遽晴れ案でも使う ことになり，中庭に設置する。</u> • 後から設置するどんぐりコーナーの道具 を，隅によけておく。 • 親子に集合場所（長野県短期大学中庭） に集まってもらう。	• <u>トーマスはビニールプールの横に置いておく。</u> • <u>天候が怪しく，あまり日が出ていなかったので，ラ トは設置しないことにする。</u> • 子どもたちがいじらないよう，ビニールシートをた せておく。
10：30 〈活動開始〉	• 受付開始 • 名札とお便りを配布する。 • 出席カードに好きなシールを貼る。 • 自己紹介する（松本・柳澤） • 手遊び「どんぐりころころ」をする。(p.23 参照) 今回の活動にどんぐり遊びがあるため， どんぐりに親しみを持てるようにするた めに行う。 • 「どんぐり」，「知らない」などと言う子 がいる。	• 挨拶しながら，元気に親子を迎える。 • 名札を配布しながら，汚れてもいい服装に着替えた と希望する親子には，活動前に着替えるよう伝える 着替える場合は六鈴会館へ案内する。（柳澤・横谷） • 全体の前に出て，大きくはっきり聞こえるように携 する。「そろそろ活動を始めたいと思いますので，私 ちの声がよく聞こえる所まで集まってください。」（柳澤） • 「今回のもちっこ広場の活動を担当させて頂きます 松本と柳澤です。何かありましたら，私たちに言って いただきますよう，お願いします。」と伝える。 • どんぐりを提示しながら「これ何か分かるかな？」 問いかける。（松本） • 「どんぐり」と子どもが答えたら「そうだね，どん りだね」などと言い，「知らない」と答えたら「これ どんぐりっ　て言うんだよ」などと言う。 「今からこのどんぐりが出てくるお話の手遊びをやり いと思います。お姉さんたちが一回やってみるので できそうなお友達は一緒にやってみましょう。」と言 い，子どもにも分かるようにゆっくり，大きな声で 遊びをする。（松本）

反省と考察

《準備》

落ち葉プールは段ボールで柵を囲む予定だったが，柵があると倒れたり傾いたりして危険だという先生の意見により，柵を無くしブルーシート一面に落ち葉を広げるように変更した。活動中，子どもたちは寝転んだり走り回ったりしていたため，柵があったらきっとこのように豪快に遊べなかっただろうと思い，実際に行う場所で準備してみないと気付かないこともあると感じた。

カプセルを担当者2人で隠したのだが，先生やじゃんけんぽんのスタッフの方に「隠れているというより住んでいるみたい」「2歳児はもっと探せる能力があると思う」と言われ，一目見てどこにカプセルがあるか分かる状態から，葉や土などをかけて分かりづらいよう隠した。これはでもちっこ広場の活動を何度か行ってきたが，2歳児が何ができて何ができないのかという2歳児の実態が掴めていなかったと思い，反省した。

《活動前》

朝，正門前に立っている学生が子どもたちに「おはよう」と言うと「おはよう」と返す子どもが増えたようだった。他にも自分から学生に話しかける子どももいたようで，子どもたちは学生に対してだいぶ緊張がなくなってきたのではないかと感じた。

親子が朝来ると多くの子どもが段ボールで作ったトーマスに興味を示しており，前に子ども，後ろに母親が乗り，中庭をずっとぐるぐる回っている親子や，前の箱に親子で入り，後ろの箱には別の親子が入って2組の親子で遊んでいる姿などがあった。私たちは一体のトーマスに2組の親子が乗ることなど考えていなかったため，親子同士の交流ができていたことに驚き，もちっこ広場は母親と子どもの一対一の交流だけでなく，親子同士の交流の場でもあるのだと感じた。

トーマスで遊んでいる子どもたちの中には，手をつないで遊び始め，活動が始まるまでずっとトーマスに2人で乗っている子ども達がいた。また，姉と一緒に来ていた赤ちゃんが，ある男の子に葉っぱを渡している姿があった。このように，以前まではあまり見られなかった子ども同士の交流も見られるようになってきたと思い，子どもたちは大分もちっこ広場に慣れ，お互いを意識するようになったのかもしれないと感じた。

《遊び・出欠》

全体の前に出て話し始める時，親子は集まってはいたものの誰かしら動いていたため，いつ話し出して良いのか分からなかった。これは普段，実習で「子どもたち全員が聞く姿勢にならなければ」と思っており，全員が動かなくなるのを待っていたのが原因ではないかと思う。最初に話す内容は母親向けであったため，誰かが多少動いていても担当者の声が届き，顔が見える位置まで全員集まったら話し出しても良いのではないかと思い，反省した。

手遊びを始める前にどんぐりを提示したのだが，「これ何か分かるかな」と聞く前に「どんぐり」と答える男の子がおり，予想以上に早かったため戸惑ってしまった。他の子どもたちが彼の発言を聞いていなかったかもしれないと思い，彼に「よく知っているね。これ何て言うの？」などと改めて聞いてしまったため，彼は『さっき言ったのに…』という思いがあったためか，なかなかもう一度「どんぐり」と答えようとしなかった。この男の子には「よく知っているね。他のお友だちにも，もう一回教えてくれる？」などと彼の発言を認めつつ，他の子にも分かるように言ったら良かったのではないかと感じた。また，この男の子が真っ先に反応したため，その子の方ばかり向いてしまい，学生とこの男の子の会話になってしまっていたように思う。「○○くんが今言ってくれたけど，これはどんぐりって言うんだよ」などと発言を認めながら，全員と会話できるよう対応したら良かったのではないかと思い，反省した。

時間配分	内　容	配　慮
10：40 〈中庭〉	【管理棟側】 （図：「親子」を囲む ●● ○ 配置） ・担当者●の松本・柳澤が前に立ち，他の学生○で，親子を囲むようにして行う。 ・出欠をとる。	・一度やり終えたら「今度はみんなで一緒にやってみ□しょう」と言い，もう一度行なう。 ・「今から皆のお名前を呼んで行くから，呼ばれたお□達は，大きな声で返事をしながら手を挙げてね」と□い，出欠をとる。 ・子ども一人一人の顔をきちんと確認し，様子をみ□（松本）
〈造形室横〉	【宝探し】 ・活動に入る前に，宝探しを行う。カプセルは，1人1個ずつで，兄弟分も用意する。 ・声のする造形室横に行こうとする子がいる。 ・造形室横に移動する。 ・すぐに移動しない子がいる。 ・葉っぱの下や，草の陰のカプセルを親子で探す。 ・すぐにカプセルを見つける子がいる。	・カプセルを提示しながら，「実は皆がここに来る前□森の動物さんたちと，かくれんぼをして遊んでい□の。動物さんたちは，こんなお家に入って隠れて□のだけど，お姉さん達だけだと，なかなか見つけら□ないんだ。だから，皆も一緒に探してくれるかな？□と伝える。（柳澤） ・学生の一人は動物役。造形室横に移動し，姿を隠し□いる。（百瀬） ・「動物さんに，もう探していいか聞いてみるね。も□いいかい？」（柳澤），「まだだよ」（百瀬） ・「まだ，動物さんが隠れられていないから，待って□てね」と声をかける。制止する。（ゼミ生全員） ・「まだ，だめみたいだね。それじゃあ，今度はみん□で聞いてみよう。せーの，もういいかい？」（柳澤）□もういいよ」（百瀬） ・「隠れられたみたいだから，今から声のした方に行□てみよう」と伝え，親子を造形室横へと案内する。（柳澤） ＊子どもたちが移動している際に，どんぐりコーナー□作り，落ち葉を覆っている新聞紙を取る。（安部・百□・横谷）終わり次第すぐに，造形室横へ移動する。 ・「動物さんたちを見つけに行こう」と個々に声をかける。 ・移動したら「動物さんたちどこにいるかな？このあ□を探してみよう。」とカプセルを提示しながら伝える。（柳□ ・すぐに見つけられた子には「まだ見つからないお友□の分も一緒に探そう」と声をかける。

第2章　保育者養成のための教育実践例　「学生主体の子育て支援」の実践を通して　　81

反省と考察

手遊び中，ずっと前の学生を見ていて動かない男の子がいたため，『楽しいから一緒にやろう』という意味を込めてその子の目を見ながら手遊びをしたところ，その子は笑いながら手遊びに参加し始めた。『楽しそうだからやってみよう』と思ったのか，『見られているからやらなきゃ』と思ったのかは分からないが，子どもの目を見て話したり遊んだりすることで『参加している』という意識が芽生えるのではないかと思い，また，楽しそうな雰囲気を表情で伝えることもとても大切だと感じた。

これまでの活動を見ていると，最初は返事ができなかった子ができるようになっていたり，いつも元気に返事をしてくれる子がいたりと一人ひとり違うため，その子に合った声かけをし，認めてあげられたら良かったと思った。

《探し》

動物が隠れんぼをしているという設定で「もういいかい」「まだだよ」という掛け合いをしたのだが，「まだだよ」の声が聞こえると，それまで遊んでいた子も声のする方に反応し，子どもたちを含めた二回目の掛け合いでは，声を揃えて「もういいかい」という姿が見られた。その後畑へ移動する場面では走り出す子もいたため，宝探しに興味を持たせられたのではないかと思い，ただ一方的に話をするだけでは子どもに興味を持たせるのは難しいと感じた。

子どもを抱きあげて，枝の高い所から吊る下げたカプセルを取らせている母親や，葉の下や土の下を指で指して子どもに教えている母親，自分の分が見つかったので，母親に言われて下の兄弟の分も探している子など，親子での関わりが多く見られた。しかし，高い位置にあるカプセルは母親が子どもを抱きあげないと取れないのだが，下の子を抱いていて両手がふさがっている母親も何人かいた。もっと積極的に下の子を預かるようにし，上の子を抱き上げられるようするべきだったと反省した。

カプセルを見つけた子どもは，学生に「何が入っていた？」と聞かれると「おさるさん」などと嬉しそうに答えていたり，あまり話したことのない学生にも自分から「くまさん見つけたよ」と言ってくる子がいた。いたる所に隠れている様々な動物を見つけることに嬉しさや達成感を感じ，それが表情や，あまり話したことのない学生に話しかけるといった行動に現われたのではないかと感じた。

カプセルを見つけられた子は友達の分も探すよう声を掛けると指導案に書いていたが，これまで子ども同士の関わりはあまり見られなかったため，少し無理があるかもしれないと思っていた。しかし実際に活動を行ってみると，見つけた子はまだ見つけられない子のカプセルを探している姿があり，朝の場面同様，子ども同士の関わりが増えてきたと感じた。

時間配分	内　　容	配　　慮
	・見つけたカプセルを親子で開け，カプセルの中に何の動物が入っていたなどを，親子で言い合う。	・カプセルは子どもだけでは開けるのが難しいため， が近くにいない場合は「お母さんに見つけたよ， 見せておいで」などと声をかけ，親子の交流もで ようにする。
	・すぐに見つけられない子がいる。	・見つけられない子には，「こっちにあるかな？」な と，声をかけながら，カプセルのある方向を示し げる。子どもに発見させるようにする。
10：55 〈中庭〉	・中庭に移動する。 ・落ち葉，どんぐりコーナーの前に集まる。 【管理棟】	・全員が見つけられた所で，「森の動物さん達も中庭 れて行って，一緒に遊ぼう」と伝え，中庭に戻る 指示する。
	・どんぐり人形で遊び始める子や，落ち葉・どんぐりコーナーへと行き，好きな遊びをする。	
	【落ち葉遊び】 ・ダンボールで柵を作り，その中に落ち葉を入れ，落ち葉プールのようにする。 　ねらい…落ち葉にまみれながら，落ち葉の感触，踏んだ時の音などを楽しむ。 ・葉をちぎったり，握ったりする 　ときに出る音を楽しむ。 ・手にたくさんの落ち葉を持ち，上から降らせて遊ぶ。 ・落ち葉にまみれて，かくれんぼをして遊ぶ。 ・落ち葉にまみれることに，抵抗を感じる子がいる。	・担当者●が落ち葉・どんぐり遊びコーナーの前に立 「それぞれのコーナーがよく見える所まで来てくだ い。」と声をかける。ここで，活動の説明と注意事 話す。宝探しのどんぐり人形はお土産として持ち ること，今日の活動は，落ち葉遊びと，どんぐり があり，好きなほうに分かれて遊べることを伝え （松本） ・落ち葉遊びは注意事項として，落ち葉プールの中 場が悪いため，転倒や子ども同士で踏みつけあっ しないようにすること，また下の兄弟の子が誤っ ち葉を食べてしまわないよう伝える。また，土足 いことも伝える。

反省と考察

どんぐり人形の接着剤はグルーガンを用いたが，タヌキの耳は特に取れやすかった。その場で直すのも即乾性のあるグルーガンを使用したのだが，準備段階で接着するものは木工用ボンドの方が取れにくかったのではないかと感じた。

予想はしていたが，やはりカプセルを振る子が多く，何人かのどんぐり人形は耳などが取れてしまい，グルーガンで接着し直したものが多かった。タヌキやサルなど，カプセルより比較的小さいものは振ったときの衝撃が大きいため，外からも見えやすいようにラップを厚くしたものをクッション代わりにして入れておくなど，壊れにくいような工夫をする必要があったと感じた。

子どもがカプセルを見つけて母親のところへ持ってきても，「壊しちゃうからダメ」「せっかくきれいに入っているのに開けちゃうの？」と言っている母親がいた。私たちとしては，どんぐり人形を子どもに触れさせたかったのだが，母親たちは壊れることを気にしてなかなか開けようとしない姿も見られた。母親たちがそのように思うとは考えもつかず，実際の現場ならではの体験だった。

田の周りをビニール紐で囲ったのだが，ビニール紐を手でたどって行き，そのまま側溝に落ちそうになった子がいたようだった。学生がたまたま見ており，側溝に落ちずに済んだのだが，実際に活動を行ってみなければ分らないこともあり，また，学生が見ていたために落ちずに済み，良かったと感じた。

《どんぐり・落ち葉遊び》

田から戻ってきた時，すぐに木の枝で作ったアスレチックに興味を示し，近寄って行った子が何人かいた。きっと最初から置いておいたらなかなか離れなかっただろうと思い，スペースの問題ではあったが後から用意する形にして良かったと感じた。

落ち葉プールに上がろうとする時，靴を脱ごうとしている子がいた。いつもビニールプールがのっているブルーシートが土足で上がらないようになっているためだと思うが，学生や母親に「脱がなくてもいいよ」と言われても半信半疑だったのか，戸惑っていた。しかし，その後母親が「お母さんも靴履いたままだよ」と言ってブルーシートに足を踏み入れると，納得したのか土足で遊び始めた。一番信頼している母親が見せて伝えたことで，本当に土足で上がって良い事が分かったのだと思い，実際にやって見せて伝えることが大切だと感じた。また，遊び始める前に全体に土足で良いと伝えたが，子どもには伝わっていなかったのだと思い，言葉だけでは子どもに納得させることは難しいと感じた。

特に注意して言わなかったのだが，子どもの顔や頭にかかると目や肌の損傷や窒息などの恐れがあるため，子どもの顔に葉がかかると学生が払う姿が見られた。危険だと思ったため，このような配慮ができたのだと思い，その場ですぐに対応できたのはとても助かったが，担当者としては予測が不十分だったと思い，もっと細かく子どもの姿を予想する必要があったと反省した。

落ち葉プールでは，落ち葉をかけるのが好きな子，かけられるのが好きな子，みんなが楽しそうに掛け合っているのを楽しそうに見ている子など，様々な子がおり，それぞれ何を楽しんでいるのかが違うと感じた。

落ち葉プールでは，最初は3人ほどしか子どもがいなかったのだが，学生が落ち葉の中に寝転がるようにしたところ，それを見た数人の子が学生に落ち葉をかけ始め，そこから落ち葉遊びに子どもが集まってきたようだった。大人が「つまらない」と思うことは子どもにとってももちろん「つまらない」ため，子どもに「楽しそう」「面白そう」などと思わせ遊びに興味を持たせるには，まず自分自身が楽しみ，子どもと一緒になってはしゃぐことが大切だと感じた。

時間配分	内　容	配　慮
	【どんぐり遊び】 ・ペットボトルで作ったどんぐり落としと，タライに入ったたくさんのどんぐりで遊ぶ。 ねらい…ペットボトルを逆さまにしたり，戻したりして，どんぐりが落ちていく様子や，ペットボトルを振って，どんぐり同士がぶつかり合う音を楽しむ。	・どんぐり遊びにはどんぐり落としというおもちゃやプリンカップ，ペットボトルを使って自由に遊んしいことを伝え，どんぐりは子ども達が口の中にんないよう注意を促すようにする。 ・説明が終わったところで「それぞれのコーナーにて好きな遊びを始めてください」と伝える。（松本） ・下の子を見る必要がありそうなら，母親に積極的にしかけ，子どもを預かる。 ・落ち葉を触って，手が痛くなったなど，肌が弱いいないか目を配る。 ・足場が悪いため，落ち葉プールの中で転んでしまがいるかもしれない。子ども同士で踏みつけ合っしないよう，子どもがどこにいるのか，きちんと見てる ・子どもたちに落ち葉を降らせたりして，思いっきち葉にまみれるようにする。 ・無理に落ち葉をかけたりせず，葉の色や形に興味をたせながら，葉に触れられるようにする。 ・どんぐりを口に入れたりしないように，下の兄弟のにも目を配りながら注意する。 ・どんぐりや，ペットボトル，プリンカップなどが，ライの外にたくさん散乱していたら，子どもたちんだり，転んだりしないように，タライの中に戻すどして整理する。
	・どんぐり落としで，どんぐりを落とすのが難しい子がいる。	・一緒にペットボトルを動かし，落としやすいように援助す
	・プリンカップでどんぐりをすくったり，出したりして楽しむ。	・プリンカップにいくつどんぐりが乗るかなど，声をけながら一緒に楽しむ。
	・ペットボトルにどんぐりを入れて，振った時の音を楽しむ。	・ペットボトルを振る際に，周りの子どもたちに当たないように十分に注意する。必要ならば，場所を移動させ
	・どんぐりが大きすぎて，ペットボトルに入らないと困っている子がいる。	・小さいどんぐりを一緒にタライから見つけて，様々大きさのどんぐりがあることを伝えて，知ってもら
	・どんぐり人形で遊んでいた子が，人形を壊してしまう。	・その場で学生が直してあげたり，直せない場合はに作っておいたものを代わりに渡す。

反省と考察

どんぐり落としのように，元々どんぐりが中に入ってしまっているものより，タライに入ったそのままのどんぐりの方に子どもたちが群がっていた。おそらく自分でカップにどんぐりを出し入れしたり，実際に触れることができるからではないかと思い，どんぐりを握る感触も楽しんでいるのではないかと感じた。また，どんぐり落としで遊んでいた子どもを見ていた学生によると，子どもの体に対して少し大きかったようだった。ペットボトルも両手でないと持てなかったので，ひっくり返すことが難しく，子どもがあまり興味を示さなかったのはこの事も原因ではないかと感じた。私たちは「大きいほうが楽しいのでは」と考えていたため，子どもの体に対してどれくらいなのかということを考えていなかった。子どもが遊ぶことを考えて，サイズにもこだわるべきだった。

一つのタライにだけどんぐりを入れる予定だったのだが，子どもたちが予想以上に集まったため，急遽タライのどんぐりを2つに分けた学生がいた。その場に応じて機転を利かせて動いてくれたのにはとても助かったが，一つのタライに子どもたちが集中することを担当者が予想できなかった。いつでも子どもたちが均等に分かれるとは限らないことを痛感し，反省した。

壊れたどんぐり人形を修理するために六鈴会館にグルーガンを用意したのだが，コンセントを繋いだままにしておくとロウがどんどん垂れてきてしまうため，逐一コンセントを抜いていた。しかし壊れたどんぐり人形がどんどん出てきてしまったため，コンセントを抜いてしまうと温めるのに時間がかかり，無駄な時間を過ごしてしまった。時間を無駄にしないために，ロウが垂れてきてもいいよう，下に段ボールを敷くなど下敷きを置いておいたらコンセントを差したままにしておけたと思い，準備不足だったと反省した。

どんぐり人形を引き立てる役目として木の枝で作ったアスレチックを用意したのだが，3つしかなかったため，取り合いが起きてしまった。対象児はまだ2歳なため，取り合いになるような環境を作ってはいけなかったと思い，アスレチックを増やすか大きく作り直すかしたら良かったと反省した。

木の枝で作ったアスレチックは，私たちはごっこ遊びを楽しめるようにと設置したのだが，網状になっている紐に，必死にどんぐり人形を引っ掛けようとしている子どももいたようだった。最初は引っ掛けるのに苦労していたようだったが，徐々に慣れてくると，こつを掴んだようで簡単に引っ掛けていたようだった。この遊びをしている間はとても集中しており，また，こつを掴むまで続けたことで，上手くいかない時に解決しようと考える力も育つのではないかと思い，一つの遊びの中でも子どもたちは様々な力が養われているのだと感じた。

タライのどんぐりをかき混ぜて，音が鳴るだけで楽しそうにしていた子もおり，ねらいである「五感を使って楽しむ」ということに繋げられたのではないかと感じた。

壊れたどんぐり人形は，最初は逐一直していたのだが，数が増えて間に合わなくなったので予備のどんぐり人形を提供した。人数分より10個ほど予備を用意したのだが，多めに作っておいて良かったと感じた。

時間配分	内　容	配　慮
	• ひたすら，ペットボトルにどんぐりを入れ，いっぱいになったら，ひっくり返して出すという繰り返しの遊びをする。	• どんぐりやプリンカップが散乱していたら，整理す
11：20 〈片付け〉	• 遊びで使った物を片付ける。	• 落ち葉遊びで使用したどんぐり人形は，カプセル(まお土産にする。
	• 活動の感想（松本・柳澤）	
	• 次回のもちっこ広場について（岡本・百瀬）	• タライにあるどんぐりを欲しいという親子がいたら ビニール袋を配り持ち帰ってもらう。
11：30	• 「さようなら」のあいさつをする。 （松本・柳沢）	
	• 感想カードの記入	• 感想カードと鉛筆を配布する。
	• 解散する。	• 書き終えた感想カードと，子どもの名札の回収。
		• 活動で遊んだものについて聞かれた時は，作り方を 刷したプリントなどを渡す。
	• 反省会	• じゃんけんぽんのスタッフの方々，先生方2人，t 生8人で行う。
	• 片付け	

反省と考察

《片付け》

反省会で，じゃんけんぽんのスタッフの方から「子どもと一緒に片付けてから終わらせられると良かった」とご指導頂いた。確かに子どもたちに「時間だから」と言って無理に遊びを終わらせるのは酷なため，「掃除機になって落ち葉を集めよう」「どんぐりをお家に帰してあげよう」などと，子どもが楽しみながら片付けをして，自然な形で活動が終えられるようにするべきだったと反省した。

どんぐりが欲しいという親子が予想以上に多く，家で人形を作るという母親もいた。持ち帰り用のビニール袋と作り方のプリントを用意しくいたため，スムーズに対応できて良かった。

「さようなら」のあいさつを，誰がどんな風に言うかを決めかねてしまったため，しっかり終えることができなかった。活動の最初と最後はやはりしっかりしたいと思うので，見落としてしまっていたことを反省した。また，この事も含めて，全体を通して私たちの活動は制作物に気を取られすぎて細かいところを見落としてしまいがちだったため，もっと指導案を詰めて検討すべきだったと反省した。

♬　どんぐりころころの手遊び

♪　どんぐりころころ，どんぶりこ
　　☞こぶしをつくり，胸の前で両腕が平行になるようにして，リズムに合わせてぐるぐる回す。

♪　お池にはまって
　　☞両腕を大きく前に広げて胸の前で手を重ねて腕でわっかをつくり，リズムに合わせてゆっくり左右に揺れる。

♪　さあ，たいへん
　　☞「さあ」で両手を腿まで下げ，「へん」で両手を肩の高さまで上げ，同時に上体を反らし，驚くようなポーズをとる。

♪　どじょうがでてきて
　　☞手を前で合わせた状態で，リズムに合わせて左右に振りながらゆっくり上にあげていく。

♪　こんにちは
　　☞「こん」で両手を真っ直ぐ下げ，「にちは」で両手を前に重ね，お辞儀をする。

♪　ぼっちゃん一緒に
　　☞「ぼっちゃん」で右手を胸に，「一緒に」で左手を胸におき，右と左で胸の前で交差させる。

♪　遊びましょう
　　☞首をかしげながらひざをおり，右，左と２回する。

◀キャタピラ（小）▶

①ダンボールの上部と下部をきり　　　　　②ダンボールを起こす。
　とり，縁は手が切れないように
　カラービニールテープを貼る。

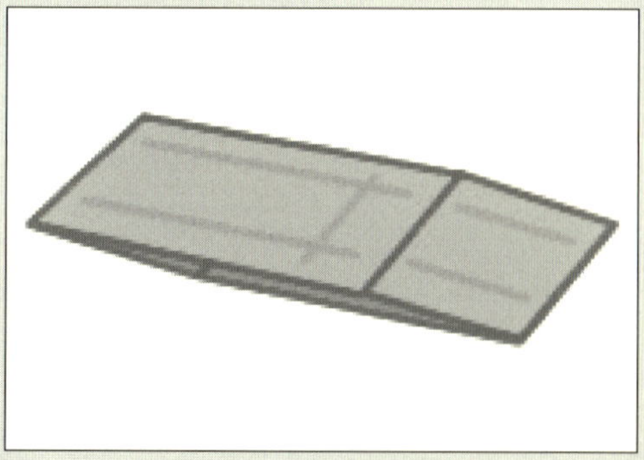

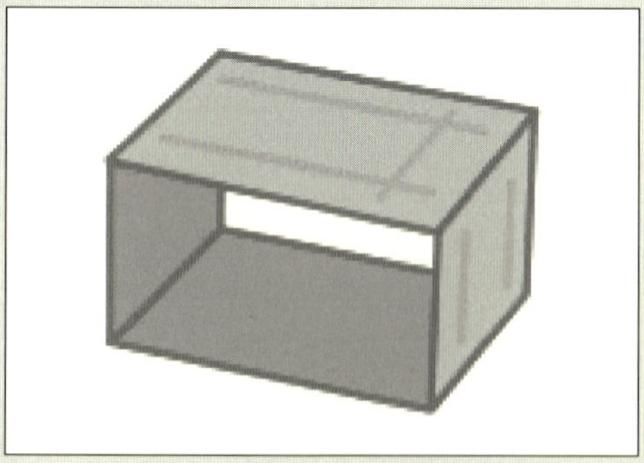

③中に入る。 ④前にハイハイしながら進む。

（参考サイト：http://www.futabashiki.co.jp/mamechisiki/asobikata.html）

◀電　車▶

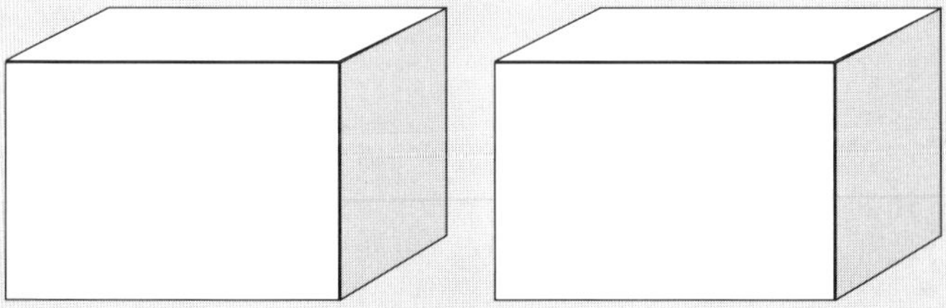

①ダンボールの上部と下部を切り抜いたものを2つ作る。トーマスやトーマスの仲間の色の画用紙や顔をボンドで貼り付け，装飾する。

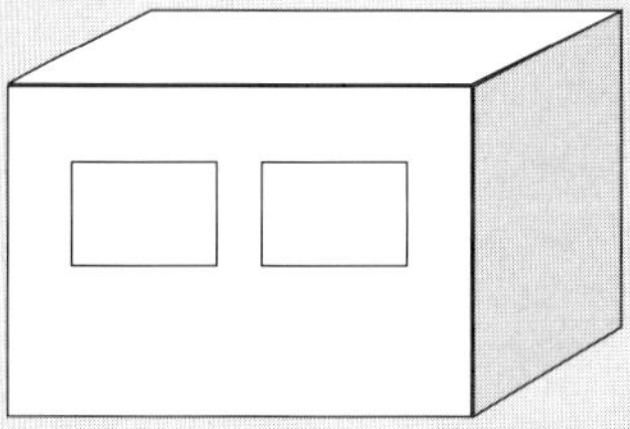

②窓として側面の一部を切り取り，持ち手代わりにする。手が切れないように，縁はビニールテープを貼る。

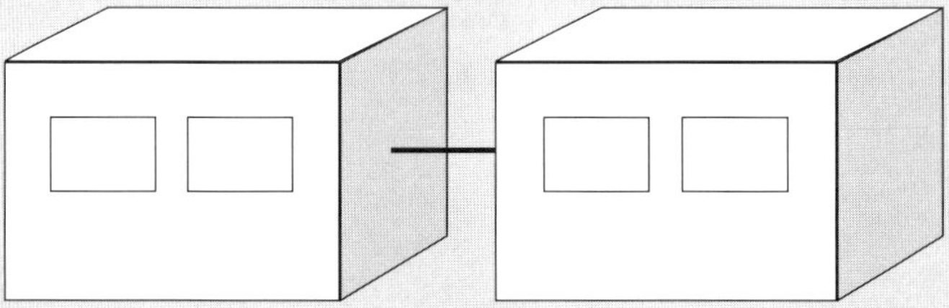

③2つのダンボールの面の中心に穴を開けてヒモ（約60cm）を通し，結ぶ。

★どんぐり人形

★アスレチック

★どんぐり人形をカプセルに入れた状態

★どんぐり人形とアスレチック

★全体図

★ダンボールの電車

★電車の側面

★キャタピラ

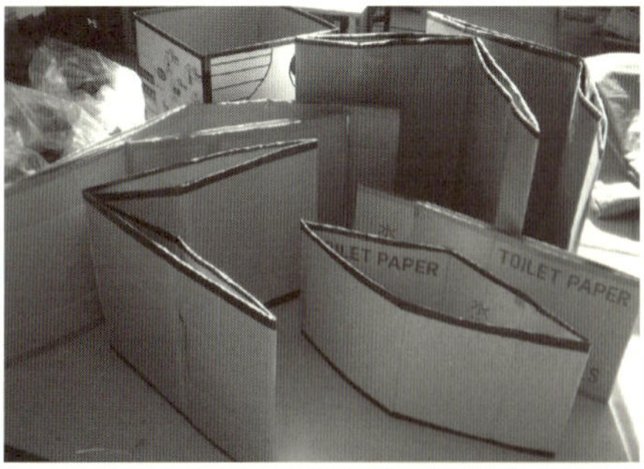

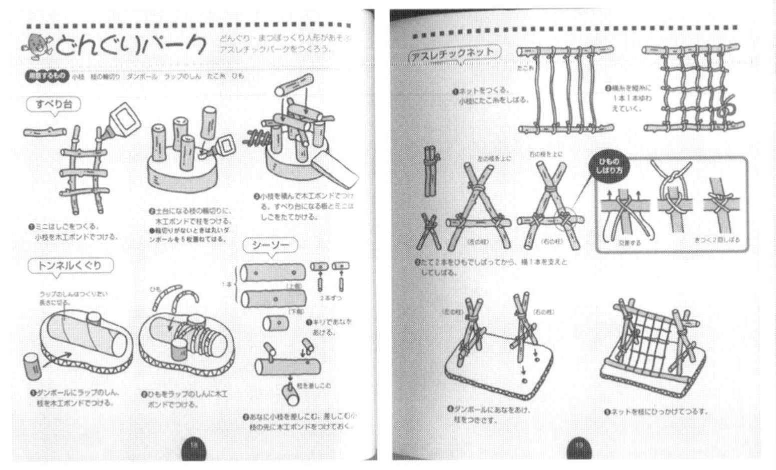

（参考文献：岩藤しおい『森の工作図鑑 vol.1 どんぐり・まつぼっくり』いかだ社　2008　p.14, 15, 18, 19, 58, 59)

◀感想・考察▶

　今回の活動では，準備段階から学ぶことがたくさんあった。今までどんぐりを拾ったことはあるが，どんぐり人形を作ったこともなければ，どんぐりの保存方法も知らなかった。どんぐりの中には，ゾウムシの卵が産みつけられているものもあり，秋の終わりぐらいになると幼虫が中身を食べながら，どんぐりに穴を開け出てくること，それを防ぐために熱湯でゆでることが必要で，これを行うことによって中身が柔らかくなり，工作しやすくなることを文献から学んだ。（岩藤しおい『森の工作図鑑　vol.1 どんぐり・まつぼっくり』いかだ社　2008）

　また，クヌギは拾ってから１～２週間たっても虫がわかなかったのに対して，シラカシは３日で虫がわいてしまうものがあり，クヌギなどの大きめのどんぐりより，シラカシなどの小さめのどんぐりの方が虫がわきやすかった。このことは，実際に準備を進める過程で学び，早めにゆでる必要があると感じた。

　この活動では，身近なものを使って遊べるものを作り，子ども達に楽しんで欲しいという思いがあった。そのため準備をする中で，どんぐり人形やどんぐり落とし，トーマス電車など手作りのものが多かった。子どもたちのことを考えて作ったつもりではあったが，実際に遊んでいる姿を見ないと分からなかったことがたくさんある。

　落ち葉プールを作る際は，柵がないと葉が外に溢れてしまい，少なくなってしまうのではないかと感じていた。そのため，ダンボールで作った柵を用意したわけだが，その大きさは教材室で，これぐらいあれば良いだろうという自分たちのイメージだけで決めていた。

　しかし，当日になって実際に中庭へ柵を運んでみると，中庭の広さに対し落ち葉プールがとても小さく見えた。先生からもご指摘頂いたように，その広さではとても大勢で落ち葉にまみれることはできそうもなく，逆に子どもが柵に寄りかかったりした際に，倒れたりして危険だということに気付いた。後の活動でも分かったとおり，ビニールシートの上から葉がなくなるという心配はなく，むしろ柵がなかったために広いビニールシートの上で，子どもたちが思い切り遊ぶことができていた。

　どんぐりも，準備段階では気付けないことがあった。当初，どんぐりは１つのタライだけにあり，もう片方はカップやペットボトルなどの道具入れだったが，担当者が見たときには，すでに他のゼミ生の配慮により道具は別の場所に移動してあり，どんぐりが半分ずつ２つのタライに分けられていた。

　考えて見れば，１つのタライに子ども達が何人も来たとしたら，窮屈すぎてもちろん十分には遊べなかっただろう。分けられたことで，より多くの子ども達の遊ぶ場所を確保できたと思う。

　また，枝で作られたアスレチックで遊んでいた子どもたちの様子を見ていたゼミ生から，子ども達が３つしかないアスレチックを取り合っている姿があった，と聞いた。もともとアスレチックは，宝探しを行なわない雨案で，どんぐり人形を活かそうとするために作ったもので，どちらかというと担当者２人の中では，どんぐり人形を引き立てる脇役のように考えている部分があった。しかし，実際のところは子ども達から大人気であった。そ

れにも関わらず，３つしか用意できていなかったため，誰かが我慢しなければいけなかったり，取り合いをするということになり，２歳という年齢で，このような思いをさせてはいけなかったと反省した。

　これらのことから，確実に子どもに合わせた遊びを提供するなら，実際活動を行う場所で，今回の場合であったら柵や，どんぐりのタライなどを設置してみて，全体的な広さを見てみる必要があると思った。また，２つのコーナーがあるからといって，いつでも子どもの人数が半分に分かれるということではないことを痛感した。活動の最初の方では，落ち葉コーナーに遊びに来た子どもはわずか２人で，ほとんどの子どもがどんぐりコーナーへと集まって行った。アスレチックも一人一人が十分に遊べるように数を多くしたり，大きさを変え複数で遊べるようにしたら良かったと思う。子どもに提供するのなら，付属品などと考えるのではなく，子どもの人数を考慮して準備すべきだった。

　それから，どんぐり人形については，子どもたちよりも母親たちに人気なのではないかと予想していた。母親たちには好評で，どんぐり人形を見ながら「これは手作りですか？」など声をかけて下さる方もいて，どんぐり人形がお母さん方と話すきっかけにもなった。また，子どもたちの中にも気に入ってくれた子がいて，取れてしまった人形の耳を直すために人形を預かろうとしても，人形をどこに持って行かれてしまうのか心配で，学生に渡すことを躊躇していた子どももいたという。

　どこにでもありそうなどんぐりだと思っていたのだが，県短に落ちているクヌギのような大きなどんぐりは，他ではあまり見かけないようで「珍しい」と感じてくれた親子もいたと，他のゼミ生から聞き，このもちっこ広場でしか味わえない活動ができたのではと嬉しく思った。

　帰り際にも，お土産としてどんぐりを持ち帰ってもらったが，お母さん方がどんぐり人形を家でも作ってみようと言って下さっていた。子供たちも袋や，ペットボトルにどんぐりをいっぱいに詰めて，家で作るのを楽しみにしているようだった。その様子を見ていて，この活動のために大量のどんぐりを煮て磨いたり，動物たちの顔を描くなど，細かい所までこだわってやってきた甲斐があったと思った。

　活動中の姿を見て感じたのは，子ども同士のつながりが前よりもできていたことだ。活動の始まる前に遊んでいたトーマス電車は，親子２人で遊べるようにと考え作ったものだった。そういった親子もいて，ねらい通りだと思っていたところで，ふと見ると２人の女の子が一緒に電車で遊んでいた。兄弟ではない２人だったため，その遊んでいる姿や２人の笑顔を見た時は，驚きと嬉しさの両方があった。その２人は電車をきっかけに友達になれたようで，活動中も手をつないでいた。他のゼミ生からは，その２人を見ていたそれぞれの親が，顔を見合せ笑いながら子どもたちを追いかける姿があったと聞いた。他にも，トーマス電車で１つの車両に親子で乗り，２組の親子が一緒の電車で遊んでいる姿もあり，このような子どもを通し親同士もつながるという場面を，もちっこ広場で見られたことが良かったと思う。

　また，宝探しの際にすぐに見つけた男の子が，最後まで見つけられなかった女の子の分

を見つけて「ここにあるよ」と教えていた。大人から一緒に探してあげてと言われたわけでもなく，見つけたカプセルを自分のものだと取ってしまうのでもなく，ごく自然に場所を示してあげていた。

どんぐりコーナーの場面では，何も加工をしていないペットボトルにどんぐりの大きさを選びながら，ひたすら入れている女の子がいた。私が「この赤ちゃんどんぐりは入るね」と小さいシラカシのどんぐりを女の子に渡していたところ，先程カプセルを見つけてもらった女の子が「これもだよ」と言いながら，シラカシを拾い女の子に手渡ししていた。

落ち葉コーナーでも，落ち葉を布団のようにしてお互いの体に落ち葉を掛け合っている姿があり，子どもたちが周りの大人や同世代の子どもたちに大分慣れてきたのではないかと思った。お互いを見る余裕もでき，子どもたち同士が自然に関われていたように感じ，そのように子どもが緊張せず，自然にいられるような環境を，私たちが作っていくことが大切なのだと思った。

最後にゼミ生の動きについて，今回もどんぐりのタライを急遽2つに分けたりと，担当者が気付かないところで率先して行動してくれたと思う。落ち葉コーナーでも子供の顔に落ち葉がかかった時は口に入らないように，又は窒息など危険なことにならないようにすぐ払うなどして配慮ができていたと思う。私たちが予想できていなかったことが起こったときでも，そのように他のゼミ生の支えがあった。

準備でも，今回は晴れているが外で行うのか，気温が低いため室内の方が良いのか，当日の活動が始まる1時間前まで迷っていた。結局，日が差し込んできたため外で行うことになったのだが，前日には室内の準備をしていたため，朝になって体育館に運んだものを中庭へ移動させたり，晴れ案でしか使わないものを新しく運んできたりと朝から大変な準備だったと思う。

また，トーマス電車は雨案でのみ使う予定だったが，せっかくなので置いておこうと言う意見により，急遽トーマスも中庭に置くことになった。急遽置いたものではあったが子どもたちの反応は予想以上に良く，トーマス電車を通して親と子の一対一の関わり，親子と親子の関わり，更には子ども同士の関わりも見られ，子どもにとっても母親にとっても非常に大きな役割を果たしたと思う。トーマス電車を用意して本当に良かったと感じた。

朝から慌ただしかったが，それにも関わらず，親子が広場に来る前に何とか準備できたのは，先生を始めとする他のゼミ生のお陰だと思う。担当者2人だけでは，至らない点が多々あったのだが，皆のお陰で第5回もちっこ広場の活動を無事に終えることができた。今回の落ち葉・どんぐり遊びの担当をさせてもらい本当に良かったと思っているし，今後に活かせる経験ができた。

ご協力ありがとうございました。

（2008年度全国保育士養成協議会関東ブロック学生研究発表会当日資料より　2009年）

前年度の指導案に比べると，準備過程がよりくわしく明確になっています。また，特に教材研究への留意が高まっていることがわかります。添付資料もより具体的になり，わかりやすくなっています。もちろん，内容的にはまだまだ改良の余地があることは承知していますが，このような資料の積み重ね，がやがてより質の高い実践を生み出していく土台になっていくものと考えています。

同じく，2008年度の全国保育士養成協議会関東ブロック学生研究発表会（東京）の発表資料のなかで，学生たちはこの取り組みの最後のまとめとして，

「半年間に及ぶもちっこ広場への取り組みを通して，『教材研究の大切さ』や『親の子育てへの思い』『些細なことからでも【子育て支援】は始められる』ということを学びました。

この経験があったからこそ，私たちは普段の生活の中で，何気ないことでも，子育て支援に結び付けて考えられるようになりました。このことは私たち自身の成長にもつながったのではないかと思います。」

と述べています。これは，たとえば，指導案の「実際の記録と反省」の中で，

「・多くの子どもが元気よく返事をすることができた。また，他の子どもが返事をし，ゼミ生などが拍手をしているのを見て，同じように拍手をしている子どもがいた。下の子どもも元気に返事をする姿が見られた。

・自分の名前を呼ばれると嬉しそうな顔で返事をする子どもが多い。母親はそんなわが子の頭をなでている。何気ない親子の触れ合いも，大切にしていきたいと思う。

・お母さんの手助けによって返事をする子どもは，1回目から比べれば，とても減り，だいたいの子どもは自分で手をあげて大きな声で返事をしていた。」（1月の指導案より）

と述べるなど，学生がすでに保育中において，自分自身の目で子どもの成長を感じ取れる余裕をもってきたことが大きいと思われます。

指導案作成においても，2008年度は全員が2回ずつ経験できましたので，たとえば「もう少しゆっくりしゃべったほうがよい」など，1回目の経験を2回目で生かし，それが学生たちの自信につながったようでした。

また，学生たちはこの活動を通して，

「子どもと母親の思いを感じ取りながら，何がその親子のためになるのか，自分は何をすべきか考えて行動に移していくことが『子育て支援』とつながっていくのではないか」（同上）

と述べていますが，それは具体的に言うと，弟妹のいる親子に対し，積極的に弟妹へのかかわりを増やし，兄姉と親との時間を作ってあげようとする学生たちの意識的な働きかけを指しています。0歳や1歳の弟妹を抱えて参加する親子を何組も目にするなかで，小さい子を自分たちが預かってあげることで，親たちが普段後回しになりがちな上の子と安心して十分にかかわれる機会を作ってあげることになるのでは，と気づいたのです。こうして，学生たちが，自分たちから「下のお子さんを預かりますから，おかあさん，どうぞ上のお子さんとたっぷり遊んでください。」と話しかけていく活動が始まりました。10月には中庭の芝生の上で「ミニ運動会」を開きましたが，どの親も2歳児と手をつないで

様々に走ることができました。

2008年度のブンチード競走は、次の通り
です。

※※ 　平成 20 年度もちっこ広場　アンケート結果　※

（H21.1.21 実施）

① 　活動の回数はいかがでしたか？

大変よい	よい	普通	改善が必要
9 人	5 人	2 人	0 人

② 　活動時間についてお聞きします。

❶ 　時間帯（10：30 ～ 11：30）はいかがでしたか？

大変よい	よい	普通	改善が必要
9 人	6 人	0 人	1 人

❷ 　長さ（1 時間）はいかがでしたか？

大変よい	よい	普通	改善が必要
8 人	4 人	4 人	0 人

③ 　活動内容はいかがでしたか？

大変よい	よい	普通	改善が必要
14 人	2 人	0 人	0 人

④ 　学生の配慮はいかがでしたか？

大変よい	よい	普通	改善が必要
13 人	3 人	0 人	0 人

⑤ 　おたより「あつまれ！！もちっこ」の内容はいかがでしたか？

大変よい	よい	普通	改善が必要
7 人	8 人	1 人	0 人

⑥ 　おしゃべり会の内容はいかがでしたか？

大変よい	よい	普通	改善が必要
5 人	8 人	3 人	0 人

⑦ 　何かお気づきの点などがございましたら，ご記入ください。

• 母からも離れられず，絵の具にもイマイチ……今日は気分がのらなかったのかな～と思いつつ，これから園生活が始まるのに大丈夫かな？と不安になりました。一年を通しては，色々な経験をさせていただき，とても楽しかったです。ありがとうございました。

• 「今日で最後」と聞くと「最後なの？」と言って，とても残念みたいで，本当に楽しみにしていたようです。ありがとうございました。

• 1 年間ありがとうございました。親ではしてあげられない泥遊び，落ち葉などをして遊べてすごくよかったです。子どもも学生さんたちと遊ぶのを楽しみにしていました。

• 今日のスタンプはとーっても楽しかったようです。12 月に送っていただいたツリー遊びもとっても喜んでいました。上の子の参観日，体調不良など色々ぶつかり 1 回目と今回しか

参加できなかったことがとても残念でしたが，娘は喜んでいました。ありがとうございました。

- 1年間ありがとうございました。始まった頃は学生さんたちがとても緊張していて，子どもとの接し方もぎこちなかったので少し不安でしたが，だんだん慣れてきて，とても頼もしく，子どもを任せても安心して預けることができました。母親では無理な体を使ったダイナミックなあそびや，心から楽しんで子どもと遊んでくださり，とても感謝しています。子どもも毎回楽しみにしていました。このもちっこ広場での経験を活かして良い保育者，また母親になってほしいと思います。本当にありがとうございました。

- 野菜スタンプ，家ではなかなかやらせてやれないのでとても楽しそうでした。これで野菜も少し食べてくれれば良いと思います。同じ歳の子と月1回ですが遊べて，あと学生さんが色々気配りしてくれるので，毎回来るのを楽しみにしていました。家では出来ない遊びとかが多かったので，もちっこ広場に来て良かったとつくづく思いました。どうもありがとうございました。

- 久しぶりに参加させていただいたのですが，子どもが私から離れずちょっと残念でした。毎回参加させていただいていたらよかったのですが…でも学生さんたちと一緒に遊べて，本人はとても楽しかったと思います。本当にありがとうございました。もし子どもがもう1人出来たら，また参加させてもらいたいです。

- 回を重ねるごとに子どもの成長が見られてとても良い体験が出来ました。学生さんたちも子ども達のことを考えいろいろ楽しい遊びを考えてくださって，下の子も一緒にできたのが良かったです。

- おしゃべり会は，家に帰ってから「これを言えばよかった」と思ったことがあったので，事前におしゃべり会の内容のアンケートをとり，次回このテーマで…ということを言っておいてもらえればその件で色々なことを考えられて，話す内容の言い忘れがなかったのでは，と思いました。

- おしゃべり会に参加でき，同じ歳の子どもを持つママとお話が出来，皆同じ悩みを持っていることがわかり，気が楽になりました。1年を通して，家ではやらない楽しいことを沢山考えてもらえて，人見知りの子どもが少しずつ打ち解けていく姿を見て，4月からの幼稚園生活も頑張っていってくれる気がします。先生，スタッフさんを始め学生さん，本当に毎回優しく接してくれて，ありがとうございました。お疲れ様でした。

- 毎回楽しく参加させていただきました。水遊びや泥遊びの他にも，体を使って大いに遊ぶ(例えば，体育館でボール遊びなど)ことが多くあってもいいかなと思います。なかなか家でひっそりと過ごす遊びが多いので，せっかく「大勢」という人数がいるのを活かせるといいかなとも思います。何はともあれ，親子共々，2月から楽しみが1つ減ってしまって残念です。また何かのご縁がありますように。ありがとうございました。

- 今日，子どもはスタンプに夢中になって遊んでいたようです。私は，他のお母さんたちやせんせいといろいろなお話をすることが出来，とても参考になりました。皆同じような悩みを抱えていることがわかり，少し気持ちが軽くなりました。1年間本当にたのしかったです。

ありがとうございました。

- 後半しばらくお休みしてしまったので，最後の活動が心配でしたが，学生さんやスタッフの方のおかげで，いつもべったりの我が子も私から離れて今日はスタンプ遊びを楽しんでいたようです。（ママの様子を見に来たり，少し落ち着きがなかったのですが，それがまた可愛くもありました。）楽しく参加させていただき，本当にありがとうございました。

- 絵の具でスタンプとても楽しかったようで，帰ってもやると言っています。1年間を通してとても良い経験ができました。ありがとうございました。おしゃべり会もいろいろなお母さんの話が聞けてよかったです。

- 今回の野菜スタンプは，興味深い内容でした。1色だけではなくて，青，赤，黄と全色1度につけ，本人は意識していなかったとは思いますが，色の混ざった素敵なスタンプができたので見ているこちらがおもしろかったです。また，ダンボールの棒でスタンプするだけではなく，「かお」といいながら筆のように使い，絵を書く姿があるなど，子どもの発想はおもしろいなと，子どもは何にもとらわれずやれるところがすごいな，と思ってみていました。学生の皆さんも1年を通して，子どもの接し方に自信がついてきた姿が見られ頼もしく感じました。また，子ども達も回を重ねるごとに自由にのびのびと遊ぶ姿が見られ，お互いに成長しているなーと思いました。親も沢山勉強させていただきました。1年間とても楽しかったです。とてもよい試みだと思うので，今後も続けていってもらいたいと思います。頑張ってください！！

- 幼稚園・保育園の先生方が企画するのとは違って，学生さんたちが企画・運営してくださったアイディアに毎回びっくりでした。とても楽しい「もちっこ」でした。うちの子は皆勤賞です！！親子共とても楽しい時間が持て嬉しかったです。前回，私から離れられなかったけど今回は野菜スタンプが楽しかったようで離れることが出来，良かったです。子どもは少しずつ成長しているんですね。学生さんたちに名前を覚えてもらい，だっこされたり，遊んでもらったり，この調子で4月から幼稚園でも楽しくお友達と遊べるといいなと思います。」

2008年度の新しい取り組みは，学生にとって，自分たちの取り組みの意義や目標をより実感する結果につながったようです。以前にも増して，指導案作成や教材研究に積極的で自発的な取り組みが見られるようになってきました。それが，参加者のアンケートの評価にも現れています。

2009 年 8 月
第 1 回もちっこ広場事前準備
当日晴れの場合「どろんこ・水遊び」
を予定していたので，泥山の安全確保
のために，小石やガラス，金属などの
破片がないかを入念に確認した。

泥山の周囲の小石なども丹念に拾っ
た。但し当日は雨だったため，体育館
で「新聞紙遊び」に予定を変更した。

2009 年 8 月
第 1 回「体操・新聞紙遊び」
休日に行ったので，おとうさんも一緒
に参加。

2009 年 8 月
第 1 回「体操・新聞紙遊び」
アンパンマン体操で雨空を吹き飛ばそ
う。

2 年目になると，赤ちゃんとも落ち着
いて接せられるようになった。

新聞紙のプールの中で，気持ちよさそ
うだね。

❹ 2009（平成21）年度
●おとうさんも参加したもちっこ広場

■もちっこ広場 〜子育て家族のニーズを
　踏まえた実践〜」
□ゼミ履修学生
　安部愛沙子・岡本美希・松本奈央・
　南艶香・百瀬史麻・柳澤友希・
　横谷茉那羊（7人）
□教員1人，「じゃん・けん・ぽん」ボ
　ランティアスタッフ

2010年度から，幼児教育学科が全面的に3年制課程に転換したので，「総合演習」もそれまでの2年生履修科目から3年生履修科目に転換することになりました。つまり2009年度は，2年生の「総合演習」がないわけですから，これまでのような2年生による「もちっこ広場」は開催できなくなりました。そこで，前年度のゼミ生（2008年度の「もちっこ広場」経験者）が2009年度も引き続き専攻科の必修科目「幼児教育学専修研究」（演習・通年4単位）のなかで「もちっこ広場」を開催したい，と申し出てくれましたので，専攻科生による履修科目として，2009年度も存続させることにいたしました。

しかし，専攻科生になると6月，7月，11月と集中の保育実習が続きます。とても毎月の継続的な広場は開催できないので，年間2回，2，3歳児とその家族を対象に実施することにいたしました。今回は，学生たちでチラシやポスターを作り，付属幼稚園，スーパーや児童館，「じゃん・けん・ぽん」などに掲示してもらったり，配布をお願いしました。参加申し込みは，これまでは全面的に「じゃん・けん・ぽん」にお願いしてきまし

たが，2009年度はすべて学生たちの手で行いました。しかし，前年度と同じ企画だろうという誤解を避けるために，申込み方法を変え，筆者のメールアドレスにメールで申し込んでいただくという方法を取りました。

次に紹介するのは，2009年度第2回（11月）のもちっこ広場参加者募集のチラシです。1回目もほとんど同じ型式で，チラシを配布しました。

このようなチラシと別に，ポスターも作り，2回にわたって近くのスーパーや「じゃん・けん・ぽん」，付属幼稚園，児童館などに配布させていただきました。次ページ上図は，第1回次に掲示させていただいたポスターです。このような宣伝の結果，2回とも定員に近い家族が集まってくれました。そのなかには，2008年度に参加した親子も一組ありました。

次に紹介するのは，11月に実施した第2回のもちっこ広場「落ち葉・どんぐり遊び」の指導案とその実施記録です。2008年度と似た内容ですが，2回目のため学生たちのさまざまな創意工夫が見られます。また，2008年度では気づかなかった，細かい点に注意が向けられるようになったことも見逃せません。

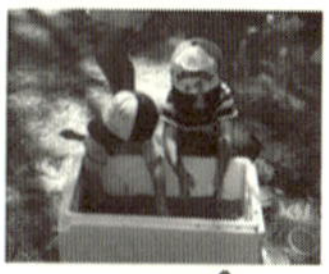

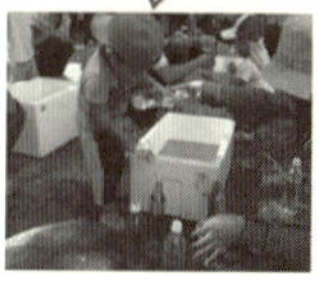

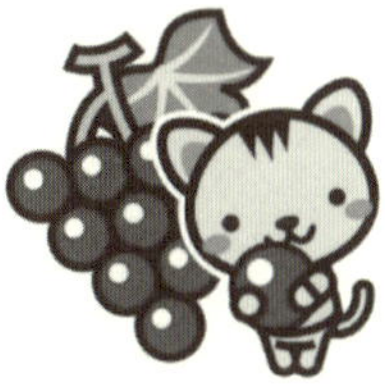

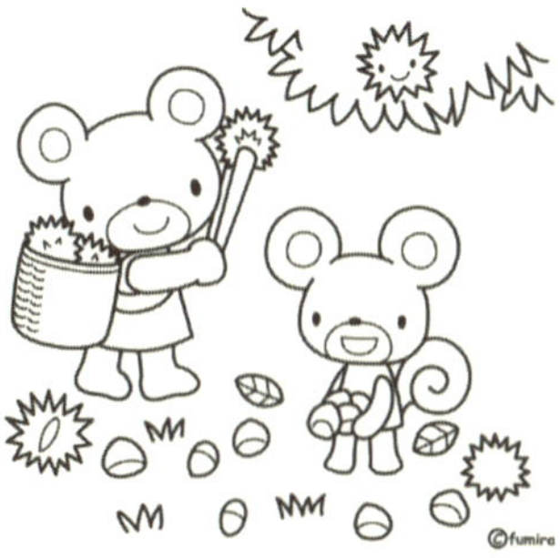

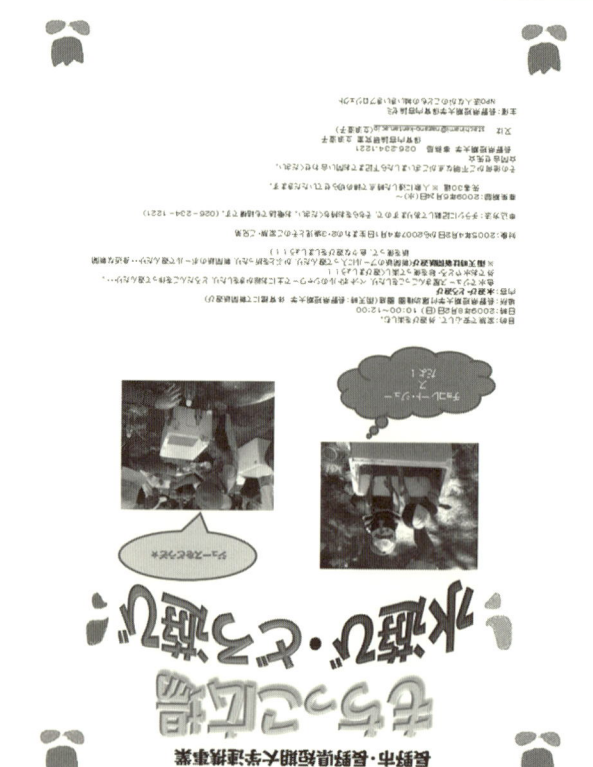

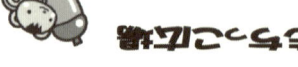

■11月指導案

- **■日　時**　2009年11月29日（日）　晴れ☀
- **■活　動**　「おちば・どんぐり遊び」
- **■担　当**　幼児教育学専修研究　保育内容論ゼミ
- **■作成者**　安部・岡本・松本・南・百瀬・柳澤・横谷
- **■ねらい**　子どもも大人も関わり合いながら，自然の中で楽しく遊ぶ。
- **■場　所**　長野県短期大学　中庭と六鈴会館（談話室）
- **■対　象**　2005年4月2日～2007年4月1日生まれの2～3歳児とその家族　15組
  [当日の参加者]]　10組30人＋飛び入り参加者（女児）1人
  子ども17人……対象児10人，対象児以外7人（兄1人，弟1人，姉3人，
  妹1人，飛び入り参加1人）
  大人14人…父親6人，母親7人，祖父1人
- **■スタッフ**　立浪教授，保育内容論ゼミ生，じゃんけんぽんのスタッフ4人，専攻科生
  ボランティア（以下 専ボ）6人

◀事前に準備するもの▶

- ○乾燥させた落ち葉
- ○どんぐり…クヌギ，シラカシ
- ○500mℓのペットボトル（10個）
- ○プリンなどの空き容器（20個）
- ○お土産用のビニール袋
- ○洋服用のカラービニール袋65×80cm（白…20枚・オレンジ…20枚）
- ○アクセサリーのヒモ用の毛糸（ピンク，水色）
- ○アクセサリー用のモールを取り付けたどんぐり（200個）
- ○洋服用カラーテープ（白，赤）
- ○両面テープ（5つ）
- ○どんぐりのアクセサリーの製作用キット（15個）　※
- ○名札用のクラフトテープ（ピンク）
- ○名札記入用のマジック（油性で黒色）
- ○落ち葉を張り付けて作った洋服（2着）
- ○どんぐりで作ったアクセサリー（2＋8個）
- ○CD『崖の上のポニョ』（歌：藤岡藤巻と大橋のぞみ，レコード会社：ヤマハミュージッ
  クコミュニケーションズ）
- ○CD『アンパンマンたいそう（作詞：やなせたかし・魚住勉，作曲：馬飼野康二），歌：ドリー
  ミング』
- ○延長コード…屋外でラジカセを使用するため

○感想用紙（15枚）
○バインダー（15枚）…感想用紙を書くときに使用する
○参加者の名簿
○看板（授乳室，貴重品，トイレ）
○レジャーシート…貴重品を置くため

※…モールを取り付けたどんぐり3個とネックレス用の毛糸（ピンク，水色1本ずつ）
　を袋に入れてお土産に持って帰ってもらう。

◀前日に準備するもの▶
○生協の長机（7脚）…受付用1脚，製作用4脚，どんぐりコーナー用2脚
○タライ（2つ）
○ブルーシート（3枚）
○子ども用便座
○おもちゃの入ったビニールプール
○トーマス電車，箱車（4個）
○救急セット
○くまさんの長座布団
○はさみ
○CDラジカセ（百瀬）
○出席シール
○おむつ交換用のマット

◀当日の係▶
○受　付　　松本，柳澤，横谷
○正　門　　百瀬
○駐車場　　南，専ボ2名（大月，大久保）
○保　育　　安部，岡本，専ボ4名（石原，久保田，倉島，小林）

【環境構成1】 中庭

【環境構成2】 ①～③の各コーナーについて

● どんぐりのアクセサリーの作り方
❶ どんぐりの頭部にキリで穴を開ける。
❷ 開けた穴に輪っかにしたモールを木工用ボンドで取り付ける。
❸ その輪っかに毛糸を通す。毛糸の長さによってペンダントにしたりブレスレットにしたりする。

＊❷の過程までのどんぐりをあらかじめたくさん準備しておく。

● 落ち葉の洋服の作り方
❶ カラービニール袋の底の部分に子どもの頭を通す穴と腕を通す穴を開ける。（これが洋服の土台になる）
❷ ビニール袋に両面テープを貼る。（両面テープの片面ははがさないままにしておく）
❸ そのビニール袋に好きな落ち葉を張ったり，カラービニールテープを張ったりして思い思いの洋服を作る。

＊❷の過程までのビニール袋をあらかじめ人数分＋10枚，準備しておく。

【環境構成3】 授乳室…談話室
○授乳室には関係者以外の人が立ち入らないようにドアに張り紙をする。
○カーテンを引いておく。
○室内を22℃に暖めておく。
○壁際の机の上におむつ交換をする場所を設ける。

◀ 11月29日（当日）の指導案▶

時間・場所	内　容	配　慮
10：00 〈県短中庭〉	・学生はあらかじめどんぐりのアクセサリーを身につけておく。 ・親子に集合場所(中庭)に集まってもらう。 ・ポニョの音楽を流す。（百瀬）	・子ども達が今日の活動に期待や興味を持てるようにどんぐりのアクセサリーを身につけて活動に臨む。 ・親子に「おはようございます。」と元気良く挨拶を積極的に出迎える。
〈受　付〉	・受付を開始する。 ・前回もちっこ広場に来ていない参加者から保険料（1人100円）を徴収する。 ・名札（ガムテープに名前を書いたもの）を子どもの服に貼る。 ・保育係は活動開始まで子どもたちと一緒に遊ぶ。 ・駐車場係に参加者の集まり具合を電話で伝える。 ・ポニョの音楽を止め（安部），親子に集まってもらうように全体に呼びかける。 ・親子の意識が前に向くように手遊びをする。 手遊び『手をたたきましょう』 ・全体で朝のあいさつをする。（安部・岡本） ・スタッフ紹介をする。（安部）	・受付係は保護者に適当な大きさにちぎったガムテープと油性マジックを渡し，そこに子どもの名前を記入てもらう。その名札を子どもの服の上から貼ってもうように伝える。 ・ビニールプールやトーマス電車など，学生が積極的子どもたちを誘って遊ぶ。 ・柳澤が参加者の集まり具合を駐車場係に伝え，駐車係は様子を見ながら会場に戻るようにする。 ・なかなか遊びを止められない子や集まれずにいる子は近くに行って声をかけるなど援助する。 ・子どもが遊んでいたトーマス電車や箱車を片付けてに寄せる。 ・「今から手遊びをしたいと思います。皆おてて出しみてー」とゼミ生が見本を見せながらする。 ・全体の前に出て「おはようございます。」と明るくあさつをする。「今日は寒い中もちっこ広場に参加してただき，ありがとうございます。お天気にも恵まれしたので，今日は予定通りこの中庭で，落ち葉とどぐりを使った遊びを皆で楽しく出来たらと思っていす。」と初めに活動について軽く触れておく。 ・「それでは今からもちっこ広場のメンバーを紹介します。まず初めに岡本，松本，南，百瀬，柳澤，横谷と私，安部と立浪先生です。よろしくお願いしますと挨拶をする。

実際の姿と反省と考察

環境構成・打ち合わせ

ゼミ生と専ボで中庭や談話室の環境構成を行う。もともとは体操の後に②の環境構成をするつもりだったが，この時に済ませることで本番の時にバタバタせずに活動へと移れるように予定を変更した。また芝生の湿り具合を確認して②と③のそれぞれのコーナーにブルーシートを敷くことにした。

談話室でゼミ生と専攻科生ボランティア，じゃんけんぽんのスタッフと活動の打ち合わせをする。この時にじゃんけんぽんのスタッフの方から，未就園児はリズムをとることが容易ではないので手遊びはゆっくりとやった方が良いというご指導を頂いた。

受付・活動前までの親子の様子

1番初めに来た親子が「寒い」と言って，暖房のきいた授乳室へ入っていってしまった。時間をあけてゼミ生がその親子のもとへ行き，他の親子もだいぶ集まってきたことを知らせたり，興味を引くような言葉をかけたりして親子が外で楽しく遊べるよう誘いかけた。その後は箱車やトーマス電車で親子で遊ぶ姿があった。この親子が授乳室へと入っていったのは寒かったことだけが理由ではないかもしれない。もしかするとまだ他の参加者が来ていないことや，知らない学生が中庭に大勢いることで，なんとなくその場に居づらかったのかもしれない。そういった面で親子が広場の雰囲気や人などの環境にすっと溶け込んで楽しめるよう，私たちが気づいて何かしらの配慮が出来れば良かった。

母親と一緒に参加したある女の子が人見知りをして緊張していたためか，学生が話しかけたり遊びに誘ったりしても反応がなかった。「この子，すごく人見知りで今日の活動も少し不安だったんです。」と母親が話していた。その時に専ボの1人がその子に対して粘り強く言葉をかけたり，落ち葉を見せるなど興味がわくような援助をしたりすることで，その子の緊張が次第に和らいでいく様子がうかがえた。また母親には「この年の子が人見知りをしてしまうことは普通ですよ」などと声をかけ，母親も安心して広場に参加できるよう配慮をしてくれていた。今回，保育係を増やして親子との関わりをまんべんなく持てるようし，様子を見て早い段階で声がかけられるようにした。その結果，初めての場に緊張し戸惑ってしまう親子や，なかなか遊び出せずにいる子どもに対して必要な援助が出来たようだった。

時間・場所	内　　容	配　　慮
	・出席をとる。（岡本）	・「そしてこの広場に共催していただいている，長野どもの城のじゃんけんぽんのスタッフの方々も来てさっています。○○さん，○○さん…です。よろしお願いします。」とじゃんけんぽんのスタッフの方々紹介する。
		・「それでは今から，今日来てくれたお友達の名前をびたいと思います。自分の名前が呼ばれたら手をあて "は～い" って元気よくあいさつしてね。」と声をけ出席をとる。
	・「アンパンマン体操」をする。親子の見本となるように，学生は全員前に出て体操をする。	・「今日はさむいので今から体がポカポカになる体操したいと思います。皆これ誰だか知ってる??」とスッチブックに書いてあるアンパンマンを子ども達にせながら，指を差して問いかける。
		・「まず初めに1回だけやってみます。お姉さんたちまねっこをして皆も元気いっぱいに体操してね。」とをかけ，全員で曲の1番だけやってみる。その後曲通して体操をする。ラジカセの再生・停止は百瀬がす
		・親子の緊張がほぐれるように，また場の雰囲気がように，笑顔と元気を心がけて体操をする。
10：20～	・活動の説明,諸注意等を伝える。（安部）	・「それではこれから遊びに入りたいと思いますが，単に今日の活動の説明をします。」と言って3つのーナーでの遊び方や楽しみ方を話す。各コーナーにミ生を配置して実際に見本を見せながら簡単な説明する。〔①〕松本・南・百瀬〔②〕柳澤〔③〕横谷
		・活動の説明をした後，諸注意としてトイレの説明,乳室の説明，貴重品の管理の説明などを行う。
		・下の子がいるときは様子を見てゼミ生や専攻科生かかるようにし，子どもが親や周りの大人，友達と関り合って遊べるように配慮する。

反省と考察

手遊び・出席確認

じゃんけんぽんのスタッフの方のご指導を受けて，ゆっくりと手遊びをするように心がけた。子どもの中には「おてて出して〜」や「みんな足ってどこにある〜？」などの学生の言葉がけに応えたり教えたりしてくれる子もいた。ゼミ生や父親母親の様子を見ている子や，見よう見まねで手遊びをしてくれる子もいた。

スタッフの紹介をすることを忘れたまま，先に子どもたちの出席をとった。「は〜い」と自分で返事を出来る子もいれば，照れてもじもじしてしまう子もいて，母親が代わりに手をあげて返事をするなどの場面もあった。出席を確認する中で，周りからの拍手や「一緒に遊ぼうね」などのゼミ生の言葉に表情が柔らかくなる子や保護者の姿があった。

体操

指導案を少し変更して，アンパンマンの顔を書いた紙を子どもたちに見せ「これだ〜れだ!?」「みんなアンパンマン好き!?」などの問いかけをして子どもたちの興味をひいてから体操をした。子どもたちはゼミ生のまねをしながら元気に体を動かしていた。中には曲に合わせて歌いながら体操をする子もいた。

1番前にいた男の子が，緊張のためか恥ずかしそうにしていて，母親の足にしがみついたり背中に隠れたりして体操をできずにいた。ゼミ生がその子に笑いかけたり声をかけたり，その子が楽しんで体を動かせるような工夫をしてみるが男の子の緊張はなかなかぬぐえないままだった。この時の男の子の様子をゼミ生の多くが目にしていた。その後はゼミ生が，その男の子が緊張や恥ずかしい気持ちを振り払って，のびのびと遊べるように援助したり見守ったりしていた。

途中，曲の間奏の（アンパンマンになってパトロールに行く）ところでは，表情が強張っている様子の子どものところへ積極的に行き「ア〜ンパ〜ンチ！」と言いながらやんわりとパンチをした。すると母親が冗談交じりに「（お姉さんのパンチに）負けちゃダメ！」と言い，母親の声援を受けたその子は少し口元を緩ませながら負けじとアンパンチを返してくれた。

活動の説明・スタッフの紹介

落ち葉プールの説明をする時に，配置についているはずだったゼミ生が落ち葉プールの側におらず，急遽近くにいた専ボにお願いして落ち葉プールの遊び方の実演をしてもらった。その専ボが男子学生だったこともあり，両手いっぱいに抱えた落ち葉を空に向けて放り投げた様子がとてもダイナミックで，親子は「わぁ…」と驚きの声をあげていて興味を示しているようだった。活動の説明をするねらいとして，ただ各コーナーで何をするのか知らせるだけでなく，各遊びの導入をするという意図もあったのだが，今回，遊びの魅力というのは口で説明するより体現してみせることが良いのだと改めて感じた。

それぞれのコーナーを説明している中で，親子が次はどこを見れば良いのかとキョロキョロしたり，次のコーナーの説明をしている時に先ほど説明したコーナーをずっと見ていたりするなど，だんだんと親子の集中が拡散していってしまった。しかし先を焦るばかりに，そういった親子の様子を丁寧に見取ったり，みんなが次のコーナーの説明を聞けるような適切な言葉がけをしたりすることが出来ず，自分本位に活動を進めてしまったことを反省したい。

スタッフの紹介をすることを思い出し，この場でスタッフの紹介をした。この紹介をするまで，親子から見れば私たち学生が誰なのかもよく分からず，なぜ学生が広場をしきっているのかも分からずにおそらく多少の不安を抱えていたと思う。スタッフ紹介，つまり自己紹介と言うのは初対面同士の人が打ち解けあうのに絶対に欠かせないことだと思う。また親子に対してはもちろん，じゃんけんぽんの方々や立浪先生，ゼミ生に対しても失礼なことをしてしまった。もっと一つ一つを丁寧に，順番をよく考えて活動を進めていけるようにしたい。

時間・場所	内　　容	配　　慮
10：30 〈活動開始〉	・各自遊びを始める。	・ゼミ生や専攻科生は自分の担当するコーナーの配置に 　つく。また安部は全体のスタッフの配置や親子の様子 　を見て，その場に応じて学生に指示を出すようにす 　〔①〕南・百瀬・専攻科生（2人・・・大久保・久保田 　〔②〕松本・柳澤・専攻科生（2人・・・石原・大月） 　〔③〕岡本・横谷・専攻科生（2人・・・倉島・小林
	〔①落ち葉プールのコーナー〕 ・落ち葉プールに入り，落ち葉のカサカ 　サという音や踏みつぶした時の感触を 　楽しむ。また落ち葉に埋もれたり落ち 　葉をかけあったりするなどして遊ぶ。	・かぶせておいた新聞紙を片付ける。 ・子どもが落ち葉や汚れることに対して抵抗を感じ 　うであれば，子どもが無理なくプールで遊べるよ 　保護者に一緒に入ってもらったり，学生が体現し 　びの楽しさを知らせるなどの援助をする。 ・落ち葉が外側に広がり過ぎないように気を配る。
	〔②どんぐり遊びのコーナー〕 ・どんぐりを容器の中に入れたり，容器 　から別の容器に移し替えたりして遊 　ぶ。 ・どんぐりを容器の中に入れて，振った 　りして音を鳴らして遊ぶ。	・タライの上にかぶせておいた新聞紙を片付ける。 ・ペットボトルや空き容器の入ったタライをそばに置 　子どもの遊びを見守りながらおもちゃを提供する。

第2章　保育者養成のための教育実践例　「学生主体の子育て支援」の実践を通して　111

反省と考察

活動（遊び）・片付け

途中，祖父と散歩中にそばを通りがかった女の子が飛び入り参加となった。その子は特に人見知りがなかったものの，広場の雰囲気や大勢の人たちがいる環境に慣れるまではゼミ生が側について一緒にいるように配慮した。

落ち葉プールについて。子どもたちは大量の落ち葉の中に飛び込み，落ち葉にまみれることを特に嫌がる様子もなく元気に遊んでいた。子どもと学生の落ち葉のかけ合いでは，どんなに落ち葉をお見舞いしても決して倒されることなく，倍返しで落ち葉をかけてくる学生に手ごたえを感じたのか，「絶対倒してやる！」というような意気込みで学生に立ち向かってくる子どももいた。張り合いが出れば出るほど遊びが盛り上がっているようだった。ただ落ち葉のかけ合いが白熱しすぎて，細かい落ち葉や砂が目に入ってしまうというトラブルも起きた。子どもの興奮が過熱しすぎないように，子どもの先の様子やその時の危険の予測をして早めに知らせていけるような援助が出来れば良かった。

先ほどアンパンマン体操を出来ずにいた男の子が，落ち葉プールへと飛び込んで行っては学生と落ち葉をかけ合い，外へ逃げて行っては何かヒーローのようなポーズをとって見せるなど，ニコニコしながら活発に遊ぶ姿が見られた。その子の母親の表情も明るく，子どもの元気な様子を見てはその子に「それ何のポーズ？」と眉を寄せて笑いかける場面もあった。母親によるとその男の子は初めての場に慣れるまで時間のかかる子なのだという。となると母親はその子のそういった性格を知った上であえてこの広場に参加してくれたのだと思う。そういえばこの男の子は全身，落ち葉がつかないような素材の服を着ていた。そういった様子からこの母親は（あとで汚れて困ったということのないようにして）子どもに落ち葉などの自然物を通して，また戸外で思いっきり遊んでほしいという思いを持って参加してくれたのかもしれないと感じた。私たちが大切にしてきた〝戸外での遊び〟へのニーズは少なくないのではと思った。

ある子どもの父親が落ち葉プールの中に入ると，その子はもちろん他の子も一緒になってその父親を落ち葉で埋めようとしていた。また，プールの中にどんぐりを入れて宝探しをして遊んでいた。このように参加者をきっかけに遊びが盛り上がる場面や，子どもだけでなく親も一緒に遊ぶ場面があった。

どんぐりコーナーについて。子どもたちは空き容器やペットボトルにどんぐりを入れては移し替えることを楽しんでいた。またどんぐりはタライにひとまとめにして入れてあったのだが，たくさんいる子どもたちが遊びやすいようにとゼミ生が配慮し，どんぐりを2つのタライに分けてくれた。

朝の時点で急遽，教材として紙皿を用意したのだが，その紙皿の上にどんぐりを置いて親子でままごとをして遊ぶ姿が見受けられた。

ある対象児（2，3歳児）の兄（年長）が，どんぐりを容器に入れた後「これでどうやって遊ぶの？？」と話していたという。また保護者に書いてもらった感想用紙より，「（滑り台か何か）坂の上からどんぐりを転がすような遊びがしたかった」というような声も聞かれた。去年のもちっこ広場では2歳児が対象だったため，どんぐりを容器に入れて音を鳴らしたり移し替えをしたりするだけで楽しめていたようだが，今回は対象が3歳児も含まれていて，さらにもっと歳の大きい子が来ることも予想出来ていた。もっと子どもの年齢に合わせた遊びや，去年の活動に甘んじることなく，どんぐりという素材を生かした楽しい遊びを考えたりする必要があった。

時間・場所	内　容	配　慮
	〔③制作コーナー〕 • 好きな色のカラービニール袋に落ち葉を張り落ち葉の洋服を作ったり着たりして遊ぶ。 • あらかじめ穴を開けておいたどんぐりに毛糸を通し，ペンダントやブレスレットなどを作る。	• ビニール袋の色とそのビニール袋に貼りたい落ち葉 　子どもと選ぶ。落ち葉は，落ち葉プールから持っ 　るように伝える。 • 子どもと一緒にビニール袋に落ち葉やカラービニー 　テープを張っていき洋服を作る。 • 子どもの手首や首の周りのサイズに合わせて毛糸 　り，子どもと一緒にモールでできた輪っかに毛糸 　を通していく。

反省と考察

製作コーナーについて。初めは子どもが1人も来なかったので，ゼミ生が専ボに頼み，「お姉ちゃんと一緒に葉っぱのお洋服作らない？」と子どもたちが制作コーナーに興味が持てるように誘いかけた。間もなくして他のコーナーで遊び終わった子から次々に洋服やアクセサリーを作りに来ていた。

アクセサリー作りで，モールで出来た輪っかに毛糸を通す作業は子どもにとって難しいのではと予想していたが，自分で輪っかに毛糸を通すことのできる子がたくさんいた。まだ手先があまり器用ではない子には，学生が毛糸の先を持ってあげて子どもが毛糸を輪っかに通しやすいよう援助したり，保護者に子どもの代わりに穴に通してもらったりして，子どもが作ることの面白さや楽しさ，達成感を味わうことができるよう配慮した。

子どもがどんぐりのネックレスを作る様子を見て「私も作っても良いですか」と母親も子どもと一緒にアクセサリー作りを楽しむ姿があった。子どもが自分のネックレスを作り上げると，嬉しそうに母親に「見て‐」と知らせたり，完成した喜びを一緒に共有し合っていた。

下の兄弟がいる子が，まだアクセサリーを作れない弟のためにアクセサリーを作ってあげるという優しい姿も見があった。側にいた母親もその様子を見て嬉しそうな笑みを浮かべていた。

洋服づくりの際，子どもたちが洋服の両面テープをはがしやすいように，ある専ボがあらかじめ角を少しめくっておくという配慮をしてくれた。ささやかなことではあるが，両面テープを子どもが「自分ではがす」ことと「お姉さんに手伝ってもらってはがす」こと，「全部お姉さんにはがしてもらう」ことでは，子どもの活動に対する意欲や感じる楽しさもだいぶ異なってくるのではないかと思った。私たちは子どもの年齢に合わせて洋服づくりをしようと企画した。子どもの年齢に合わせるというのは，子どもが「自分の力でやり遂げる」または「大人の援助をもらいながらも最終的には自分の力でやり遂げる」ことのできるように配慮する必要があると思う。そういった意味でもっと子どもの目線に立った教材研究を心がけることが出来れば良かった。

子どもたちは自分で拾いに行った落ち葉や，立浪先生が拾ってきて下さった葉っぱや木の実などを用いて，思い思いの洋服を作っていた。

用意してあった机だけでは，多くの親子が製作を楽しむにはスペースが足りていないようだった。多くの親子が制作コーナーに集まったときのことをあらかじめ予想して適当なスペースを設けておくべきだった。

時間・場所	内　容	配　慮
11：50 〈片付け〉	・ポニョの音楽を流し，全体に片付けを呼びかける。	・時間や遊びの状態を見てポニョの音楽を流し（安部遊んでいた親子の意識が前に向くようにする。 ・「それではそろそろ活動を終わりにしたいと思いまので，使ったおもちゃなどは近くのタライに戻してさい。」と伝え，片づけを促す。
	・遊んでいたどんぐりやペットボトル，空き容器をタライに戻す。	・「どんぐりさんたち，お家にかえしてあげよう‼」どと声をかけ，子どもが進んでどんぐりや使ったトボトルなどをタライに片付けられるようにする。
	・ポニョの音楽を止める。	・片づけが終わり次第，音楽を止める。
	・親子に集まってもらうように伝える。	・前に出て親子に呼びかける。
	・手遊び『手をたたきましょう』をする。	・親子の集まり具合を見て，親子の意識が前に向くに朝と同じ手遊びを全員でする。
	・今日の活動の感想や諸連絡を話す。	・活動について一言話す。 ・今日作ったものやタライに入ったどんぐりはお土産してお家に持って帰ってもらって構わないことを伝る。また，どんぐりのアクセサリーの製作用のキッも帰りに机の上に用意して置くので，良ければ持ちって家でも作ってみてはどうかと誘いかける。 ・忘れ物がないように伝える。
	・「さようなら」のあいさつをする。	・さようならをした後に感想用紙への記入をお願いす ・机を1脚出して，その上にどんぐりのアクセサリー製作用キットを並べておく。（柳澤）
	・保護者に感想用紙と記入用の鉛筆を配る。 ・保護者の様子を見ながらお土産用のビニール袋を配布し，感想用紙を回収する。	・保護者が感想用紙に記入しているときは，子どもと緒に遊んだり，お土産をビニール袋に入れるのを手ったりするなど配慮する。
12：00 ＜解散＞	・順次解散する。	

反省と考察

片付けをよびかけると，ゼミ生が率先して親子にはたらきかけてくれてスムーズに片づけに入ることができた。また落ち葉がビニールシートの外側に広がり過ぎていたことに気が付いたゼミ生がホウキを借りてきてくれたので，芝の上に散らばった落ち葉もきれいに片づけることができた。今回は学生やじゃんけんぽんのスタッフだけでなく，保護者の方も積極的に片づけに参加してくれ，子どもに対しても「ほら，○○もそこの落ち葉拾ってごらん」と片付けを促していた。また保護者が掃除する姿を見て，真似して片付けてくれる子もいた。遊んだものを皆で一緒に片づけることは，皆で活動に区切りをつけることでもあり，また皆で活動を締めくくるという意味でも良かったのではと思う。

手遊び・活動のまとめ・解散
親子ともに朝とは打って変わり緊張がほぐれた様子だった。朝の時はただ見ているだけだった子も，最後は一緒に手遊びをしてくれていた。

「今日の活動はいかがでしたか」と尋ねると「楽しかった〜」という声が返ってきた。その時に「何が楽しかった？」など問いかけて，親子とスタッフが活動後の余韻を一緒に楽しんでみる時間をとってみても良かったかもしれない。

受付用の机にお土産用のキットとどんぐりを並べて子どもたちが好きなだけ持って帰れるようにした。「これお家で作りたい」と言って兄弟の分も洋服を持って帰ったり，どんぐりを袋いっぱいに詰めて持ち帰る親子がたくさんいた。

◀今回の活動の全体を通しての反省・考察▶

○企画段階

　今回のもちっこ広場は，当初六鈴祭に開催する予定であったが，文化祭では不特定多数の来場者が来ることから親子との関わりが持ちにくいのではないかということから，もちっこ広場特有の「学生が関わる」子育て支援ができないのではと考え，前回同様事前に募集した親子との活動を行うことにした。また，企画は11月という時期に合った「落ち葉・どんぐり遊び」に決めた。この活動に決めたのは，昨年度のもちっこ広場に参加した保護者から寄せられた「外遊びをしたい」という要望を取り入れたかったためだ。

　「落ち葉・どんぐり遊び」は昨年度のもちっこ広場でも行った企画で，また昨年度からずっと来ていただいている親子もいたことから，昨年度とは何か違う遊び方を取り入れたいとゼミで話し合った。昨年度の企画ではどんぐり人形を使った宝探し，どんぐり落としなどがあった。昨年度とは違う落ち葉やどんぐりの遊び方を考え，今年度は落ち葉の洋服作り，どんぐりのアクセサリー作りを加えて企画することにした。

○準　備

　実習から帰ってあまり日がなかったため，準備はとても慌しいものとなった。ゼミ生全員での指導案の検討が2，3回しか出来ず，企画の枠組みを作るのに精一杯になってしまい，遊びの発展や安全面などへの細かな配慮が出来なかった。今考えると，単発の企画であった今年度のもちっこ広場においては，初めて来る親子がその場に入っていけるように，魅力的な遊びを用意することが重要であったのかもしれない。

　何回も指導案の検討を重ねておけば，より楽しくするためには，より安全に遊べるためには，どのような配慮が必要かということまで考えられたかもしれない。また，教材研究を直前に行ったため，私たち自身でアイディアを膨らますことが出来なかったということも反省点である。

　実際に，保護者からどんぐりコーナーに対してもう少し工夫があると良かったという意見があった。どんぐりコーナーの環境構成は，どんぐりをタライに入れておき，隣にプリンカップやペットボトルを置いておくという簡単なものであったので，遊びが「どんぐりをすくう」ということに限られてしまった。私たちは対象児の2・3歳児なら，どんぐりをすくうことだけで楽しめるのでは，と予想しこのように環境構成をしたのだが，このもちっこ広場には保護者や対象児の兄弟もいたことから，遊びに満足出来ない人や遊び方に疑問を持つ人がいたようだ。

　保護者から寄せられた意見の中に「どんぐり遊びでダンボールの坂を使ってどんぐりを転がして遊んだりしたかったです」というものがあった。このように，大人や大きい子も楽しめるようなどんぐりを使って遊べるような何かを用意できれば良かったと反省した。

　また昨年度のように，どんぐり落としやどんぐり人形などどんぐりを使ったおもちゃを用意し，何通りものどんぐり遊びが出来るようにしておけば良かった。このことは特にど

んぐりコーナーが当てはまるのだが，落ち葉プールや制作コーナーも同様に何通りかの遊びが出来るように工夫があれば良かったかもしれない。

　落ち葉プールであったら，ずっと落ち葉プールで遊んでいて激しい遊びが続いている子を落ち着かせるという点でも，実際に親子がしていたようなどんぐりを落ち葉の中に投げて宝探しを行なうなどの別の遊びを設定できたら良かったのではないか。指導案には，前回の活動の新聞紙プールの際の反省から，「落ち葉プールでずっと遊んでいる子がいたら，子どもが落ち着けるように違う遊びに誘うなど，子どもが怪我をしないように配慮する」などの配慮があったが，実際には落ち葉プールにいる子ども達は本当に楽しそうであり，違うコーナーへ行ける様子でもなかったので，このような具体的な対応を考えておけば良かった。

　制作コーナーには急遽モールを置いておいたところ，保護者がモールで星の形を作り，子どもがそれをネックレスに通すなど楽しんでいた。ゼミ生の中でも教材研究の際にこのようなモールを使ったアイディアは出ていたのだが，用意する時間がなかったのでやらなかった。時間がないからといってやることを削ってしまったことは残念であった。

　制作コーナーの落ち葉の洋服についていた落ち葉を貼るための両面テープは，当日に急遽専ボが角をめくっておき，子どもが自分ではがせるように配慮してくれていた。このようなことを教材研究の段階で気がつけたら良かった。子どもの年齢を考え，適切な状態で教材を提供し，子どもが自分でやれる部分を増やす配慮が必要であった。子どもがより楽しめるように，年齢にあった教材を提供することの大切さを感じた。

　落ち葉プールの落ち葉は，枝など顔に当たると痛いと感じるようなものが混ざっていたり，拾った日に地面が湿っていたことから土が混ざっていたりし少し汚く見えてしまう，などの問題点があった。準備期間があまりなくこのようになったが，出来るなら晴れていて地面が乾いている日に落ち葉を拾ったり，枝などと落ち葉を選別したりする作業をし，子どもが安全に落ち葉で遊べるようにするべきであった。準備期間を多めに取り，十分に準備が出来るようにしておくことも必要であったと感じた。

　また，雨案の企画で使用する予定であった「箱車」「牛乳パックのブロック」も製作した。箱車はウサギや車の形のものや，2箱が連結しているタイプなど様々なデザインを作り，子どもたちが興味を持てるものが作れた。当日兄弟で乗る子，保護者に引っ張ってもらっている子など箱車を楽しんでいる様子があったので，作って良かったのではないと思う。牛乳パックのブロックは様々な大きさのものを用意した。当日は積み上げたり，囲いを作ってお家を作ったりする姿があり，子どもたちは興味をもってくれたようであった。

○当日の環境構成など

　当日は曇っており予想以上に気温が低く，早く来た親子は寒がり授乳室に入っていく様子などが見られた。また，活動中も落ち葉プール以外のコーナーはあまり体を動かさない活動であったので，とても寒く感じた。特に保護者の方は寒そうにしていた様子があった。この時期の寒さを考え，活動場所の中庭にもストーブなどで暖を取れる場所を作るべきで

あった。

　出欠をとるために子どもの名前を呼ぶ際の言葉がけが良かったとの意見があった。特に対象児であった2歳児や3歳児にとっては，返事をするだけでも勇気のいることである。返事をしてくれた子にはもちろん，出来なかった子へも「今日は一緒に遊ぼうね。」などの言葉がけをすることによって，どの子にも今日の活動を楽しんでほしいという願いをもって出欠をとることが出来た。このことは私たちが去年からずっとこのもちっこ広場を行なってきて分かったことである。これから保育の現場に出ても役に立つ学びであったと思う。

　私達は各コーナーに親子が散ると予想し，各コーナーに全員分の大きなスペースを用意しなかったが，制作コーナーが人気で親子が集まり，机が足りない様子であった。参加する親子の数を考えて，机やスペースを多めに用意するべきであった。
今回の活動では，音楽を流したり止めたりすることで親子に集合や片付けを促した。このことによって，声を張り上げて呼びかけなくても，自然と親子が集まったり片付けが出来ていたりしたので良かったのではないかと思う。また音楽が流れていることで，やり方によっては嫌な活動となる片付けも，楽しい雰囲気の中で自然と活動の一つとして行なえたので良かった。

　今回の活動では，どんぐりのアクセサリーや落ち葉の洋服など持ち帰りが出来るお土産があった。子ども達はどんぐりを何個も袋に入れたり，自分で作ったアクセサリーを大切そうに袋に入れたりしていた。お土産があったことで，子ども達にとってもちっこ広場の思い出が残るであろうし，今回は来なかった保護者との家庭での会話も増えたりするのではないか，またそうであったら嬉しいなと感じた。

　前回の反省から，ゼミ生は親子の遊びを見守ることに加え，もっと子どもと関わることを心がけた。落ち葉プールでの豪快な遊びや，アクセサリー作りのときにモールをさくらんぼの形にして親子に渡したことなど，保護者とは違う，学生ならではの関わりが子どもと持てたのではないかと思う。また，保護者が積極的に遊びに参加し子どもと遊ぶ様子も見られた。今回の活動で，「子どもも大人も関わりあいながら，自然の中で楽しく遊ぶ。」というねらいを設定したことは，この活動が楽しくなったことに繋がり，良かったのではないかと感じた。

○ 当日の親子との関わりから感じたこと

　今年度のもちっこ広場は昨年度のもちっこ広場と違い，単発の企画であった。私たちは何を大切に親子に関わっていけば良いのかと考えた。前回の活動の際は，親子の関わりを大切にし，会ったばかりの見知らぬ他人である学生は無理に関わらないほうが良いのでは，と考え活動に臨んだ。しかし，実際には保護者の方からもっと学生との関わりがあれば良かったとの感想があった。親子が私たちの予想以上に私たちとの関わりを求めていることに気がついた。保護者の方は自分の子どもと遊ぶことに加え，いつもと違う人との関わりや遊びを求めているのではないかと感じた。そこで，今回の活動では親子への関わりを増

やそうと心がけて活動に臨んだ。

　親子との関わりを増やそうと試みる中で，初対面の親子との関わりが難しく感じられた。特に人見知りをする子どもに対しての対応は前回も今回もとても難しく感じた。今回はスタッフの人数に余裕があったので，人見知りをする子どもと学生とで1対1で関わる様子なども見られた。この学生がゆっくり時間をかけてその子と関わっていったところ，その子は段々と学生に慣れ言葉を発するようになったという。この子が活動に入れるようにするためには必要な援助だったのではないかと思う。また，その子の母親は学生とその子が関わっている様子を嬉しそうに見守っている様子であった。母親もこの学生の関わりによって，私たちに「受け入れられている」という安心感を抱くことが出来，活動に入りやすくなったのでないかと感じた。子どもだけでなく，大人も大勢の初対面の人の中で緊張しているのである。

　別の人見知りの子どももがいたが，その子どもの保護者は「この子は人見知りをするので放っておいてもらってかまわないですよ」などという内容の言葉がけを専ボに対してしていたそうだ。しかし，保護者は本当にこのように思っているのだろうか。この保護者も，いつもと違う人や遊びを求めていたかもしれない。しかし初対面の私たちに気を遣ってこのように言ったのかもしれない。私たちはこの言葉をそのまま受け止めてしまったが，この保護者は自分の子どもも学生と遊んでほしいと思っていたかもしれない。そのように考えた上で，この親子にもっと丁寧に関わることが出来ればよかったと反省した。

　また，父親と二人で来ている女の子がいたのだが，その子も人見知りで学生の働きかけにあまり反応していなかった。人見知りで，周りに知らない大人がたくさんいることで気が散ってしまうのか，その子はなかなか遊びに入り込めずにいた。その子の様子を見て，父親は必死にその子に遊びを勧め，一緒に遊ぼうとする姿が見られた。この親子に対して，私たちはその子に断片的に声をかけることしか出来なかった。上でも述べたように，誰か特定の学生が継続的に丁寧に関わるなどその子の人見知りへの配慮が出来れば良かった。

　また，この子の父親はきっと子どもと一緒に楽しく遊びたかったのではなかろうか。しかし子どもはなかなか遊びに入っていけない様子で，父親は少し物足りない思いや悲しい思いをしたのではないか。この父親の気持ちを考えて，親子が楽しく遊べるような環境を整えることが出来れば良かった。例えば，この子が遊びに入り込めないのは，人見知りで周囲の大人が怖く見え萎縮してしまっていたのではないか，などの原因が考えられる。ならば，周囲にあまり人がいないような場所で，その子が遊びに入れるように何かの遊びに誘ってみるなどの試みが出来たかもしれない。また，私たちも父親と一緒にその子が遊びこめる遊びが見つかるまで丁寧に関わることが出来ていれば，私たちの実習での経験などから父親にはない遊びのアイディアが提案出来たかもしれない。このような場面で今まで培ってきた保育の知識を活かせれば良かったと思う。

　今回来ていた父親の中には，恥ずかしいのか体操などはやらずに見守っている人がいた。以前からゼミの話し合いにも持ち上がっているように，私達は慣れているので何も感じないのだが，保護者の中には手遊びなどをやることに抵抗を感じる人もいるのだ。このよう

な保護者にはどのように対応していけば良いのか，ということが課題として残った。

　無理にやらせるようなことでもないのかもしれないが一緒に楽しめるようにしていくべきなのか，それともその保護者にとっては子どもの楽しそうな様子を見ることで満足しているのでそのままで良いのか，疑問に思う点である。その時の状況などによって柔軟に対応していくべきなのではないかと思った。

　子どもの気持ちばかりでなく，保護者が何を求めてもちっこ広場に来たのか，どんなことを感じているのか，ということを考え関わっていくことが広場型子育て支援の重要な部分なのではないかと感じた。

この年の活動の大きな特徴は，昨年までと違って，年２回，しかも休日に開く家族主体の活動であるということです。したがって，一家そろって参加している家族も多く，初めて父親の参加が見られた活動でした。

そのため，当初学生たちは，家族のふれあいをテーマにしていましたが，全員が家族参加というわけでもなく，なかにはやはり学生とのふれあいを求めての参加者も見られました。この点で，学生たちは当初，どのねらいに中心を置いたらよいのか，戸惑ったようです。しかし，第１回めでは，ちぎった新聞紙を体育館の天井に届かんばかりに巻き上げる父親のダイナミックな動きに目を見張ったり，弟妹への授乳が必要な母親のために授乳室を確保すべきだと気がついたり，新しい発見もありました。

11月の指導案は，前年の反省を踏まえて学生が工夫し，３歳児も参加することを念頭において，「落ち葉の洋服，どんぐりのアクセサリー作り」を作成しました。

また，前回の新聞紙遊びで，子どもたちが興奮し，休憩を取ろうとしないなど，過度な動きも一部に見られたので，今回は子どもたちが落ち着いて楽しめるように，静かな遊びを提示するなど，あらかじめ考えていたのですが，いかにも楽しそうな様子につい見過ごしてしまったりしたこともあったようです。こういう点では，経験不足から生じる「流されやすい」という学生の判断の甘さも見られました。

特に指導案の書き方には，やはり前年度と違って「一回きりの出会いと活動」という制約から来るあいまいさが，少し見られます。

例えば「ねらい」の書き方です。昨年度は，**「今の季節にあった落ち葉やどんぐりを使い，落ち葉やどんぐりの感触，また落ち葉を踏ん**だときの音，どんぐり同士がぶつかり合う音**など，五感を使って楽しむ。」**という，非常に具体的なねらいが立てられたのですが，今年度は，**「子どもも大人も関わり合いながら，自然の中で楽しく遊ぶ。」**とかなり抽象的なものになってしまいました。やはり，対象児をよく知っていないとなかなか具体的なねらいのイメージは浮かんでこないことを，ここからも推察することができます。

前年度にあった「当日までの準備過程」がなくなっているのは，学外実習直後で記録する時間が取れなかったからだと思いますが，本来は，このような記録が次回の活動の計画に生きてくるはずですから，時間が許す限り，記録化し残しておきたいものです。

似たような活動だと，どうしても過去の例にとらわれたり，単に踏襲したりしがちになるもので，多少そういう面もなきにしもあらずですが，学生たちは前年の経験から新しい工夫も行いました。

たとえば，今年度は準備過程では，**「看板（授乳室，貴重品，トイレ），レジャーシート…貴重品を置くため」**が新たに加わりました。これは前年度の経験から学生たちが「授乳室コーナー」の設定の必要に気付いたからで，前年の経験が生かされた例と言えましょう。

教材の例でも，ただ「絵本」「ＣＤ」等と書くのではなく，その絵本等の著者，表題，発行社，発行年などを書くよう再度強調しました。これは，のちの評価の手掛かりになります。小さなことですが，指導案を書く上で基本的なことがらです。

この２回の活動は，特に父親のかかわり方をじかに見たり，父親と話したりすることができたという点でとても貴重な経験になりました。

半面，その日初めて出会った子どもや親と

交流するという点で，前年度の継続的な交流に比べると戸惑いや緊張もあり，前年度のような親しみや子ども・親理解には到達できなかったようです。そのことに「物足りなさを感じた」（S.M. レポート「2 年間の学習を終えて」）という学生もおりました。その意味では，前年度の活動は学生にとって十分に手ごたえのある活動だったのでしょう。

しかし，学生たちはよく子どもや親の様子を見ながら，危険も察知したり，子どもの個別の動きに目を向けたり，実施中もよく目配りし，反省もより細かく具体的になりました。また，親の発言や様子からその心情に思いをはせたりして，「保護者が何を求めてもちっこ広場にきたのか，どんなことを感じているのか」ということを自ら考えるようになっています。たとえば，下記のレポートは親子とのかかわりをめぐって，学生が直面した新しい戸惑いを表しています。

「私は今年最後のもちっこ広場でとても心残りだったことがあります。それは活動が始まるまで中庭で遊んでいる時間のときのことです。

ある女の子が父親と 2 人で積み木のある方へ来ました。私はその親子と挨拶を交わし，その女の子を遊びに誘うのですが，女の子は緊張のためか固まっていて私と目を合わせるのがやっとという状態でした。なんとかその子の緊張が少しでも和らぐように，また場の雰囲気に馴染めるようにと思いながら言葉をかけたりおもちゃを見せたりしたのですが，女の子はますます固まってしまいました。側にいた父親が「ちょっと人見知りがすごくて…」と言って苦笑いしていました。私は，自分がこれ以上関わろうとすればこの女の子が余計に緊張してしまうのではと思う一方で，

そうかと言って女の子から自分が離れることでこの親子を見捨てていくような気がしてしまって，その場で少し考え込んでしまいました。すると私のその様子を感じとったのか，その父親が「放っておいてもらって大丈夫ですよ」と笑顔で私に言いました。しかしちょうどその時私は他の人に呼ばれてしまい，近くにいた学生にその親子を見てもらうように頼んでその場を離れました。

その後の親子の様子は分からないのですが，この親子とのやりとりが私の中で引っかかったままでいます。私は父親の「放っておいて大丈夫」という言葉とその時の笑顔の真意を読み取ることができませんでした。私が女の子に話しかけることでますます緊張していく娘の姿を見て本当に「放っておいてほしい」と思ったのか，それとも私の考え込むような様子に気を遣わせてしまい，そのような言葉を言わせてしまったのか。本当のことは分かりませんが，今考えるとおそらく後者でないかと思います。

印象としては女の子だけでなくその父親も緊張気味で少し戸惑っているように見えました。その中で子どもが声も発せないほど固まってしまって，目の前で子どもに話しかけている学生が困っているような様子をしていれば，本当は"大丈夫"なんかではなくても"大丈夫"と言わざるを得なかったのではと思います。

私は自分の態度を反省するのと同時に，その時の親子の気持ちをもっと汲み取る努力をすれば良かったと後悔しました。その子どもがどんな気持ちでいるのか，親はその子どもの様子を見てどんな気持ちでいるのか，何を求めているのか洞察する力が必要だなと思いました。

初対面の親子の思いを感じ取ることはとて

も難しいことですが，せめてそれが出来ない
のであれば自分が相手の立場に立って，自分
ならどうしてもらいたいか考えて対応をして
みれば良かったかもしれません。自分に何が
できるのかは相手の立場に立って考えなくて
は見えてこないこと，それが子育て支援に取
り組む上で大前提となるということを改めて
感じさせられました。」

　　（Λ.Λ.「２年間の学習を終えて」より）

　この考察は，指導案の反省のなかにもあり
ましたが，あえて再度年度末の反省でも触れ
ているということは，本人にとって相当印象
的なできごとであり，かつ本人自身の今後の
課題として強く意識されたからと言えましょ
う。おそらく，前年度の経験も加えて，初め
て出会った親子との間でも支援者としての自
分の在り方に考えが及ぶようになったのだと
思われます。

❸ 「託児」の実践

● 2010（平成 22）年度

■「市民カレッジの託児—実践から学ぶ子育て支援—」
□ゼミ履修学生
伊東千明・岡澤沙季・木村彩乃・
小林ちひろ・坂西麻衣・滝澤　薫・
降旗大治（7 人）
教員 1 人，「じゃん・けん・ぽん」ボランティア 1 人，長野市派遣保育士 1 人

　2010 年度は，はじめての 3 年生による総合演習でした。そして，新しい試みとして，幼児教育学科 3 年生の通年必修 4 単位の専門科目である「幼児教育学演習（保育内容論）」の受講生 7 人とともに，研究活動の一環として市民カレッジの託児に取り組みました。

　というのは，2010 年度には，勤務校と長野市の連携事業として，長野県短期大学・長野市生涯学習センター共催による「市民カレッジ」が，「子どもと家族の玉手箱」というテーマで行われることになっていました。短大の教員が講師を務め，子育てや家庭生活について講演します。その際，市派遣の保育士による託児が実施されることになっていましたが，この託児を学生中心にやりたいと思ったのです。

　その理由は，大きく分けて 2 つありました。
　一つは両親がともに受講できる機会をつくるために開催日を土曜に設定したことから，参加者が子どもの世話に手を取られることなく，リラックスした気分でかつ安心して受講できるように，という願いがありました。
　二つ目は，せっかく主体的に子育てを学びたいと参加する親のために，ただ講義の待ち

時間を安全に過ごすだけの託児ではなく，こどもたちも，その時間を楽しく心地よく過ごせるような託児，できれば次回も楽しみに待っていてくれるような託児にしたいという願いがあったためです。実は，以前にも同じ機会があって，市からの派遣保育士による託児を行いましたが，狭い部屋で保育者も 1,2 名なのでどうしてもビデオや絵本中心の「待ちの生活」になります。せっかく，意欲的に子育ての講演を聞きにきてくださる参加者のお子さんに「待ちの生活」では，と矛盾を感じずにはいられませんでした。

　しかし，市民カレッジの託児は当日キャンセルも予想されるので，毎回人数を事前に正確に把握することは難しいかもしれないということ，さらに毎回同じ子どもが参加するとは限らないだろうから，これはまさに一時保育に等しい状況となるだろうということが予想されました。

　さいわい，市からは毎回保育士を一人派遣してくださるということであり，例年のように「ながのこどもの城いきいきプロジェクト」のこども広場「じゃん・けん・ぽん」からも毎回協力を仰ぐことが可能となりました。

　会場は長野市内の中心部にある再開発ビル「トイーゴ（TO i GO）」の 3 階，長野市生涯学習センターの一室（75㎡）です。ピアノが置いてあって，音楽の練習もできる防音仕様の部屋で，これは大変便利でした。センター長，職員の皆さんも全面的にバックアップしてくださるとのことで，非常に心丈夫でした。

　せっかくだから，託児を楽しい子どもの遊びの場にしようと学生に提案し，2010 年度の総合演習は，託児による子育て支援活動を実施することにしたのです。

　毎回参加者が異なる可能性があることから，「託児カード」を作り，受付時に書き込

んでもらいました。それをマグネットでホワイト・ボードに貼り，だれでも確認できるようにしました。またあらかじめ，長野市生涯学習センターの係りの方が作成してくださった託児申し込み表にしたがって，担当児をきめておきました。そして受け入れは担当学生が行い，帰りの際も担当学生が毎回託児の様子を保護者に伝えるようにしました。

プログラムが開始されると，学生たちは毎回ペアを組み，交代で指導案を立て，下記のような活動のほか，読み聞かせをしたり，テーマソングを歌ったりするなど，多彩な活動を行いました。多くの子どもたちが，親と離れての90分の活動の中で，初対面の学生や子供同士が少しでも親しくなれるようにと工夫を凝らし，和やかな中にも節度ある雰囲気を作ることができました。

その結果と成果は，下記の通りです。

市民カレッジ託児カード

担当・長野県短期大学幼児教育学科保育内容論ゼミ

利用される日	平成22年　　　月　　　日（土）		
保護者のお名前			
ご 住 所			
電 話 番 号			
フ リ ガ ナ			
お子様のお名前			
お子様生年月日	西暦　　　年　　　月　　　日（年齢　　歳　　ヶ月）		
本日の健康状態	・良好　　・普通　　・風邪気味（症状：　　　　　　）		
	・昨晩の睡眠時間　　　時～　　　時頃（　　時間）		
	・排便はありましたか　　　はい（　　時ころ）　　・　　いいえ		
	・昼食はとられましたか　　　はい（　　時ころ）　　・　　いいえ		
	・午前中はどのようなようすでしたか？（例：体調はよく，元気に遊んでいた）		
留意すべき体質・症状	・ぜんそく　　・けいれん　　・アレルギー（　　　　　）　・平熱（　　　　） ・その他		
生活習慣など	排　　　泄	・おむつ使用　　　・トイレトレーニング中　　・自立	
	人 見 知 り	しない← 1 ・ 2 ・ 3 ・ 4 ・ 5 →する	
	幼稚園経験	・あり　　・現在通園中　　・なし	
	託児経験	・あり　　・なし	
	トイレの頻度	大体（　　　）時間おきに一回　　・特に決まっていない	
	好きな遊び		
	泣いたとき	どのようにしていますか：	
帰りの会の出席	出席します　　・　　講演後すぐに帰ります		
その他特に留意する点や，気になる点，スタッフへの要望がありましたらお書き下さい。			
スタッフからの連絡事項			

次回も託児を考えている　　　　　　　　　　はい　　いいえ　　未定

　　＊ご記入後スタッフへお渡しください
　　＊この託児カードは，お帰りの時にお返しいたします。

●託児参加者：延べ42人

　第1回：5月29日
　　　　　「糸電話で遊ぼう」　8人参加
　第2回：6月12日
　　　　　「新聞紙で遊ぼう」　5人参加
　第3回：6月26日
　　　　　「段ボールで遊ぼう」3名参加
　第4回：7月10日
　　　　　「海で遊ぼう」　9人参加
　第5回：7月24日
　　　　　「紙コップ，紙皿で遊ぼう」
　　　　　9人参加
　第6回：8月7日
　　　　　「みんなで夏祭り」　8人参加

　なお，その後事前の計画にはありません
でしたが，学生たちの希望で以下のように
2009年度に似た，子育て支援活動を行いま
した。

◎ひろば・りんごのほっぺ
　■日時・場所
　　平成23年1月23日（日）
　　10：00～12：00
　　長野県短期大学体育館
　　（積雪時は長野県短期大学グラウンド）
　■対　象
　　2004年4月2日～2007年4月1日
　　生まれの幼児とその家族
　　※25組を予定。
　■ねらい
　　○子どもと学生の触れ合い
　　○新鮮な人間関係
　　○おもいっきり身体を動かす
　　○保護者と子どもの関わりをみる

■学生のまとめレポートより

　以下は託児に参加した学生たちがゼミ終了
時にまとめたレポートの一部を抜粋したもの
です。

■「ただ子どもを預かるだけの託児にしたくな
　い」という思いから

　この託児を通して「ただ子どもを預かる場」
としての託児ではなく，その場に集まったス
タッフや子どもたち，保護者の方など，全て
の人がかかわりを持つことで何かを得られる
ような場にしていくことが，子育て支援の場
には大切になるということを感じることがで
きました。（中略）

　子育て支援は支援を受ける側と支援をする
側とで分けてしまうのではなく，子育て支援
というものを通して子どもも親も，それにか
かわる地域の人，大人，すべての人が人との
かかわりの中で成長する場なのだということ
がわかりました。何かを支援しなければなら
ない，支援してあげるという上から目線の支
援ではなく，一緒になって子どもの育ちを考
えていくという姿勢が大切になることを改め
て知り，子育て支援のあり方を考えさせられ
ました。（O）

■スタッフ間のかかわりから学ぶ

　初めての託児ということもあり，受け入れ
時に泣く子どもにどう接すれば良いか始めは
戸惑ってしまった私たちですが，長野市の保
育士さんやじゃん・けん・ぽんの方がサポー
トしてくださり，その姿から学ぶことも多く
ありました。（中略）ずっと泣いているSちゃ
ん（1歳児，第6回託児）に対して私たちは
物を見せたりして興味を引いてみよう，気を
紛らわせようとしましたが，上手くいきませ
んでした。その後保育士さんがSちゃんを

ずっと抱っこしていてくださり，そのまま泣き疲れてしまったのか泣き止んだ後は寝てしまいました。（中略）

物で興味を引くよりも，まずは抱っこしたり優しく声をかけたりして安心感を与える事が大切であったと感じた場面でした。（中略）

ゼミの仲間とのかかわりも大きかったと感じます。（中略）私が一人でやっていたら思いつかなかったような方法で効率よく準備を進める仲間の姿があったり，そこまで気づけなかったというところまで気づいて行動している仲間がいたり，託児で子どもや保護者の方にかかわる仲間の姿を見て学ぶこともたくさんありました。それぞれの持ち味や良さを活かして進めていくこと，お互いにサポートし合いながら進めていくことの大切さを感じ，このように一緒にやる仲間がいるということも子育て支援の場では大きな意味があるのではないかと感じました。（I）

■子どもたちや保護者の方とのかかわりから学ぶ

託児という場だからこそ見られた子どもの姿，一回の託児の時間を通しての子どもの姿や表情の変化，回を重ねるごとに変わっていった子どもの姿，自分で遊びを展開していく子どもの姿など，たくさんの子どもの姿やかかわりから学びました。中には学生スタッフに会いたくてこの託児に来るという子（Hちゃん・4歳児）がいたり，この託児を楽しみにして来てくれる子（Kくん・2歳児）などもいたりしました。

保護者の方の中には，最後の託児で，このような場があったらぜひ参加したいのでまた連絡くださいという方もいらっしゃいました。（中略）

気さくで話しかけやすいと感じる方は私たちも話しかけやすく，ついそのような方と話してしまうということもありました。話しやすいと感じてしまう保護者の方だけでなく，そうではない方にこそ目を向けたり，無理ではないけれど，積極的に話しかけてみたり，かかわりを大切にできたらと思いました。（K）

このように，学生たちは直前まで「会ったこともなく，子どもが何人来るのかも分からない，だから年齢構成も分からない」という難しい条件の中で，どの子も楽しめそうな，できるだけ家庭ではできないようなダイナミックな遊びを」というねらいで，さまざまな活動を用意しましたが，毎回試行錯誤の連続でした。

その中から，学生たちは上記のような学びを獲得していきましたが，最後に，比較的回数多く参加した子どもを担当した学生のレポートを全文紹介します。

■子どもの実態に合った援助
－Rくんが託児の場をより楽しく過ごすために－

保育内容論ゼミ　I

私は，託児を通して多くのことを学びましたが，その中でも印象に残ったことは担当児との関わりです。

全6回の託児のうち5回の託児で，私は2歳児のRくん（第3回託児6月26日現在2歳2か月）を担当しました。これまでの実習でも未満児のクラスに入った経験は少なく，関係がきちんと築いていけるか，最初はとても不安でした。しかし，この子との関わりに試行錯誤し，悩んだことは，すごく貴重な経験になりました。

Rくんは，託児の会場にある机，椅子，鉛筆，私たちが用意した材料の数々など，様々なものに興味を持ちながら，会場中を長時間走り回ることが多くある子でした。そのため，水分補給はとても大切なものでした。しかし，遊びに夢中になったり，気になるものがあったりすると，水筒のストローを口にくわえたとしてもすぐに離してしまったりして，水分をとらずに遊び続けようとしていました。Rくんの母親からは「水分を多く取らせてください」と託児カード（託児が始まる前に，子どもの様子や託児への要望を保護者に記入してもらうカード）に記入がありました。保護者の要望とRくんの実態の間で，水分補給についてはとても悩みました。

　3回目（6月26日）の託児の際に，なかなかRくんが水分を取らず困っていると，子育てひろば「じゃん・けん・ぽん」のスタッフAさんが協力してくださいました。その日のRくんの水筒（ストローがついた両手持ちのマグカップのような形）には，くまの絵が描いてありました。AさんはRくんを膝の上に抱き，「このくまさんのところまで飲もうね。」と言って水を与えていました。少し飲むと，Rくんは遊びたがってAさんの腕の中から抜け出そうとしましたが，Aさんは「もう少しね」，「あと一口」と声をかけながら，くまが描かれ始めるぎりぎりのラインまで水分補給をさせていました。

　私は，このAさんの援助をよく見て学び，次の託児（7月10日）の時に，この援助を実践してみました。しかし，遊びたい気持ちから腕の中で暴れるRくんに水分補給をさせるということを実践してみると，少し心苦しい気がしました。せっかく託児の場に来て，楽しく遊んでいるのだから，無理やり水分補給をさせて，Rくんの遊びを中断してしまっ

たり，Rくんに水分補給が苦痛なものと感じさせたりしたくないと思ったのです。

　その次の託児から，私は，もともと設定されていた水分補給の時間に関わらず，Rくんの水筒を常に私のポケットに入れておき，Rくんの遊びが落ち着いた時を見計らって，少しずつ水分を与えるようにすることにしました。ストローを口元に持っていくと，Rくんは遊びながら水を一口飲み，それを何度もくり返して，これまでの託児よりも多くの水分を取ることができていました。また，Rくんが嫌がることもなく，遊びを中断することもなく，自然に水分補給ができているようでした。「自分で水分補給ができるようになる」などのねらいがあったり，何人もの子どもを一人で保育したりする場合は，このような援助は適切ではないかもしれませんが，今回，「子どもが託児の場を安心して楽しく過ごせる」というねらいで行っていたからこそ，このような援助方法を発見できたのだと思います。この子にどのような援助が合っているのかを試行錯誤して，自分なりの援助を導き出せたことは，これから保育者になる上でとても大切な経験であったと思います。

　Rくんは，絵を描くことも好きでした。託児には子どもたちが製作あそびを楽しめるように，机と，クレヨンやセロハンテープやA4のコピー用紙などの製作道具が置かれたコーナーがありましたが，Rくんは毎回そこで絵を描いていました。多いときには，A4のコピー用紙を5枚も10枚も使って，主に黒や緑のクレヨンでぐるぐると丸を描いていました。

　3回目の託児（6月26日）は，ダンボール遊びでした。会場には大きなダンボールで作られた家やキャタピラーが置いてありました。私は，Rくんが好きな絵を使ってダン

ボールという素材に触れられたらと思い，ダンボールハウスにクレヨンで絵を描いてみせました。すると，Ｒくんもクレヨンで絵を描き始めました。しかし，立っているダンボールは不安定で絵が描きにくかったのか，すぐにＡ４のコピー用紙に絵を描き始め，その後，ダンボールの周りを走ったり，ダンボールハウスに入って遊んだりしていました。

　４回目の託児（７月10日）は「海で遊ぼう」というテーマで，イメージ遊びを中心としていました。しかし，２歳３か月のＲくんにはイメージ遊びが難しく，深海ＢＯＸ（ダンボールを筒状にして横置きにし，ビニールテープなどをつけて深海の中をイメージしたトンネル）を壊したり，好きな絵を描いたりして，好きな遊びを楽しんでいました。絵を描いているＲ君を見て，「託児でしかできない，ダイナミックなお絵かきをさせてあげたい」と思い，模造紙を広げ，絵を描いて見せました。すると，Ｒくんは模造紙中にいろいろな丸を描いて遊び，とても楽しんでいるようでした。

　私は，このＲくんの姿から，目の前にいる子どもに何を望み，どうすればその子がさらに遊びを深めることができるかを考えることの大切さを学びました。「お絵かき」という一つの遊びをしっかりと楽しむことで，４回目の託児はあまり走り回ったりすることもなく，落ち着いて過ごすことができていました。この時の対応がＲくんに何か良い影響を与えられたのであれば，それはとても嬉しいことだと思います。

　以上のように，私はＲくんとのかかわりを通して，「子どもへの援助に迷い，どうすればよいかを考えながらいろいろな援助を実践し，最善だと思われる援助を発見する」という，保育士として子どもと関わる上でとても

大切なプロセスを経験できました。この経験を活かして，子どものためにいろいろな考えを巡らすことのできる保育士になりたいと思います。　　　　　　　　　（まとめレポートより）

　このように，たまたまですが比較的継続して参加してくれた子どもを担当した学生の記録から，おそらく他の学生も同様だったと思いますが，毎回の試行錯誤のなかで，子どもの思いに共感することや，その思いを大事にしつつ，与えられた環境の中で自分のかかわり方を考えていく機会を持つことできた様子がよくわかります。

　筆者は，どのような場合にも一人の子どもを丁寧に見る，できれば継続して触れ合うことで，その子を多角的な視点で理解することを常に重視してきたつもりですが，このように，一人の子どもとじっくり繰り返しかかわることを通して，保育の課題を自ら試行錯誤している学生の姿に，「実践から学ぶ」明日の保育者の姿を垣間見た思いがしました。

2010年7月
第5回市民カレッジ託児
担当児のおむつも一人で替えられるようになった。

❹ 3 年制課程での「もちっこ広場」の取り組みとその成果

● 2011（平成 23）年度

■「もちっこ広場～実践を通して学ぶ子育て支援～」
□ゼミ履修学生
　岩垂彩香・小林佳奈・高山みどり・中村円香・片見直美・松澤　梓・百瀬はるか（7人）
□教員 1 人，「じゃん・けん・ぽん」ボランティアスタッフ

　2011 年度は，以前にもどって定期的な「もちっこ広場」を開催することにしました。3 年制短期大学になって，初めての「もちっこ広場」であり，3 年生になれば，学生たちがどのような活動を展開してくれるか見ていきたいという思いが強かったためです。
　学生たちが立てた「研究の課題と目標」と「年間スケジュール」は以下の通りです。

●研究の課題と目標
　○子育て支援への理解，学びを深める。
　○子どもたちの成長や発達の様子を知る。
　○保護者と関わることを通して，その経験と学びを実際の子育て支援に生かす。

●活動スケジュール（計7回）
　○第1回：6月15日（水）
　　　　　　キャンパス探検
　○第2回：7月20日（水）
　　　　　　フインガーペインティング
　★第3回：8月10日（水）
　　　　　　水遊び
　★第4回：9月21日（水）

　　　　　　ミニ運動会
　○第5回：10月19日（水）
　　　　　　落ち葉遊び
　○第6回：12月7日（水）
　　　　　　クリスマス会
　★第7回：1月18日（水）
　　　　　　野菜スタンプ（子ども）
　　　　　　おしゃべり会（保護者）
（★印の回は他の学生もボランティアとして参加）
（長野県短期大学「2011 年度幼児教育学総合演習の記録」より。以下同じ）

　この年から，3 年生が実習に出る 11 月の活動を避け，夏休み中の 8 月と 9 月に活動を行うことにしました。また，6 月の第 1 回はこれまで通り「じゃん・けん・ぽん」スタッフにリーダーをお願いしましたが，7 月以降はすべて学生たちが，2 名ずつ交代でリーダー役を務めました。
　またこの年から，毎回活動終了後アンケートを取り，次回の活動に生かすようにしました。学生たちも，たとえば運動会のあと「もっと動き回る遊びがあるとよかった。」等，毎回すぐに保護者の反応や意見を確かめることができ，手ごたえを感じたようです。まとめの中で，「保育を学んでいる私たちだからこそできる支援をしていくべきであるということを改めて感じた。」と述べるなど，毎回アンケートを実施したことで，活動の評価や振り返りの視点がより広くなったと思います。
　さらに最後の回で，ある保護者が特に寄せてくださった手紙には，

　「（前略）学生さんも，とても熱心で頑張っていて，いつも感心しておりました。これから社会に出る学生さんは，何かと大変かと思

います。「ガラスの天井」なんてものもある，いろいろ大切なことを短い間にどんどん決めなければならなかったり周囲のいらぬお節介があったり…。でも，自信を持って，前へ進んでいただきたいです。最後に，私の娘も，こちらの学生さんみたいに育ってくれたらいいなぁと常々思っておりました。長い間ありがとうございました。」

とあり，このような手紙は学生にとってこのうえない励みとなりました。

　この年のまとめとして，学生たちは次のように述べています。

「全体の反省と考察1　活動内容を通して
　（前略）指導案を書く際に，立浪先生から細かい指導がたくさんあり，何度も何度も書き直しをした。最初の頃は指導案を書くことで手一杯で，大変だと感じた。しかし，実習を行っている中で細かく書けていないために失敗してしまうこともあり，立浪先生の指導の大切さを感じた。まだまだ未熟な私たちは本当に細かい所まで考えなければならないということを感じ，人に伝える際にもそれはとても大切なことなのだと思った。また，スタッフ全員が指導案を理解し，気持ちを揃えて協力しながら活動をすることが大切だと思った。（後略）」

　指導案は，最低でも2，3回は書き直しを指示しました。終了後の評価も毎回求めました。その結果，このように具体的に書くことの意義をみずからつかんでくれるようになったのは，大変よろこばしいことです。

「全体の反省と考察2　親たちが求めているものとは

・家庭では出来ない経験
・家庭でもできる簡単な遊び
・こどもの成長を知る
・親同士の交流」

　今年度のもちっこ広場で，学生たちは落ち葉遊びやスタンピングを通して，「家庭ではできないような経験」や「家庭でも簡単にできる遊びを紹介していく」ことも，子育て広場の役目だと感じました。

　また，第2回の時に行った『さんぽ』の歌の振り付けで，子どもと親に別々の動きを指示したため，子どもは親と離れるのを嫌がったり戸惑ったりして動けなかったのですが，最終回の第7回では，親と別の部屋で活動を行うことができ，子どもたちの変化・成長を如実に感じとったようです。また，回を重ねるごとに慣れてきたのか，子ども同士で一緒に遊ぶ姿が多く見られてきたことにも，大きな驚きを感じていました。

　しかし，なかにはやはり保護者から離れられない子どももおり，子どもの「離れたくない」という思いと，保護者の「他の子のように，親から離れ，元気に活動してほしい」という願いの「どちらも受け入れたい」という思いで，戸惑ってしまう学生もいました。そういう学生は，あとで「大丈夫ですよ。」「心配しないで。」と声を掛けてあげればよかったのだと反省していたので，自分の迷いが相手の不安を増幅させることを感じとったのでしょう。

　さらに，第6回の保護者アンケートには，「紙の穴にひもを通すことができるとは思わなかったので，大変驚きました。」「パネルシアターもおとなしく見ていられて，成長しているなぁと実感しました。」という声もあり，これにより，保護者が子どもの成長を客観的

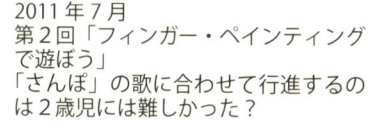

に実感することが，どれほど大きな喜びとなるか，身近で感じることもできたようです。

第7回で行ったおしゃべり会では，保護者同士の関わりが欲しいというニーズが高いことを改めて感じ，子育て支援は，「保護者の思いと子どもの気持ちの双方を汲み取りながら援助していくべき」なのだと述べています。

教育保育実習等では，保護者と関わる機会は少ないでしょうが，もちっこ広場の活動では保護者と直接話したり，保護者の行動を観察したりすることが多いので，このことが「保護者とのかかわり」という点で，学生たちには非常に貴重な経験となっています。

ただ今後の課題として，実際の活動を進めていく際は，どうしても子どもを中心に考えてしまいがちなので，子どもだけでなく保護者の気持ちも汲み取った支援の方法や活動となると，まだまだ具体的にはイメージしきれていないということを実感してもいます。その点で，「反省する点は多いが，これらを知ったことは良い経験になった」と述べています。事実，毎年のことですが，初めはなかなか保護者と話ができないでいた学生たちも，後半になると自ら積極的に保護者に話しかけて行くようになるのですが，今年度は特にそれを自覚的に行っているのが目立ちました。これは3年次であるということが大きいと思われます。

初めて3年次でのもちっこ広場を実践して，筆者が新たに感じたことは，2年間の学生生活の上に教育実習，保育実習もある程度終えてきた体験を経て，どの学生も自分たちで話し合い，計画的にことを進めていく力が飛躍的に伸びているということでした。

特に，毎回の教材研究，指導案の作成，事前準備などほとんど学生たちに任せ，筆者はゼミの時間にチェックや確認をするだけで，ほぼ順調に進めることができました。これは筆者にとって予想しなかった意外な発見で，たった1年であっても，どれほど学生たちが驚異的に成長するものかをあらためて再認識しました。

2011年7月
第2回「フィンガー・ペインティングで遊ぼう」
「さんぽ」の歌に合わせて行進するのは2歳児には難しかった？

---

❶ ☞ （財）あしたの日本を創る協会発行『まちむら』107号　2009.11　p.35
❷ 幼稚園教員の資質向上に関する調査研究協力者会議報告書「幼稚園教員の資質向上について－自ら学ぶ幼稚園教員のために（報告）」2002
❸ ☞ 桜井花絵著「広場としての子育て支援『もちっこ広場』の活動を通じて」『長野県短期大学幼児教育学科　平成18年度幼児教育学総合演習の記録』第2号　2007　p.100～102
❹ ☞ 桜井花絵著　長野県短期大学幼児教育学科幼児教育学総合演習研究発表会発表原稿より2007
❺ ☞ 保育士養成協議会関東ブロック学生研究発表会発表資料より　2007

第3章

「学生主体の子育て支援」実践の考察

1 保育者を目指す学生に育てたいもの

❶ 「子どもが好き」から「子どもに寄り添う大人」へ

保育を学ぼうとする学生は，一様に「子どもが好きだから」と言います。しかし，昨今18歳前後の若者が日常子どもと触れる機会は，それほど多くはありません。果たして，彼らはどのくらい子どもの実像をつかんでいるのでしょうか。

通常は，弟妹，いとこ，甥姪など家族や親戚の子どもに接するのが一般的です。身近に子どもがいない学生の場合，中学・高校時代に幼稚園，保育所で子どもに触れた体験が元になっている例が多いようです。最近は，中学・高校時代に，家庭科の授業の一環や職場体験学習などで,幼稚園・保育所を訪れるケースが増えています。

学生にとって，幼い子どもに笑顔で迎えられたり，まとわりつかれたりする経験は，それまであまりなかったでしょうし，子どもたちにとっても，10代のお兄さん，お姉さんは優しくしてくれるし，一緒に汗みずくになって遊んでくれるし，慕わずにはいられない魅力的な存在です。少子化のなかで，小さいときから幼い子どもと出会ったり触れたりする機会が少なかったであろう学生たちにとっては，幼い子どもが自分を慕い，頼ってくれるという経験は新鮮であり，しかも慕われることは本来誰にとっても嬉しいことでしょうから，強く印象付けられたことは想像に難くありません。

一方，ここに，ある興味深い調査報告があります。日本青少年研究所が何年も継続して行っている日米中韓4か国の中高校生たちの意識調査です。その2011年版「高校生の心と体の健康に関する調査」（2011年2月発表）[1]の結果を見ますと，「私は価値のある人間だと思う」という項目について，肯定的に答えている高校生の割合は日本36.1％，米国89.1％，中国87.7％，韓国75.1％，否定的に答えている割合は，日本62.7％，米国9.6％，中国12.0％，韓国24.7％で，日本の高校生は自己肯定感がとても低いということがわかります。

■私は価値のある人間だと思う				
	日 本	米 国	中 国	韓 国
全くそうだ	7.5	57.2	42.2	20.2
まあそうだ	28.6	31.9	45.5	54.9
あまりそうではない	46.0	6.4	10.2	20.4
全然そうではない	16.7	3.2	1.8	4.3
無回答	1.3	1.3	0.3	0.2

だとすれば，自己肯定感を十分に持ちきれていない学生にとって，「慕われる」という経験は，自分が誰かの「頼りになる存在」になれること，誰かにとって「自分もいつかあんな人になりたい」という「あこがれの存在」になれることを，改めて発見することにつながります。その目標に向かって努力することは，やがて当人に自信をもたらし，自己肯定感のよりどころとなるでしょう。

　中・高校生時代に，保育体験を通じて保育者になることを目指すようになった学生の中には，このような「慕われる」ことに喜びを発見したことがきっかけとなった場合も少なくないものと思われます。

　ところが，そのためかどうかはわかりませんが，学生のなかには，実際に子どもと向き合うと，子どもから「嫌われる」ことに恐怖感や避けたいという忌避感を感じて，立ち往生してしまう者も少なくありません。なかには，指導案を書く際，子どもに対して「○○させる」とか「○○するよう促す」と書くことに躊躇し，「○○してもらう」と書く学生もいます。「叱ると嫌われそうで怖い」と，率直に述べる学生もいます。

　仮に，子どもは自分を慕ってくれる存在だから「好き」なのだとしたら，「嫌われる」ことは確かに避けたくなるでしょう。ましてや，相互に信頼関係が育っていない実習生の場合，「言うことを聞いてくれない」子どもに対して，それ以上のかかわりを躊躇するのは無理もないことです。そのような背景があるからでしょうか，指導者から「叱るべきときに叱れない」と指摘されたり，自分でも悩んだりする学生がいます。

　また，子どもは，時には学生に対して容赦なく鋭い言葉を浴びせます。日頃学生が心中ひそかに気にしていることも，遠慮なく人前で暴きます。あるいは，子どもから髪の毛を引っ張られたり，突然後ろから蹴り上げられたりして，「子どもは決して可愛くない」とため息をつき，自分の進路に自信をなくす者もいます。

　このように，学生のなかには，実習などで教育者，保育者として自分はどう振舞うかという前に，自分自身をどう自分で受け入れるかという問題で，子どもとのかかわり方が左右されてしまう者が少なからずいるのが実情です。

　このような中で，保育者を志している学生には，まず子どもは，自分と同じように未熟な存在であり，自分は，単にその少し先を歩いているに過ぎないのだという共生意識を持って欲しいと思っています。その上で，子どもは，本来天使でも悪魔でもなく一個の人間であること，大人の庇護が不可欠でありながらも，自ら生きようとする力，伸びようとする意欲を内包しているのだから，それを適切に発現できるように，援助を必要としている存在であること，自分はその援助を行う伴走者であるということを，ぜひ理解してほしいと思います。

　そのためには，実際の子どもと触れ合うことで，「子ども」に対する自分のイメージを再認識し，そのイメージを言葉で表現し，他の人のそれと突き合わせて，「本当にこれでいいのか？」と，もう一度総合的に捉え直していく姿勢が必要です。

　その上で，どの子も，社会に生まれ育ち，将来社会を担っていく存在としてとらえ，自分は，今この子に何を指導し援助してやるべきかをしっかりと把握できるようになってほしいと思います。養成校としては，できれば在学中に，学生がそういう経験や思考ができる機会を用意しておかなければならないと思

います。その一例として，たとえば実習や演習の場を，子どもと実際にかかわる機会としてとらえるだけでなく，そのかかわりを通して，自らの発想や捉え方を客観的に捉え直す機会と，そのための思索の場としても活用できるように，いっそう工夫していく必要があると考えています。

❷ 「やってあげたら，子どもは自分でやらなくなる？」

筆者は，ここ数年来，学生の中に，「子どもは手を掛けすぎたらダメになる」「小さいうちから自立させることが大事」と捉えている者が予想以上に多いことに注目しています。

筆者は，1年次前期の「保育内容総論」の授業で，故・堀合文子氏の晩年3年間の保育記録のビデオ（全7巻）[2]を学生に視聴させたことがあります。

最初，保育に対して具体的なイメージを持たせたいという意図ではじめたこの授業のあと，毎回学生に視聴レポートを提出させましたが，そのレポートを見て驚きました。レポートの中に，少なからず「この保育者は子どもを甘やかしすぎではないか。」「こんなになんでもしてあげていたら，子どもはなんでもしてもらえると思うようになって，自分からしなくなるのではないか。」という批判，疑問があったからです，なかには，「なんでこんなビデオを見せるのか。授業の意図がわからない。」という意見さえありました。

特に，5月時点の昼食の際，ある3歳児がお盆を自分で運ぼうとしたとき，堀合がそれを止めて，自分でやり直した場面には「せっかく自分でやろうとしているのに，なぜやめさせるのか？」と非難が集中しました。

堀合はビデオのなかで，「私がやって見せてからやるのと，ああやって勝手にやるのとは違うのよ。」[3]と言っていますが，いったいどのように違うのか，学生はすぐには理解できなかったようです。

実は，「子どもが自分でできるようになるためには，できるだけなんでも自分でさせるべきだ。」と信じている保育者は，学生でなくても少なくありません。まるで，子どもが望む事をなんでもやってあげていたら，人にやってもらったほうが楽だと思って，子どもは自分でできることでもやらなくなってしまうと恐れているかのようです。

はたして，このような考えは当を得ているのでしょうか。

第2次世界大戦後，日本では，小さいときから自主性を育てるべきだという考え方が急速に広がりました。その当時，「自主性を育てるために，自分でできることは自分でさせる」ことが強調され，そこから「自分からすることで，一人でできるようになっていく」「自分でやらなければ身につかない」という見かたが，保育者たちの間にも浸透していったようです。その保育者たちの指導を受けてきた影響もあるのでしょうか，学生たちの中に，特にこのような見方が色濃くしみ込んでいる場合があります。

もちろん，「為すことによって学ぶ」という有名なフレーズをいちがいに否定するものではありませんが，「やってあげると，自分からやらなくなるのではないか」という疑問は，「成長していく存在」としての子どもを信用していないことの現われにならないでしょうか。

「やってもらう」「やってあげる」ということは，子どもと保育者にとってどのような意味を持っているのでしょうか。

堀合は，半世紀以上にわたる保育の実践を

踏まえて，今の時代は甘えもすべて受け止めて，でも「子どもを信用する」④ところから保育を始めなければと言っています。

「子ども達にやってあげることは遊んであげることではなく，手をかけてあげるということです。精神的にも手をかけてあげる，両方です。はじめ『先生，これできないからやって』と言ってくる。それを一つ一つやってあげていると，今度はできるようになっても甘えて『やって!!』と言ってくることもある。それでもやってあげるんです。甘えは承知で。そうすると子どもの中身が成長してきます。やりすぎるということはないんですね。」⑤

堀合が，自信をもってそう述べる背景には，「世話をして要求をみたしてあげると子ども自身の中身が働いて成長する。相手をしてあげ遊んであげればその先生はよくしているようで結論は子どもをつぶしている事になる。」⑥という堀合自身の，戦前戦後を通じての保育者としての実践に基づく省察があるからでしょう。

初心者が実践の場に立てば，「世話をして要求をみたしてあげる」ことと，「相手をしてあげ，遊んであげる」こととは，実際にはどう違うのかと大いに迷うところでしょう。堀合は，保育者は子どもの中身がどこまで育っているかを見抜き，育つまではやってあげる，育ってきたら，子どもは自分で考えるようになる，考えて自分でやるようになる，だからその境目となる一線を見極めることがだいじなのだと言います。たとえば，「おにごっこなんかしていても，子ども達の行かない所に逃げていく。そうすると，常に先生中心でなく子ども達だけで遊べるようになります。子どものつもりになることかしら。」⑦と

語っています。

ですから，本来「やってあげる」ことは，その行為自体が問題なのではなく，いつ，どのような場面で，どのような意図のもとに「やってあげる」のか，その全体の構図を問題とすべきなのです。

たとえば，「甘える」ということは，相手を信頼し相手に対して自分の思いを素直に表現しているという見方も成り立ちます。甘えと見られても，それを「受け入れてやる」ことで自分が相手に信頼されていることを実感した子どもたちは，それが自分に対する自信となって，安心して自らの課題に立ち向かっていく意欲を膨らませます。これが「中身が成長する」ということではないでしょうか。

もっと具体的に言うなら，実際の保育では「できるけど，先生と（あるいは親と）もっとかかわりたい」というこどもの思いから，「やって」と言ってくる場合があります。あるいは，「まだちょっとやり方が不安定だから，やってあげることで，さりげなくやり方を完全に知らせたい」と，保育者が意図する場合もあります。

さらに，幼い子どもの場合，なんでもまず「やってあげる」ことからスタートしなければなりません。やってあげながら，「こうするのよ」と見せて，聞かせて，感じとらせていくのがその次の段階です。そこからさらに，「やらせてみる」「繰り返しやるなかで，行動や言葉で『こうするの』と子どもが表現できるようになるのを見届ける」段階に進むのです。「行動や言葉で的確に表現する」ということは，その子どもが確かにその行為の具体的内容や意味を理解したというサインです。

堀合がビデオの中で，子どもからお盆を取り上げてしまった背景には，このような長期的な展望のなかにその場面を位置づけ，今の

この段階ではこうすべきという考え方があったからでしょう。しかし、入学まもない学生には、ビデオの視聴だけではそこまで理解することは難しかったのかもしれません。

このように、さまざまな状況のなかで「やってあげる」という行為一つをとっても、見えてくる子どもや保育者の姿というのは、実践を通さないと見つけにくいところがあります。「やってもらうことで安心する、理解する」という子ども像も、「やってあげることで保育者と子どもとの精神的なつながりを作っていく、またはやり方を定着させていく」保育方法も、実践を経て、はじめて学生たちの「腑に落ちる」ものとなり、確信となっていくものでしょう。言葉だけで理解する、納得するには、限界があることからかもしれません。ここに、保育の研究方法としての実践がもつ重要な意義、独自性があると思います。

❸ 「トラブルは障壁ではない？」

保育の現場では、子ども達のトラブルは日常茶飯事です。ところが、実習生は実習中にトラブルが起こると、往々にして、なんとかして自分の手でスムーズに解決しなければと焦ります。

たとえば、年長児クラスでの実習中、たまたま「お集まり」のとき、自分で座る場所を選ばせたいと考えた実習生が、「好きな場所に座ってもいいよ。」と言いました。ところが、子どもたちがどの位置に座りたいか、誰の横に座りたいかということで、言い争いになってしまったのです。仲裁しようとしてもうまくいかず、その結果「お集まり」が予定より長引いてしまい、そのあとの主活動も時間が足りなくなり、そのため学生も子どもも混乱してしまったという例がありました。

この例では、実習生は「後から割り込んだらだめ」とか「今日は○○ちゃんが◇◇ちゃんの横にすわりたいと言っているから、△△ちゃんは明日にしよう。」といった自分の仲裁の仕方がまずかったから、と反省していますが、問題はそういう指示の中身ではなく、年長児であれば、どうすれば子どもたちが自分たちで話し合って、自分たちの問題を解決していくのかを援助する、という視点が抜けていることです。そういう視点から、反省事項を考察する方向も、考える必要があったのではないでしょうか。

保育の視点としては、トラブルを上手に処理することが課題なのではなく、常にそのトラブルを通じて、子どもたちが何を新たに学びとったか、成長したかというところにポイントがあるのです。保育者は、その場面で子ども達の成長、内面の育ちにどのようにかかわったのかということをこそ、指導上の問題にすべきなのです。

しかし、わずか数週間の実習のなかで、子どもたちの心情や個性や興味を、まだまともにつかみきれていない実習生は、そこまで考える余裕がない場合がほとんどです。ともかくも、自分の立てた計画を予定通りに終わらせたいということで、頭がいっぱいになってしまいがちです。

ですから、前述の例のように、学生の立てた指導案やその実際は、ともすれば「指示」が大半を占めてしまいます。まるで保育とは遊びや生活の形を提案し、その通りに行動させること、極端に言えばプログラム通りに、あるいは指示通りに子どもを動かすことだというイメージがあるかのようです。

子どもを自分の思うように動かす保育者が優れた保育者だ、と誤解しがちな学生たちに、「子どもは保育者を見て育つ」「保育者は子どもの一歩先を生活する」という実践観を

どうやって伝えるか，筆者は長い間思い悩んできました。このような実践観を持つためには，堀合の言うように「レントゲンのような目」で，「頭と神経と心と体とを働かせて幼児と生活を共にし」[8]「鋭い眼力で幼児の内面を見抜く力を働かさせねばなりません」[9]し，体とともにその内面をも育てていかなければなりません。

しかし学生は，このことを言葉では納得できても，実際にはどうするのかということが，なかなか具体的にイメージしにくいようです。

今回，学生と共同の実践を経験して，学生たちも，やはり子どもと生活を共にする中で，すなわち実践を通してこそ，「生活の仕方を教えていく」という保育の内容と方法を，具体的にイメージできるようになるのだと考えるに至りました。

たとえば，堀合は，

「のびのびしすぎて，この一線を越せば放任になる。これより前に言えば阻止したことになる。この線―ここまでのこの世界というものが大事。これを越えたらだめ，手前でもだめ，ここを見極めることを努力するとよいのですが…。相当な努力です。」[10]

と語っていますが，「これを越えたらだめ，手前でもだめ」というこの「一線」を，どう見極めるかはとても難問です。どうすれば，この「一線」を学生たちに具体的なイメージとして伝えるか，これは実践科学である保育学が避けて通れない問題のひとつでしょう。

堀合の言う「見極め」は，ショーンの言う「行為のなかの省察」を連想させます。専門家としての実践家の卓越性は，計画とともに，このような実践のなかでの見極めや省察にある

と言えるでしょう。そしてそれは，いわば保育の核心ともいえるものです。

このように，実践のなかでの見極めや省察が保育の核心であると捉えるならば，実践科学である保育の核心を学び取るためには，実践による研究が不可欠であることが見て取れます。それは，実践科学を学ぶ学生にとっても同じことが言えましょう。そういう意味で，実習は，「学習の総仕上げ」とか「現場に慣れる訓練」というだけでなく，教育方法や研究方法の一環として不可欠ではないでしょうか。

実習をこのように位置づけて，欠かせない保育者養成教育の方法のひとつとして，とらえていくことが求められていると考えます。このような視点から，改めて保育者養成において，実践的研究手法を学生に体得させるという教育方法の今日的な意義を強調したいと思います。

2 「学生主体の子育て支援」実践のなかで見出したもの

❶ 常に「今の子ども」を見つめて

2007年度の学生は第2章で引用した指導案の反省のなかで，次のように述べています。

「マントについた落ち葉をはがす子どもが多く見られた。（中略）今振り返ると，そのような子どもたちの行動の背景には今の社会環境との関連があるのでは，と考えられる。子どもがのびのびと外で遊びにくい状況にあるため，落ち葉などにまみれる経験が少なく，落ち葉が体に付くことへの抵抗があるのではないだろうか。」

（2007年度10月指導案・記録「落ち葉のマントとかんむり作り」より）

学生たちは,「もちっこ広場」の取り組みのたびに,今の子どもたち（2歳児）のさまざまな姿を目にしてきました。水遊びの際には,服が濡れないようにお尻をあげて砂場にしゃがむ子どもの姿に驚いたり,キンモクセイの花に顔を近づけて香りをかぐ子どもの姿に感動したり（2006年度）,2歳児と乳児を一人で世話する母親の大変さに驚いたり（2007年度）など,今の子どもたちと親のかかわりを,部分的にではありますが,実際に見る機会がたくさんありました。

長野市は,山も近く紅葉のきれいなところですが,だれもが「落ち葉にまみれる」機会を持っているとは限りません。このときは,落ち葉が髪や服に付いたりすると,「付いた」と言って動きをやめ,親や学生のところへ取ってもらいに来る子どもや,初めのうちは立ったまま落ち葉の中へ入って行けない子ども,落ち葉は汚いと思うからなのか,かんむりやマントに付けたがらない子どもたちもいたのです。

学生たちは,「落ち葉のマント」という作品作りを意図していたので,どうしても「作る」ことへ意識が向かってしまったのですが,本来なら,その前に素材にたっぷり触れるという経験が欠かせません。その過程を無視して,すぐさま作品作りをイメージした学生たちの経験不足も考慮しなければなりませんが,「落ち葉に触れる」「落ち葉が服や髪に付く」ことをいやがる子どもたちがいることに,今更ながら,自然とのふれあいが子どもの生活から遠いところにある日常をかいま見た思いでした。

このような経験を踏まえて,2008年度は防水シートの上に落ち葉の山のコーナーを作りました。はじめは,3人ほどしか子どもが来なかったのですが,学生が落ち葉の中に寝転がってみせたところ,それを見た数人の子どもたちが集ってきて寝転がった学生に落ち葉を掛け始めました。それをきっかけに多くの子どもたちが集まり,学生と落ち葉を頭から投げ合ったり,落ち葉の中へもぐったりという,まさに「落ち葉にまみれる」活動を行いました。

（注：2011年度10月のもちっこ広場でも落ち葉の活動を行いましたが,間際になって,長野県内でも,側溝や吹き溜まりでは放射能の値が比較的高いことが判明しました。そこで急遽「まみれる活動」から,「きれいな落ち葉を拾ってビニール袋に入れ,空気を入れて膨らませ,ゴムでしばってボールにして遊ぶ」という活動に変更しました。2012年度は,事前に県の環境保全研究所から放射能測定器を借りてきて,事務局員の指導の下,学内のキャンパスの測定を学生たちの手で行ってみました。幸い,どこも基準以下の値でしたが,それでもやはり側溝や溝での値は比較的高いことを目の当たりにして,学生たちも筆者も複雑な思いに駆られました。）

日常的に子どもと接していれば,知らず知らずのうちに,子どもたちの興味や関心,心情やふだんの生活の様子が分かります。頭の中でイメージする子ども像は,自分の経験をくぐらせたものばかりではないので,どうしても抽象的になったり,なかにはまったく的はずれのものがあったりします。しかし,経験とそれを裏付ける知識や情報をつなぎ合わせて考えれば,子どものイメージはより実体に近いものになるでしょう。今後はさらに,さまざまな機会を見つけて,自ら子どもに触れ,子どもを見る目を養う機会が,実習はもとよりいろいろな学習の場で学生に提供される必要があります。

❷ 教材研究を丁寧に

　学生たちは，どうすれば，このような現代に見合った保育の核心を学び，子どもの発達を具体的な状況のなかで見通す実践研究ができるのでしょうか。このような問題意識から，筆者は「学生が主体となる」実践研究に自らが寄り添うという意識を持って，研究と実践を進めてきました。それこそ，「これを越えたらだめ，手前でもだめ」という葛藤もたびたび重ねてきました。

　その点で，一番難しかったのは教材研究です。

　2008年度最後の「もちっこ広場」で，スタンピングをやったときのことです。学生たちは，まず活動の導入として，子どもたちが野菜に興味を持てるようにというねらいにそって，野菜が出てくるエプロンシアターを予定していました。最初の指導案は，下記のようになっていました。

●「今日お姉さんは，不思議なエプロンを持ってきました。」と言いながらエプロンを見せ，着る。「このエプロンの中には色々なものが入っています。何が出てきたか，分かったお友達はお姉さんに教えてね。」と話し，エプロンシアターを始める。
●野菜の影を出し，「これは何か分かるかな。」と子どもに問いかける。子どもの発言を拾いながら進める。
●これは野菜だというヒントを出し，子どもが出されたものは何なのか考えられるようにする。
●影をしばらく見せた後，フェルトの野菜を見せ，その名前を紹介する。見た影は，野菜を切ったときに見える形だと伝える。
●フェルトで作った野菜を見せた後，本物の野菜を見せ，「これが○○って言うんだよ。」と，野菜を紹介する。切り口を子どもに見せる。
●「今見たお話のなかには野菜がたくさん出てきたね。今日はいろいろな野菜と，絵の具を使って遊ぼうと思います。」というように話し，スタンピングに用いる教材を見せる。ダンボール，ラップの芯も紹介する。
●実際に野菜に絵の具をつけて紙に押すところを見せる。2，3回押す。上手な押し方など詳しい説明は，子どもが活動をするときに学生が教えるようにする。
●既に完成している作品を見せ，どんなものになるか子どもが想像できるようにする。
●混乱を避けるため，活動終了後は和室に集まることを伝える。
●「向こうのお部屋で野菜さんが皆のところを待っているから，スタンプしに，移動しましょう。一杯ペタペタしようね。」と声をかけ，移動を促す。

（2009年1月21日（水）指導案「スタンピング」
2009年1月9日メール受信）

　この指導案を見たとき，学生のエプロンシアターをやってみたいという意図はわかりましたが，当日の朝，初めて具体的な教材を見て一つの疑問がわきました。そこで「2歳児に対して，『野菜の切り口の影絵』『フェルトの野菜』『実物の野菜』を次々に見せていくことが，果たしてどのような意味があるのか考えてほしい。この場合『フェルトの野菜』は本当に必要か？」と問題提起しました。

　唐突な提案だったのですが，筆者としては譲れないものがありました。「フェルトの野菜」が実物の野菜をデフォルメしたものであることが2歳児に正しく理解されるだろうか，ということが疑問だったからです。この

場合，子どもが頭の中で「フェルトの野菜」と実物とをはっきり対応させることができなければ，「フェルトの野菜」を出す意味があいまいになってしまいます。

現代社会は，まがい物，代替品，コピーが氾濫しています。実物に代わる絵や図案，写真，ミニチュアも多岐にわたり，子どもの身の回りにあふれています。だからこそ意識して，子どもには最初はできるだけ本物との出会いをさせてやるべきではないでしょうか。作り物や絵や文字は，そのあとでいいのです。そのほうが，子どもは無理なく物のイメージを正確につかみ且つ広げていけるでしょう。

その後，学生たちは全員で話し合い，結局，最終的な指導案は下記のようになりました。

- レンコン，ピーマン，じゃがいもを半分に切ったものをそれぞれ紙皿に用意する。
- 切ったものをくっつけた状態で見せ，「これは何の野菜かわかるかな。」と子どもに問いかける。
- 子どもから野菜の名前が出たので，「そう，これは○○という野菜です。これを切ってみると，こんな形になります。」と言い，野菜の切り口を紹介する。
- 一つの野菜の切り口を紹介したら，その場でその野菜に絵の具をつけ，紙にスタンプする。「こんな形になるんだよ。」と，スタンピングの活動がどんなものか想像できるようにする。
- **野菜を紹介したあと，段ボールを丸めたものとラップの芯も紹介する。**
- **既に完成している作品を見せ，どんなものになるか子どもが想像できるようにする。**
- **「向こうのお部屋で野菜さんが皆のことを待っているから，スタンプしに，移動しましょう。一杯ペタペタしようね。」と声を**

かけ，移動を促す。

（＊**ゴシック部が変更部分**）（2009年1月21日（水）指導案「スタンピング」2009年5月5日メール受信）

結果は，

「子どもたちはそれぞれ楽しんでいたのではないかと思う。1色だけを使いスタンピングを楽しむ子ども，1つの野菜と3色の色を使ってスタンピングを楽しむ子ども，全部の野菜と全色を使う子ども，自分の手でスタンプする子どもなど，子どもたち一人ひとりでスタンピングの楽しみ方が違っていて，子どもたちの個性が出ていておもしろいなと思いながら見ていた。」

「活動が終わりに近づき，片付けをする時間になった時，まだやりたそうにしている男の子がいた。その子に対して『野菜さんたち持って帰って家でもやってね』とビニール袋を渡しながら言葉がけをすると，その子は，それまで寂しそうな表情をしていたのに一瞬にして笑顔になり，『うん！！』と言ってとてもうれしそうだった。この子どもにとってスタンピングが楽しい活動だったということが，子どもの表情や行動から知ることができた。」（同上）

というのが学生の評価でした。

記録（評価）にあるように，子どもたちは野菜の形を知ることよりも，スタンピングをすること，スタンピングでどんな形が残るかということに興味を集中させていました。ですから，目の前でスタンピングをしてみせることに重点を置いた導入は，より興味を引き出すやり方であったと思われます。

エプロンシアターもフェルトの小物も，それなりに意味のある教材です。しかし，一度

「本当にここで使うことが効果的か」という吟味が，教材研究には不可欠です。保育の場では，深く考えることなく，小物や手遊び，絵本や音楽が多用されすぎていることはないでしょうか。そのことを学生とよく話し合いたかったのですが，最初の指導案受信から当日まで，たまたま十分な時間が取れず，教材の実物を目にしたのが直前でした。したがって，もし学生自身が，まだそのような問題を自らの課題として考えられる段階にいたっていなかったとしたら，単なる「上からの押し付け」としか受け止められなかったかもしれないと後悔が残っています。しかし，実際に子ども相手に実践を行うわけですから，学生の学習段階を考慮しつつも，一方で一定の質は確保しなければなりません。このような場合，学生たちが，自発的に教材や保育方法について具体的な問題意識を持つに至るには，どんな事前指導，準備が必要なのか，まだ手探りの状態です。

このような経験を通して，教材研究の重要性を改めて認識しました。教材研究は，他の保育内容関連科目のカリキュラムにも深くかかわってきます。なかなか進んでいないのが実情ですが，保育内容関連科目担当教員との共同研究の必要性を再確認しました。

❸ 指導案の作成と評価

もちっこ広場2年目から，意図的に重視し，時間的にも一番力を入れてきたのは指導案の作成と評価の問題でした。

第1章でも触れたように，指導案のとらえ方には，実習でなくても問題が山積しています。したがって，まずは「指導案とは何か，何のために指導案を作成し，その評価を行うのか」という基本的問題を，学生に意識させるために，指導案の作成とその評価を毎回行いました。

次に，その効果的な書き方について，実習指導等の時間では，どうしても具体的，実践的に解説するには無理があるという限界を感じていましたが，もちっこ広場の活動を通して，学生の活動に教師自身が加わり，ともに指導案の討議をかさねていくなかで，この問題に突破口が見いだせてきました。

具体的な書き方で繰り返し指導したことは

> ①準備段階から書く（準備⇨実践⇨評価それぞれの段階での記入を丁寧に行う）
> ②第三者が見てもよくわかるように書く。目安は「仮に担当者が急に代わっても代わりの人が自分と同じイメージで実践できるくらいに書けているか。」
> ③特に「ねらい」と「内容」はそれを見ただけで展開がイメージできるような具体的な書き方をする
> ④評価は，次回はどこをどのように改善すればよいかが，誰にでもすぐわかるような書き方をする

の4点が主なものです。この中では，特に「ねらい」と「内容」の書き方がもっとも難しかったらしく，今もなお指導を繰り返しているところです。

でも，このように細かい指導案を蓄積してきたことで，2011年度あたりから過去の指導案を参考にしつつ，自分たちのイメージを具体化した指導案を比較的短期間で作成できるようになってきました。

次に紹介するのは2012年度ゼミ生が6回のもちっこ広場と5回の指導案作成の経験を踏まえて，2013年1月に行った2012年度最終のもちっこ広場第7回の指導案（評価を含む。）です。

■2012年度　第7回もちっこ広場指導案

■日　時　2013年1月16日（水）
■会　場　長野県短期大学　厚生会館2階　和室・中ホール
■作成者　リーダー（窪田詩織，小林未佳，芳川愛子）
　　　　　サブ（栗林朋子，下平綾音，武井遥，武田由佳，花村ちひろ，丸山愛子，柳澤美里）
■指導教員　立浪澄子先生
■じゃんけんぽん指導スタッフ　八木澤真喜子さん，平澤　泉さん
■参加親子　15組
　　　　　保護者15人，子ども15人，弟妹6人（欠席　計6組）
■スタッフ　ゼミ生9人（柳澤美里　インフルエンザのため欠席），ボランティア7人（幼児教育学科1年生（※以下「1ボ」とする）：今井史織さん，田中絵梨さん，柳澤真純さん，西山あゆ美さん，矢口真奈香さん，市川琴絵さん，佐倉祥子さん）

◎テーマ①
　　製作『オリジナルのお便り挟みを作ろう』
　　運動『新聞紙で遊ぼう』
◎テーマ設定のねらい
　　●「クレヨンを使って描く」「穴に糸を通す」「新聞紙を破く」などの活動を通して，これまであまり体験したことがないであろう「持つ」「描く」「糸を通す」「破く」などの指先を使った活動への興味を育てる。
　　また，全身を使って新聞紙を散らしたり集めたりする活動を通して，「しゃがむ」「落ちているものを拾う」「両手で集める」など，手と体を同時に滑らかに動かすことを楽しめる活動を経験する。
◎テーマの内容
　　製作「紙皿に好きな色の糸を通したり，絵を思い思いに描く」
　　運動「友達や学生と新聞紙をちぎったり，丸めたりして自由に遊ぶ」

◎テーマ②
　　大人『おしゃべり会』
◎テーマ設定のねらい
　　『子育ての情報や意見を交換する』
◎テーマの内容
　　「入園準備について」「冬の外遊びについて」

◀打ち合わせ▶

- 12月13日（木）10時半～，1月7日（月）10時半～ 「じゃん・けん・ぽん」にて，平澤さんと八木澤さんとで打ち合わせ
- 12月26日（水），1月9日（水）の1・2限 ゼミの授業（ゼミ生との打ち合わせ）

◀事前準備▶

- 準備物　　12月26日（水）読み合わせ後
　　　　　　　（13：00 共同研究室集合）
  - ○糸通し穴開け（窪田・栗林）
    - ・個数　30個
    - ・材料　紙皿（30枚）（リーダー）
    　　　　丸シール（240枚）（窪田）
    　　　　穴あけパンチ （1個：共同研究室）
    　　　　毛糸（75cmの長さ）（60本：紙皿に毛糸が通しやすいように，毛糸の片方にセロハンテープで止める。）
    　　　　セロハンテープ （1台：共同研究室）
    　　　　両面テープ （1個）（リーダー）
  - ○持ち帰り用紙袋（子どもの名前を書く）（24枚）（リーダー）
  - ○大きい雪だるま作り（武井，芳川）
    - ・材料　模造紙 （4枚）
    　　　　マッキー（赤1本：談話室）
    　　　　段ボール（2枚：90cm×52cm）
    　　　　毛糸（赤）（三つ編みにして太くする。）
  - ○新聞紙ちぎり（下平・小林）
    - ・材料　新聞紙（10日分），
    　　　　白のカラーポリ袋（1枚）
    　　　　（大小の白い袋に入るくらいの新聞紙をちぎって入れる。）
  - ○星の道補強（ガムテープで前回制作した「星の道」を補強する。）
  - ○装飾作り（雪の結晶など）
    - ・折り紙（20枚）で雪の結晶を作り，色画用紙（20枚）にのりで貼る。
  - ○名札作り（武田・花村）
    - ・親子の名札にグループの動物シールを貼る。
  - ○靴下の入れ物作り
    - ・牛乳パックを縦に切り，3等分になるよう牛乳パックの仕切りで仕切る。

★糸通し穴あけの作り方
紙皿の表裏に丸シーツを4つ貼り（表裏計8枚），その上から穴あけパンチで穴をあける。（穴の位置は図参照）

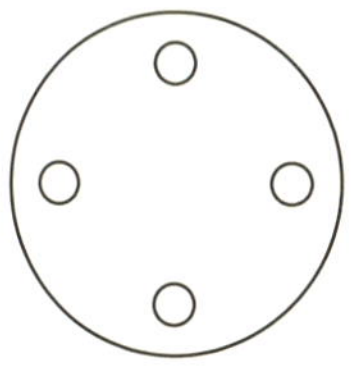

★大きい雪だるま作り

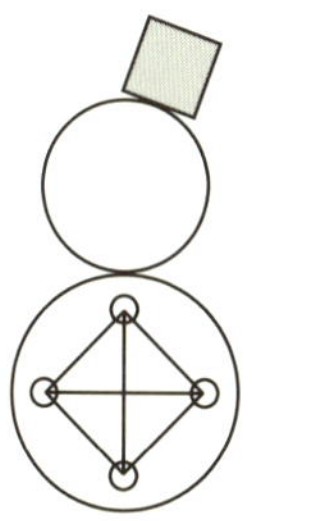

段ボールの表裏に模造紙を貼る。これを大小2枚作る。

★子どもの靴下入れ

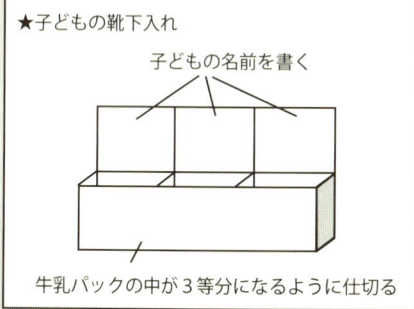

子どもの名前を書く

牛乳パックの中が3等分になるように仕切る

- 1つの仕切りごとに子どもの名前を油性マジックで書き，グループごとにまとめて両面テープで張り合わせる。
- 画用紙にグループの絵を描いて出来上がった入れ物に貼る。

○靴脱ぎ場の絵カード作り（柳澤・丸山）
- 画用紙に靴の形を描き，ラミネートで印刷する。（画用紙は談話室のものを使用）

○新聞紙集めの箱作り
- 材料　段ボール（2個）

　　　　画用紙

　　　　白のカラーポリ袋（1枚）

（目と口になるよう段ボールに穴を開ける。箱の後ろにカラーポリ袋を取り付け，新聞紙が入るようにする。）

○製作時のグループ（ひよこ，うさぎ，くま）のプラカード作り
- 色画用紙でグループの絵（ひよこ，うさぎ，くま）を描く。

● 1枚のジップロックに紙皿（大）4枚，予備の紙皿（大小）各2枚，毛糸3種類（各4本），を入れる。これを各担用に9セット作る。

（ジップロックはリーダーが購入）

小さいテープカッター（1個），丸シール，ネームペン（1本）はエプロンのポケットに入れておく。

★両面テープの貼り方（大きい紙皿）
はさみで切り込みを入れ，3ヶ所（ハートの位置）に両面テープを貼る

◀**前日準備①**▶

●日　時　　1月15日（火／金曜授業－空き時間）14時30分集合
●場　所　　談話室
●準備の内容等
　○ゼミ生指導案読み合わせ
　○準備物の確認
　○和室のカギを事務局から借りる（窪田）
　○厚生会館の和室，中ホール，2階のトイレ掃除
　　（和室：窪田，栗林，下平）（中ホール：武井，武田，花村，芳川）（トイレ：丸山，小林）
　○和室②に長机を用意し，子どもの名前が書かれたビニールテープを机に貼っていく（小林）
　○製作で使う紙皿（小）を机に並べ，クレヨンを1つの机につき2箱ずつ置いていく（小林）
　○ビニール袋で和室の障子を覆う（窪田，栗林，下平）
　○プチプチマットで製作時に使用する和室の長机（6），受付の長机の四隅をカバーする
　　（窪田，栗林，下平）
　○ヨガマットを体育館から借り，中ホールの環境を作る（武井，武田，花村，芳川，丸山，柳澤）
　○必要物品を和室，中ホールに運ぶ（全員）

○新聞紙遊び前に使う素材（輪ゴム，ビニール袋，セロハンテープ）をビニール袋に入れ，和室①と②の境目のふすまに布ガムテープで貼る（窪田，栗林，下平）

○Ｓちゃん，Ｄちゃんの名札（ガムテープ）用意（※当日忘れた場合の名札）（窪田，栗林，下平）

◀前日準備②▶

●日　時　　1月15日（火／金曜授業）16時集合
●場　所　　和室・中ホール
●準備するもの（当日使うもの）

【談話室】

○子ども用便座（2個）（窪田）	○おむつ替えマット（1枚）（窪田）
○ビニールプール（1個）（栗林）	○正面用もちっこ看板（小林）
○おもちゃ（下平）	○ハンドソープ（1個）（武井）
○バスタオル（3枚程度）（武井）	○長座布団（2枚）（武田）
○出席カードシール（花村）	○出席カード予備（花村）
○参加者名簿（花村）	○アンケート用紙（21枚＋予備2枚）（芳川）
○バインダー（21枚）（芳川）	○鉛筆（21本＋2本）（芳川）

○手持ち用の看板（駐車場，相ノ木，正面，受付，信号）（丸山）

○名札（全員分）（丸山）	○ブルーシート（3枚）（柳澤）

○持ち帰り用紙袋（24枚：36cm×26cm×9cm）（柳澤）

○ごみ袋（2枚）（柳澤）	○星の道（窪田，武井）

○おしゃべり会記録用バインダー（2枚）（小林）

○傘袋（小林）	○キッチンペーパー（窪田）

○買い物かご（2つ）（窪田）

【厚生会館】（当日）（製作用机は前日に用意）

○座布団（5枚）（栗林，下平）

○受付用の机（2台）（栗林，下平）

○製作用の机（6台）（栗林，下平）

【体育館】（リーダーが事前に藤坂先生にお願いしておく）

○ヨガマット（30枚）（柳澤，武田）

【その他】

○お湯を入れるポット（1個：共同研究室）（花村）

○救急セット（1個），授乳用しきり（2個：保健室）（丸山）

○ノロ対策セット（バケツ，ビニール袋2枚，使い捨て手袋2枚，雑巾2枚，塩素系消毒液，マスク，新聞紙3日分）（芳川）

【活動で使うもの】（リーダー購入・用意／ゼミ生用意）

○紙皿（大50枚，小28枚）	○毛糸（赤・黄・青：1束ずつ）

○クリップ（45 個）

○シール（糸通し用丸シール 120 枚，活動で貼る用 100 枚）

○子ども用スリッパ（2 足）

○両面テープ（1 個）　　　　　　○油性クレヨン　12 箱（教材室：12 箱）

○画用紙　　　　　　　　　　　○白のカラーポリ袋（2 枚）

○ジップロック（大）（10 枚）　　○新聞紙（7 日分）

○鍵盤ハーモニカ（2 台）（ゼミ生の私物使用）

☞書いしある名前は責任者です。

☞談話室へ運んだものは各担当者が当日の運搬，返却まで行ってください。

☞学校から借りたものは当日のうちに返してください。

●係分担　（製作時のグループは環境構成参考）

【子どもの活動】

　（ひよこ）

　　武井……Aくん（1 歳児／Mちゃんの弟妹・平澤さん）・Bくん（1 歳児／Cちゃんの弟妹）・
　　　　　　Cちゃん

　　下平……Dちゃん

　　1 ボ今井……Eちゃん

　（うさぎ）

　　窪田……Fくん・Gちゃん

　　1 ボ市川……Hちゃん・Iくん

　　田中さん……Jちゃん・Kちゃん

　（くま）

　　武田……Lちゃん・Mちゃん

　　丸山……Nちゃん・Oくん・Pちゃん

　　1 ボ柳澤……Qくん・Rちゃん

　　フリー……芳川

【保育係】（受付時にすること）

　来た親子から以下の順番で保護者に活動中心配なこと（トイレなど）を聞き，ポストイットにメモをする。

　①窪田　②小林　③芳川　④武田

【おしゃべり会】

　○グループ分け

　　「入園準備について」立浪先生（記録：小林）

　　「冬の外遊びについて」八木澤さん（記録：栗林）

◀当日の流れ▶

時間配分・場所	予想される親子の動き
8:00 〈付属幼稚園駐車場〉	
8:30 〈長野県短期大学六鈴会館談話室〉	
9:20 〈長野県短期大学厚生会館中ホール〉	
9:30 〈中ホール〉	
9:45 〈駐車場他〉	• 駐車場に到着し，外の階段から厚生会館に向かう。 • 挨拶をする。

（晴天時）環境構成・援助	活動の実際と気づいたこと
雪が降っていた場合は，付属幼稚園の駐車場の雪かきをする。（小林，栗林，武田，丸山，下平） 全員集合（談話室）	・前日雪が多かったため，付属幼稚園に雪かきの手伝いについて電話をし，当日１人暮らしの学生は早く集まり，付属幼稚園の駐車場で雪かきを行うことにした。➡実際には当日すでに駐車場は雪かきがされていたので雪かきは行わなかったが，雪が降ると予想されているときは迅速な対応が大切だと思った。
Ｄさん用の赤いコーンを駐車場に設置する（小林） 事務局からハンガーラックを借りる。（武田） 和室の暖房を付ける。（芳川） （前日にリーダーが生協の方に中ホールの暖房を付けてもらうようにお願いをしておく）	・Ｄさんの駐車用スペース用のコーンを駐車場の奥に設置したが，牛協の方の車が停まってしまいＤさんが停まれなくなってしまうことがあった。➡コーンを設置するだけでは他の車が停まってしまうので，コーンの所にプラカードを貼ったり，コーンを手前に置くなど他の車が止まらないようにするべきだった。 ・平澤さんから中ホールに置いてある消火器を子どもの手が届かない所に移動したらどうかと提案された。➡環境をつくる時点で子どもの手が届く範囲で危険物があるか確認をするべきだった。
ボランティア集合 全員でミーティング（ボランティアの名札用のガムテープを用意し，マジックで書いてもらう。）：和室 製作時の各担当の学生と託児係はエプロンをつける。 係分担（配置）〉 ●付属幼稚園駐車場：１ボ今井 ●相ノ木通り：１ボ田中さん ●信号「長野高校南」誘導：１ボ柳澤 ●図書館前誘導：１ボ西山 ●ピロティー：１ボ矢口 ●事務室前の廊下：１ボ佐倉 ●厚生会館階段：花村（Ｄさん誘導） ●手洗い誘導：栗林 ●受付係：丸山，下平 ●受付への誘導：武井（手洗いへの誘導や中ホール前で靴を脱ぐことを伝える） ●保育係：リーダー，武田 ●ハンガーラック前：１ボ市川 ●託児係：花村，１ボ西山，１ボ矢口 ●遅れてきた親子の対応：丸山 ●写真撮影係：１ボ佐倉 ●おしゃべり会（記録）：小林，栗林	・当日，ゼミ生の柳澤が欠席したため，受付を丸山，下平，保育係をリーダー，武田，製作の担当をボランティアの市川さん（１年生），と係分担の配置を変更した。➡学生の数が限られていたため，いる学生で変更した。
駐車場で車の誘導をする（１ボ今井） 元気に挨拶をしながら親子を迎える。また，視診をして子供たちの様子を把握する。（全員） 厚生会館の階段ではけがや転倒などがないよう，注意して見守る。（花村・栗林） 階段下に来た親子に階段を上がったらノロ対策のための手洗いをするよう伝える（花村）	・弟妹と一緒に厚生会館の階段を昇るのが大変そうだった。➡給湯室にいた栗林が荷物を持ってあげるなど親子が昇りやすいように対応した。また，厚生会館階段下に学生を配置し，親子が昇りやすいようにするべきだった。

時間配分・場所	予想される親子の動き
10：15　受付 〈中ホール〉	• 給湯室で手を洗う。 • 出席シールを選んで貼る。 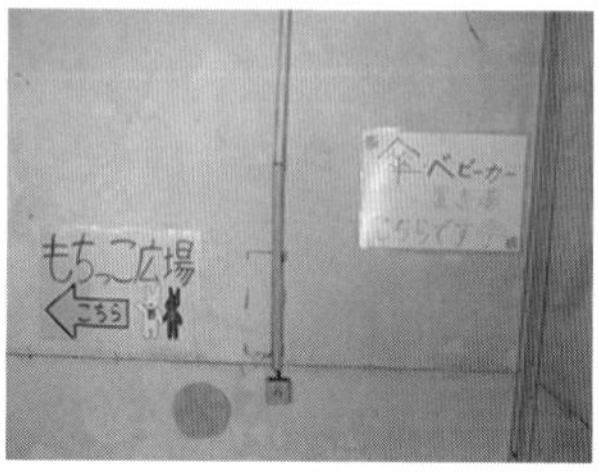 • 受付が済んだ親子から上着をハンガーに掛ける。 • 荷物を置く。 • 心配なことを学生に話す。 • おむつ替え，授乳をする保護者がいる。 • 保育係と一緒に遊ぶ。

第3章 「学生主体の子育て支援」実践の考察　151

（晴天時）環境構成・援助	活動の実際と気づいたこと
必要ならば傘袋を渡し，荷物と一緒に置いておくように伝える。（花村） 給湯室の前で手洗いの誘導を行い，子どもの服の袖がまくれそうだったらまくり，洗いにくそうだったら脱ぐようにする。（栗木） 中ホールの入口で靴を脱いで，靴置き場に置くように伝える。また，入口にイスを置き座って靴を脱ぐことができるようにする。（武井） 〈受付係〉 氏名を確認し，名簿にチェックをし，出席カードに貼るシールを選ぶように声かけをする。名札（子どもは背中，大人はどこでもよい）を付けるようにする。 Sちゃんの保護者の方に撮影許諾書をいただく。 前回SちゃんとDちゃんが名札を持ち帰ってしまったので，持ってきたか聞き，もし無かったらガムテープの名札を貼るように伝える。 〈保育係〉 ★受付が済んだ親子から親子の上着をハンガーラックに掛けるよう伝える。 ★受付が済んだ親子やブルーシートにいる親子に10時30分から活動を開始するので，それまでにトイレ，手洗いを済ませておくように伝える。 ★受付が済んだ親子から①窪田②小林③芳川④武田の順序で，活動中に心配なこと（トイレなど）を保護者に聞き，ポストイットに書き，受付のバインダーに貼る。書いたものは受付終了後，小林が和室②に置いてある机にポストイットを貼る。ボランティアは，保護者の名前を聞きながらポストイットにメモをする。 ★おむつ替え，授乳する子がいた場合は学生が案内する。 ★子どもたちの緊張をほぐすために，一緒に遊ぶ。（保育係） ★必要であれば，赤ちゃんを寝かすための座布団を出す。（保育係） ★走り回ったり危険なことがないか子どもたちの様子に注意する。（全員） A君，B君の保護者に製作活動で紙皿に絵を描くことやシール貼りができるよう準備したことを伝える。保護者の判断で制作	• 給湯室では，その場で上着を脱いで手洗いをする親子もいたが，混雑することはなかった。➡手洗いをしてから受付という順序でよかったと思う。 • 中ホールの入口に靴型のカードを置いたことで，どこで靴を脱ぐのかがわかった。➡どこで何をするのかわかるように絵カードなどの工夫は大事だと思った。 • 中ホールの入口にイスを置き座って靴が脱げるようにした。➡イスに座る親子はいなかったが荷物置き場として使っていた親子がいた。 • Sさんが欠席だったため撮影許諾書を頂くことができなかった。➡後日郵送にて，撮影許諾書を頂くことにする。 • 7回目のもちっこ広場ということで受付で何をするのかがわかり，シール貼りは自然とできていた。受付係りの学生も中ホールに入った時点で親子の名前がわかったので名簿チェックもスムーズに行うことができた。 • 前回名札を持ち帰ってしまったDちゃん親子は，家から名札を持ってきて，受付の前につけていた。➡12月の活動後に名札の持参のお願いをしたことで名札を持ってきてくれたと思う。忘れ物のお知らせは大切だと思った。 • Sちゃん親子が欠席だったため忘れた用の名札は使わなかったが，一応用意しておくことも大切だと思った。 • ハンガーラックは親子みんなが利用していたので用意してよかった。 • ハンガーラックの係を作ることで混雑なくハンガーラックを使うことが出来た。 • 保育係4人で順番に保護者に活動中の子どもの心配なことを聞いていったが，親子に合わせて学生の動きも変わってくるので，途中から順番が分からなくなってしない，聞けなかった親子も出てきてしまった。→受付係を増やし，受付係で聞いてもよかった。その方が全員に確実に聞くことができた。

時間配分・場所	予想される親子の動き
10：25	・遅れてくる親子がいる。
10：30　始まりの会 　　導入	・遊んでいる子がいる。
	・朝の挨拶をする。
	・大きい雪だるまを見る。

（晴天時）環境構成・援助	活動の実際と気づいたこと
をするか，託児に預けるかを決めてもらう。制作をする場合は，保護者同伴か学生に付き添ってもらうかを決めてもらう。（窪田） 参加者が全員揃っている場合は戻ってきてもらうように伝える。（連絡網：芳川→１ボ柳澤→１ボ今井→１ボ田中）　１ボ今井は，帰ってくる際に図書館前の１ボ西山，ピロティーの１ボ矢口，事務室廊下前の１ボ佐倉，厚生会館上の栗林，武井にも戻ってくるよう口頭で伝える。 欠席者を把握し，八木澤さん，平澤さん，立浪先生に伝えて確認をする。確認をしたら保護者に電話をする。欠席の子どもの名前をポストイットにメモする。（小林） まだ来ていない親子がいる場合は，１ボ今井，１ボ田中，１ボ柳澤，１ボ西山，１ボ矢口，１ボ佐倉は 10 時 30 分になったら引き上げる。 遅れてきた親子対応 中ホール・厚生会館階段（丸山，花村） ★ 10 時 30 分を過ぎてもその場に残り親子の対応をする。 ★遅れてきた親子には，出席シールは活動後に貼ることを伝える。（丸山） ★ 10 時 40 分になったら中ホールに戻る。（花村）（窪田） 10 時 30 分前に全員集まっていたら，早めに声をかけて始める。（全員） これから楽しいことが始まることを伝え，一緒に行こうと促す。（全員）	• 10 時 25 分の時点で 7 組くらいの親子がまだ来ていなかった。そのための電話かけるのが大変で，小林は和室の机の名前のシールを貼りかえる作業が難しくなったため，シールを貼りかえるのは他の学生にやってもらった。➡電話をする係，シールを貼りかえる係，と分けておけばよかった。 • おもちゃのビニールプールを授乳スペース側に置いたので，その付近に親子が集中してしまい，導入の場所を急きょ荷物置き場側に変更した。➡遅れてきた親子が導入中に荷物を置きに来ていたので申し訳なかった。➡ビニールプールに関しては，荷物置き場の机にもぐってしまう子もいたので，授乳スペース側でよかった。導入の場所についても荷物置き場前よりは，授乳やおむつ替えスペースの方がよかったのではないか。 • 点呼の時に遅れてきた親子もいて，親子が準備をしている中，その子の名前を呼んでもいいのか迷ってしまった。➡点呼中に親子が遅れてくるという予想をあらかじめ立てておき，学生同士で話し合って対応を決めておけばよかった。
全員が集まらなくても，時間になったら集まるように声を掛け，朝の挨拶をしてから点呼を取る。点呼した後はしっかりと子どもに声かけを行う。 子ども達は学生と一緒に製作や新聞紙遊び，お母さん方は中ホールでおしゃべり会をやることを伝え，どちらの活動も強制参加ではないので子どもの様子で決めてもらいたいことを伝える。 託児担当の学生を前に呼び，弟妹は中ホールに託児スペースを作り，学生が見るようにしたことを伝える。 子ども達が活動に興味を示してくれるよう，模造紙で作った雪だるまを見せ，「雪だるまさんをかわいくしてみよう」と声を掛け，親子の前で絵を描いたり，雪だるまの表裏を見せながら糸を通したりする。 「雪だるまが出来たらお母さんに見せてあげようね」など，子どもが活動に前向きに取り組めるように声を掛ける。	• 託児担当の学生の紹介を忘れてしまった。➡朝の会よりもおしゃべり会の前に行った方がよかった。 • 大きい雪だるまを見て，親子共に集中した様子で導入を聞いていた。

時間配分・場所	予想される親子の動き
10：40　製作開始 〈和室②〉	 ・子ども達は和室②に移動する。 ・母親から離れられず，泣いてしまう子がいる。 ・学生と一緒に机まで行く。 ◆1枚目 ・絵を描く子がいる。 ・クレヨンを取り合う子がいる。 ・もっと絵を描きたい子がいる。 ・絵を描かない子がいる。

（晴天時）環境構成・援助	活動の実際と気づいたこと
導入が始まったらすること ★子どもたちが説明を聞いてくれるようビニールプールを受付後ろに片づける。子どもたちが遊んでいる場合は片づけなくてよい。（武田） ★和室①に置いてある星の道を中ホール入り口に設置する。（栗林，1ボ矢口） ★欠席の子どもの机のシールをはがし，グループ内で座る場所を調節する。ポストイットに書いた欠席の子の名前を机に貼る。（小林）	・和室と中ホールを行き来する子が多かったので，星の道を廊下に置いておいたが，サイズが少し大きかった。しばらくは星の道を通って行き来を楽しんだが，道が長すぎて入口がどこかわかりにくく，戸惑う子どももいた。また往復するため子ども同士が衝突しそうになる場面もあり，平澤さんが撤去してくださった。
これから移動することを伝え，名札にグループ分け用のシール（ひよこ・くま・うさぎ）が貼ってあることを伝え，親子で確認してもらえるよう声かけをする。 親子でハイタッチをして和室②へ移動できるように声をかける。 子ども達に和室②に移動してもらえるよう，各担代表はグループのプラカードを持ち「ひよこグループおいで」とグループの名前を呼び子どもが集まったら電車ごっこをしながら移動する。（各担当の学生）	・各担当が扉側ではなく，親子の前（カウンター側）で子ども達を呼んだため，混雑してしまった。またEちゃんが他の子や大人に引っ掛かってしまい，転んで泣いてしまった。➡各担当が自分の担当の子を迎えに行くとういう形を取れば危険もなく，スムーズに移動できたかもしれない。また，中ホールの扉の近くで子ども達を呼べばよかった。
無理に親子を離さず，保護者の判断に任せ，子どもが親と離れられない状態だったら，親子で製作をしてもらうよう声を掛ける。 泣いている子には担当の学生が付き添い，安心できるような声掛けをしたり，抱っこをして気持ちを落ち着くようにする。 受付後ろに置いてあったビニールプールを託児スペースに置く。（1ボ矢口） 製作が始まる前に暖房を消す。（窪田） 子どもが全員和室に入ったら，和室①の戸を閉める。（芳川）	・電車ごっこで並んでいる時，子ども達は不安そうな表情だった。➡しかしOくんのお母さんを始め，多くの保護者の方は親から離れて友達と並んでいる子どもの姿を見て成長を実感しているようだった。 ・子ども達は電車ごっこをあまり理解できていない様子だった。➡床にビニールテープを貼り，線路を作っておけば子ども達のイメージができたのではないか。 ・おしゃべり会が始まり，託児係は4人の子を預かった。しかしよく動き回る子や，お母さんのところと行き来していた子，抱っこしていなければいけない子など，子ども達の姿がバラバラで，子どもの数4人に対し託児係3人では大変だった。➡子ども1人につき学生1人にするべきだった。また1年生は子どもの動きに対して戸惑う様子もあり，3年の人数を多くしてもよかった。
自分の担当する子どもと一緒に子どもの名前が書かれた机に座る。（各担当の学生） ジップロックに入っている，はさみ，小さいテープカッター（1個），丸シール（枚），ネームペン（1本）をエプロンのポケットに入れる。（各担当の学生） 紙皿に好きな色のクレヨンで好きな絵を描いてよいことを声掛ける。	・机に座ると子ども達はみんなクレヨンで絵を描き始めていた。➡机の上にあらかじめクレヨンを置いておいたので，興味がいったのかもしれない。 ・Lちゃんのお母さんは弟のTくんを連れて製作の方に参加していた。Tくんが机に上ってしまったりしてお母さんは大変そうだった。➡託児係が和室に来てTくんを預かった。

時間配分・場所	予想される親子の動き
	・絵に興味を持たず，糸通しに興味を持つ子がいる。 ・好きな色の毛糸を選び，紙皿の裏のシールから糸を通す。 ・表に出た毛糸を何度も同じ穴に通す。学生に声を掛けられながら違う穴に通したりする。 ・好きな色の毛糸を選び，紙皿の裏のシールから糸を通す。 ・表に出た毛糸を何度も同じ穴に通す。学生に声を掛けられながら違う穴に通したりする。 ・糸が足りなくなった子がいる。 ・糸通しを1回や2回通して止める子がいる。 ・どの穴に通すか分からない子がいる。 ・穴に糸が通せない子がいる。 ・糸通しに興味を持たない子がいる。 ・絵や糸通しに興味を持たず，シールに興味を持つ子がいる。 ・絵や糸通しやシールに興味を持たない子がいる。  ◆2枚目（大きい紙皿） 　★1枚目に絵を描いた子 ・糸通しに興味を持つ子がいる。 ・糸通しに興味を持たず，シールに興味を持つ子がいる。

（晴天時）環境構成・援助	活動の実際と気づいたこと
子ども 2 人に対してクレヨン 1 セットなので，仲良くクレヨンを使いながら絵を描けるよう声をかける。 子どもの気持ちを受け止めるような声かけをし，紙皿の裏に絵を描いてもらうようにする。 糸通し用の紙皿や毛糸を見せ，糸通しに興味がいくようにする。 穴の空いた大きな紙皿を渡し，好きな毛糸を選んだら，紙皿の裏にセロハンテープで止める。 紙皿の 4 個の穴の表裏に赤，青，黄，緑のシールが貼ってあるので，子どもの好きな色を聞きながら，糸通しをできるように援助する。 ★すべての穴に糸を通さなくてもよく，子どもの満足いくところまで糸通しをする。 子どもの姿を認めながら，他の色に毛糸が通せるよう，「黄色もあるよ」と色の名前を出して糸を通すことを促す。 好きな毛糸の色を選んでもらい，毛糸を繋げる。 糸通しができたら糸が取れないように，糸の先をセロハンテープで止める。 ★糸が表にきてもよい。 「どの穴に通してみる？」と聞きながら，糸通しができるようにする。 各担当の学生が手を添えながら一緒に糸通しをする。 糸通しにも興味がいかないようだったら，穴の開いていない小さい紙皿とシールを出し，シール貼りに興味がいくようにする。 絵や糸通しに興味を持たない場合は，小さい紙皿にシールを貼りができるよう，10 枚 1 シートのシールを渡す。貼り足りないようだったら，5 枚 1 シートのシールを貼れることを伝えシールをあげる。 紙皿にその子の好きな絵を描き，その子が色を塗れるようにする。 絵を描いた子には，穴のあいた大きな紙皿を見せ糸通しに興味がいくようにする。 穴のあいた大きな紙皿を渡し，同様に糸通しを行う。 糸通しに興味を持たない場合は，穴の開いていない大きい紙皿にシール貼りができるよう，シールを同様に渡す。 穴の開いていない大きい紙皿を渡し，絵を描けるようにする。	• Mちゃんは糸通しをやりながらも同じ机にいるLちゃんのお母さんをチラチラ見て気にしていた。➡お母さんから離れていたので少しうらやましかったのかもしれない。 • Lちゃんは糸通しの際，学生が「次何色に通そうか」と聞かれると「ここ」と言っていたが，自分では通そうとはしなかった。しかし，シール貼りは楽しそうにやっていた。 • Nちゃんは糸通しを頑張ってやっていた。 • 普段から仲良しのFくんとGちゃんの座る場所を隣同士にしたが，絵を描いているときは個々に集中している様子だった。➡そのため，糸通しのことを伝えるタイミングが難しかった。しかし，新しい物（素材）の提示をすると喜んで興味を示していた。 • Iくんは糸通しをとても楽しんでいて，何色も挑戦していた。 • MちゃんとAくん，CちゃんとBくんの様子から，きょうだい関係は同じ机で製作をした方が安心してできたのかもしれない。 • 全体的に子ども達はほとんどが糸通しをできていた。また，自分で絵を描いて糸を通した紙皿で雪だるまができることを知っていた子もいた。→学生の想像よりも 2 歳児は発達しているのだなと思った。 • 中ホールと和室を行き来する子が何人かいた。➡活動中に和室と中ホールを行き来してしまう子に対して，中ホール入口に立つ学生を決めていなかった。和室の戸や中ホールの扉（特に蝶番の部分）は子どもが手を挟んでしまう危険があり，活動中は平澤さんが和室の戸と中ホールの扉の間にいて，子どもに危険がないように見守ってくださっていた。→学生の人数を増やして子ども達に危険がないようにするべきだった。 • 和室にいる子ども達と，中ホールにいる子ども達の人数の把握ができていなかった。➡知らないうちにどこかに行ってしまう子がいないように，参加親子数はもちろん，その場にいる子どもの人数を学生全員が常にしっかり把握しておかなくてはいけなかった。

時間配分・場所	予想される親子の動き
	・絵やシールに興味を持たず，まだ糸通しをしたい子がいる。 ◆1枚目でシールを貼った子 ・糸通しに興味を持つ子がいる。 ・糸通しに興味を持たず，もっとシールを貼りたい子がいる。 ・絵に興味を持つ子がいる。 ・絵や糸通しやシール貼りに興味を持たない子がいる。 ・妹のAくん（1歳）とBくん（1歳7カ月），は紙皿に絵を描いたり，シー〔ル〕 　貼ったりする。 ・弟妹のAくん（1歳）とBくん（1歳7カ月）が絵を描くことやシールを貼〔る〕 　ことに興味がいかない。 ・中ホールに行ってしまう子がいる。 ・そのまま中ホールで遊ぶ子がいる。 ・そのまま中ホールで遊ぶ子がいる。 ・製作を終える。 ・トイレに行く子がいる。 ・和室①に移動する。 ・タイツを履いている子がいる。 ・学生と新聞紙でかぶとなどを作る。

（晴天時）環境構成・援助	活動の実際と気づいたこと
小さい紙皿に好きな色のクレヨンで好きな絵を描いてよいことを声掛ける。 絵に興味を持たない場合は，小さい紙皿と 10 枚 1 シートのシールを渡し，同様にシール貼りを行う。 1 枚目で糸を通した紙皿の毛糸に新しい毛糸をつなげ家でできるようにする。 穴のあいた大きな紙皿を渡し，同様に糸通しを行う。 糸通しに興味を持たない場合は，10 枚 1 シートのシールを渡し，同様にシール貼りを行う。 紙皿に好きな色のクレヨンで好きな絵を描いてよいことを伝える。 紙皿にその子の好きな絵を描き，その子が色を塗れるようにする。 兄妹の A くんと B くんにはまず，小さい紙皿に絵を描いてもらう。大きい紙皿には 10 枚 1 シートのシールを渡し，シールを貼ってもらうようにする。（武井） 紙皿に絵を描いたり，シールをはがして渡すなど興味がいくようにする。（武井） 製作ができるように子どもを追いかけ和室に連れていく。（1 ボ市川） ★他の学生も気付いたらグループ同士で声をかけ子どもを追いかける。 保護者の方に子どもの様子を伝え，製作を一緒するか，中ホールで遊ぶか決めてもらい，製作をするようであれば保護者の方と一緒に製作ができるようにする。 各担当の学生は出来た作品の全ての裏側に子どもの名前を黒マッキーで書き，重ねて机の上に置いておく。 シールのごみはジップロックの中に入れる。 トイレに行きたいか聞き，行きたいと言う子がいたら一緒に行く。（学生） 和室①に移動することを伝える。	・A くんと B くんはクレヨンを上手に使って紙皿を塗りつぶすなどしていた。またシールも上手にたくさん貼っていた。A くんに関しては糸通しもしていた。➡1 歳児の子も予想以上に製作ができていたので，2 歳児と同じ製作のセットでもよかった。
待っている間の活動 ★製作を終わった子から新聞紙遊びの時に危険がないように，和室①で靴下を脱がせ，和室①の入り口付近に置いてある靴下入れに入れる。（1 ボ市川） タイツで滑ってしまわないように注意しながら子どもの姿を見る。 ★新聞紙でかぶとや紙鉄砲を作って製作をしている子どもたちを待つ。（芳川） ★ビニール袋を膨らまし風船を作り，上に飛ばして遊ぶ。（学生） ★輪ゴム，ビニール袋，セロハンテープなど素材を袋に入れ，子どもが届かないところ（環境構成図参照）に布ガムテープで貼り，必要だったら用意し遊びを展開する。 和室①に置いてある琴や障子に触れないように気をつける。（和室①にいる学生）	・新聞紙遊びに移る際子どもの靴下を脱がせるのを忘れてしまった。➡途中で気づき，脱がせた。 ・集中して製作を続けていた子がほとんどだったので，新聞紙遊びに繋げるタイミングが難しかった。また各担当も早く終わりすぎてしまった子に対して「どうしよう」と困ってしまい，もっと絵を描くように促したり，シール貼りを提案した。➡早く終わりすぎてしまった子でも新聞紙で遊びながら他の子を待つなど，学生全員で活動の切り替えに対して共通理解をしていけば良かった。

時間配分・場所	予想される親子の動き
10：55	・作品が完成していない子がいる。 ・和室②で製作をしている子がいる。
11：00　新聞紙遊び 〈和室①〉	・学生と新聞紙で遊ぶ。 ・学生に新聞紙を貰い，ちぎったり丸めたりと活動を楽しむ。 ・学生の真似をして，新聞紙を降らせる。 ・新聞紙を口に入れる子がいる。 ・新聞紙を沢山破り，床が新聞紙だらけになる。

（晴天時）環境構成・援助	活動の実際と気づいたこと
50分を過ぎた時点で2枚目紙皿に入っていない場合は，作品が完成するように絵を描くことや糸通しができるように声掛けをする。 55分を過ぎた時点で各担当の学生は，下平と武井に製作をしている子を引き渡し，和室①へ移動する。 各担当の学生はエプロンのポケットの中に入っているはさみなどの道具をジップロックの中に入れ，かごの中に入れる。エプロンは着けたまま新聞紙遊びをする。 丸山，窪田，1ボ今井，1ボ柳澤は和室①の各自が立つ場所へ移動する。 和室①に置いてある靴下入れを和室①の出入り口に置く。（丸山） 和室②（製作担当：下平，武井） ★製作に残った子どもが1グループの机で製作を続けることができるように机と子供たちを移動させる。 ★製作をやりたい子はそのまま製作をしてもらう。新聞紙遊びをしたいようだったら，「あと1回糸を通したら（シールを貼ったら）新聞紙遊びをしよう」と製作の終わりがわかるように声を掛ける。 和室①で新聞紙遊びをすることを伝え，ちぎった新聞紙が入ったビニール袋を子どもに見せる。（芳川，1ボ市川） ビニール袋からちぎった新聞紙を出し，雪のように降らせたり，細かく破いたりする。 新聞紙（半ページ）を破いたり丸めたり，子どもに新聞紙を渡したりするなど子どもと新聞紙遊びを楽しむ。 和室①に置いてある琴が倒れないように，その前に学生がついて子ども達の様子を見る。また，障子の前にも学生が立つ。（琴：1ボ柳澤，障子：窪田，1ボ今井） 出入り口の段差で転ばないように出入り口の前に学生が立つ。（丸山） 学生が何人かでちぎった新聞紙を雪のように降らせて見せる。 子どもに口を開けてもらい，口に入った新聞紙を手で取る。取った手はノンアルコールウェットティッシュで拭きとり，ごみ袋に入れる。 子どもが新聞紙で滑ってしまわないように気をつけて見守る。 新聞紙遊びが始まったらすること（担当：武田，1ボ柳澤，1ボ田中） ★和室②の障子の裏に，名札をはがし使っていない机を片付ける。（武田，1ボ柳澤，1ボ田中） ★大きい紙皿にははさみで切り込みを入れ，3か所に両面テープを貼り，小さい紙皿と貼り合わせる。(p.144参照) 糸通しをした紙皿の両サイドにクリップを付け，1人1人の名前が書かれたビニール袋にいれる。まとめて買い物かごに入れ和室②に置く。（武田，1ボ田中）	・和室の入口に立つ学生がいなく，危険だった。→入口には段差があるため，学生の配置をしっかりとしておけばよかった。 ・弟妹のBくん（1歳7カ月）は途中で新聞紙遊びに参加したが，弟妹Aくん（1歳）はずっと集中して製作を続けていた。2歳児の子も何人かはずっと製作を続けていた。 ・新聞紙遊びの際，Pちゃんはあまり楽しそうな表情ではなかった。学生が話を聞くと，指や爪についた黒のクレヨンを綺麗に落としたいと言っていた。➡学生がノンアルコールウェットティッシュで拭きとってあげるとその後は楽しそうに新聞紙遊びに参加していた。 ・Oくんは「キャー」と言いながら楽しそうに遊んでいた。➡Oくんのように興奮していた子もいてケガをしてしまいそうで危なかった。 ・雪だるまを組み立てる作業は2人では忙しかった。 ・はさみを使っていたが，和室①と②を仕切るふすまは開けたままだったので，「何してるの？」と近寄ってくる子が何人かいた。またIくんははさみに興味を示してしまい，武田が持っていたはさ

時間配分・場所	予想される親子の動き
11：15　新聞紙遊びのまとめ 　　　〈和室①〉	・学生と一緒に新聞紙を段ボールの箱に入れる。 ・その場に座り，学生の様子を見る。 ・手足を拭く。 ・靴下を履く。 ・作品を持ち，星の道を通って中ホールへ行く。 ・Aくん，Bくんが中ホールへ行く。
11：20	
11：25 　本日の振り返り 　全体のまとめ 　立浪先生からのお話 　じゃんけんぽんからのお話	・親子で座る。 ・子どもが保護者に作った雪だるまを渡す。 ・立浪先生のお話を聞く。 ・じゃんけんぽんさんのお話を聞く。 ・学生の歌を聞く。

（晴天時）環境構成・援助	活動の実際と気づいたこと
	みをＩくんが持ってしまった結果，武田とはさみを引っ張り合う形になってしまった。Ｉくんが持った方はたまたま持ち手だったので刃で手を切る危険は少なかったが，なかなかはさみを離してくれなかった。武田がＩくんの注意がはさみからそれるような話をしたらＩくんははさみを離した。➡和室①と②の間のふすまを閉めておけばよかった。しかし子どもがいる和室で作業をするのは危険だった。➡中ホールなどで作業をすればよかった。また，あらかじめ紙皿に切り込みを入れておけば組み立てる際にはさみを使わなくて済んだ。
和室②の障子の裏から段ボールで作ったくまの箱を出し，くまの口の中に新聞紙を入れ片付けができるようにする。（窪田） 「たくさん集まってきたね」など楽しく新聞紙を集めることができるように声を掛けながら集める。 その場に座ってもらい，「みんなのおかげでこんなにお部屋がきれいになったね」などと声を掛ける。	• 学生が新聞紙を入れるくまの箱を出し「お腹が空いているくまさんに新聞紙のご飯を食べさせてあげよう」と言ったので，子ども達は「どうぞ」と言いながらくまの口に新聞紙を入れていた。また新聞紙を「ガム」「バナナ」「りんご」などに見立てながら片付けていた。➡７月の頃より見立てが上手くなったと感じた。 • 製作に集中して新聞紙遊びに参加しなかったＡくんも，新聞紙を片付ける時は参加できた。 • Ｌちゃんは外から片づけを見ているような感じだった。
新聞紙で手足が黒くなってしまったので綺麗に拭くことを伝え，ノンアルコールウェットティッシュで子どもの手足を拭く。 拭いたノンアルコールウェットティッシュはごみ袋に入れる。 （丸山，１ボ今井，１ボ田中）	• ウェットティッシュの準備がすぐにできず，子ども達には手遊び（とんとんとんアンパンマン，糸まき：窪田）をして待ってもらった。 • 子ども達は自分で手足を拭けていた。
和室①の出入り口から靴下入れを持っていく。（芳川） 手足を拭いた子から靴下入れから靴下を持っていき，履かせる。 （丸山，１ボ今井，１ボ田中，１ボ柳澤） 和室②から作品の入ったかご持ってきて，靴下を履かせた子から作った雪だるまを渡す。渡した子から星の道を通って保護者に見せに行こうと声を掛ける。星の道では学生が立つようにする。（雪だるま渡す係：芳川　星の道：窪田） Ａくん，Ｂくんの作品は学生が持ち，一緒に中ホールへ行く。（武井）	• 靴下をもともと履かずに和室に来た子もいたが，学生の中で共通理解ができておらず，その子の靴下を探してしまうことがあった。→誰が靴下を履かずに来たのか学生全員で確認しておけばよかった。
記録の小林・栗林は終わりの時間を伝え，グループ（ひよこ，うさぎ，くま）ごと座っていただくよう声掛けする。（小林） 親子でグループごとに座るよう声をかけまとめを始める。 親子が座ったら各担当の学生は，製作時の子どもの様子やおたより挟みの使い方を保護者に伝える。（各担当の学生） 今日でもちっこ広場が最後ということで立浪先生とじゃんけんぽんさんからお話があることを伝え，まず立浪先生にお話をして頂く。 じゃんけんぽんさんからお話をして頂く。	• お母さん方は子どもが作ったおたより挟みをとても喜んでいた。また頑張った子どもを褒めていた。 • 各グループで話が盛り上がっていた様子だったので，どのタイミングで区切ればいいか困ってしまった。➡時間で区切るべきだった。

時間配分・場所	予想される親子の動き
	・写真を笑顔で撮る。 ・さようならの挨拶をする。 ・アンケートを記入し，提出する。
11：50　順次解散	・各自帰宅。

（晴天時）環境構成・援助	活動の実際と気づいたこと
学生は全員一列に並び，学生から感謝の気持ちを込めて歌「明日ははれる」を歌うことを伝え，鍵盤ハーモニカの伴奏で歌う。学生全員で「一年間ありがとうございました。」と言う。今回でもちっこ広場は最後となるので最後に記念写真を撮ることを伝え，生協の方に写真をとっていただくことをお願いする。（芳川） ★撮影：生協の方　カメラ：武田 元気にさようならの挨拶をする。（全員） 挨拶終了後，着替えやアンケートを書いてもらうこと，手を洗うこと，忘れ物がないことを伝える。また，名札は各自持ち帰りたい親子は持ち帰ってもらい，持ち帰らない親子は学生が回収することを伝える。上記のことを伝えたらアンケートを配る。（学生全員） 給湯室で手洗いの誘導を行う。（窪田） 	・アンケートを書く時，子どもがべったりとくっついていてお母さん方は書きづらそうだった。しかし，さよならの後にアンケートを配ったことで，アンケートを書く時間がたっぷりと取れたのでよかった。 ・名札を持ち帰るお母さんから「名札の安全ピンは返した方がいいですか？」と聞かれ，「いいですよ」と答えた。➡学生の中で安全ピンに関しては考えていなかったが，臨機応変に対応できた。

環境構成【厚生会館2階】　　　　　　　　　　　　　　　　　　　　↑北

〈中ホール〉
集合場所・おしゃべり会場

和室①

和室②

外からの階段→

☆
星の道
☆　　☆

武井

栗林

生　協

六鈴会事務局

通路

給湯室

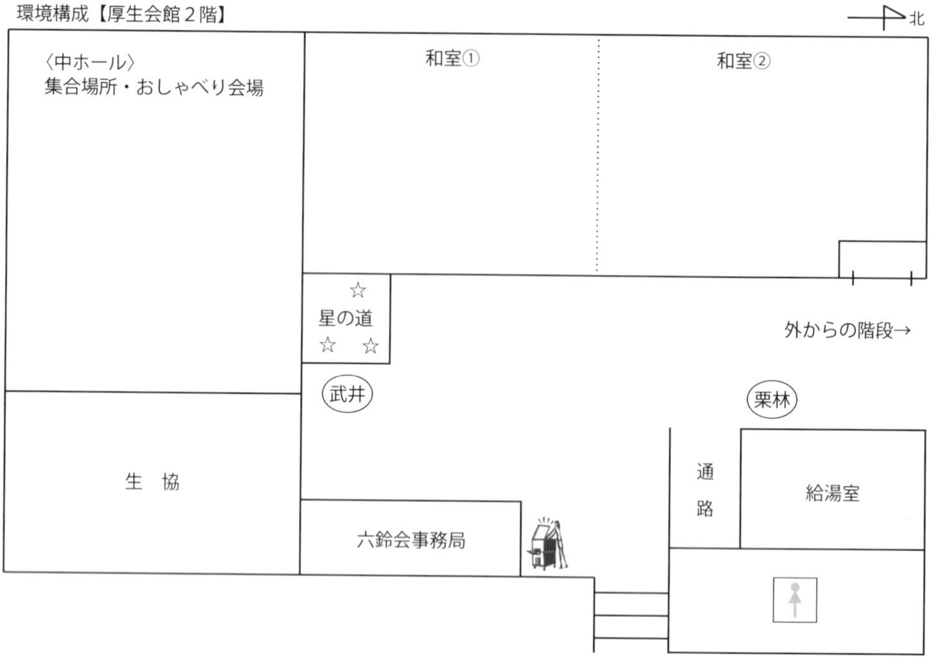

【中ホール】　※朝の会や導入は託児スペースで行う

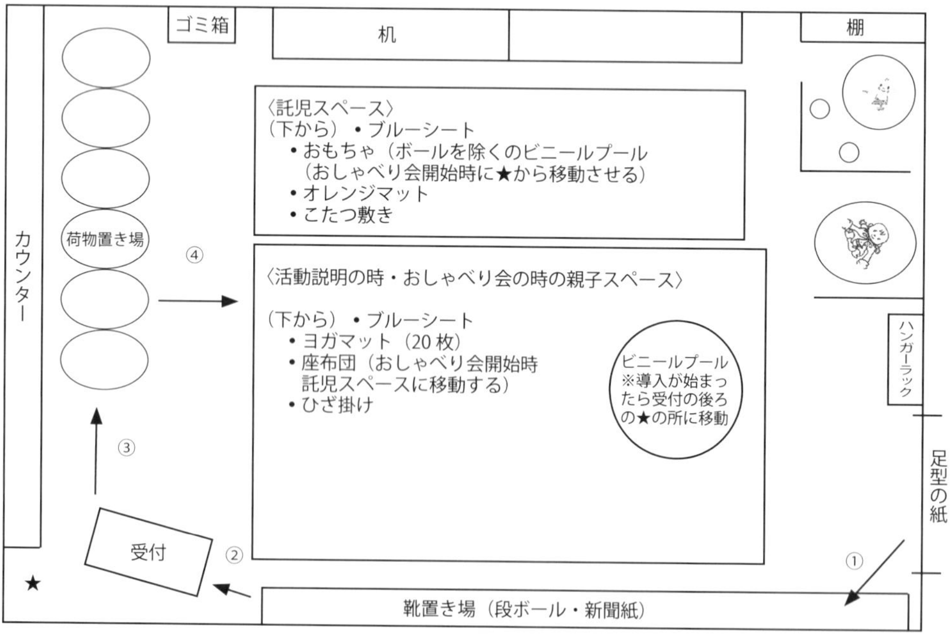

ゴミ箱

机

棚

カウンター

荷物置き場

④

〈託児スペース〉
（下から）・ブルーシート
　・おもちゃ（ボールを除くのビニールプール
　　（おしゃべり会開始時に★から移動させる）
　・オレンジマット
　・こたつ敷き

〈活動説明の時・おしゃべり会の時の親子スペース〉

（下から）・ブルーシート
　・ヨガマット（20枚)
　・座布団（おしゃべり会開始時
　　託児スペースに移動する）
　・ひざ掛け

ビニールプール
※導入が始まっ
たら受付の後ろ
の★の所に移動

ハンガーラック

足型の紙

③

受付

②

①

★

靴置き場（段ボール・新聞紙）

環境構成【厚生会館2階トイレ】

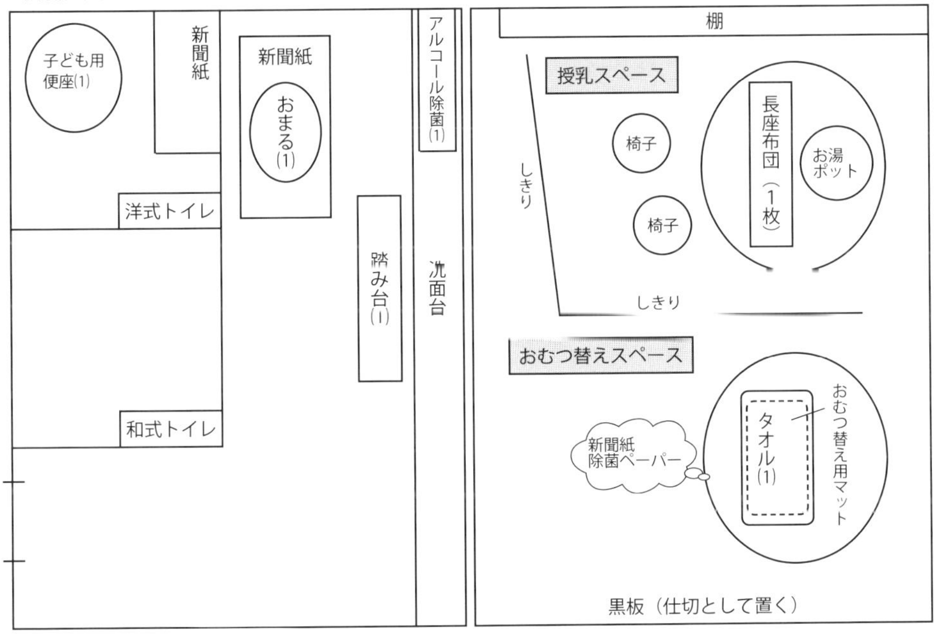

- 子ども用便座(1)
- 新聞紙
- 新聞紙　おまる(1)
- アルコール除菌(1)
- 洋式トイレ
- 踏み台(1)
- 沈面台
- 和式トイレ
- 棚
- 授乳スペース
- 椅子
- 椅子
- 長座布団（1枚）
- お湯ポット
- しきり
- しきり
- おむつ替えスペース
- 新聞紙除菌ペーパー
- タオル(1)
- おむつ替え用マット
- 黒板（仕切として置く）

環境構成【和室①（新聞紙遊び）】　【和室②（制作活動）】　★子ども（人）☆弟妹Iくん（1歳）Rくん（1歳7か月）

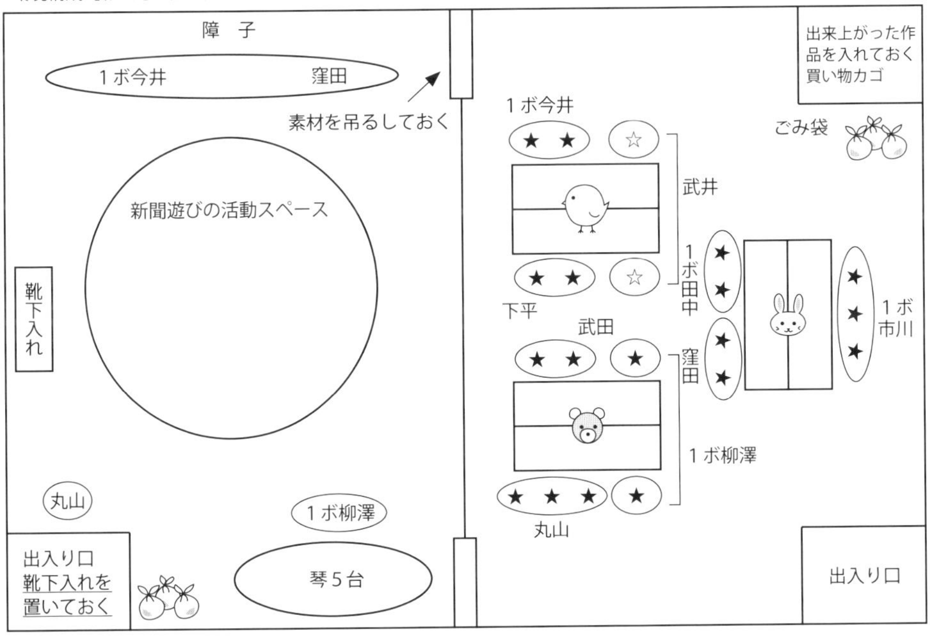

- 障子
- 1ボ今井　窪田
- 素材を吊るしておく
- 新聞遊びの活動スペース
- 靴下入れ
- 丸山
- 1ボ柳澤
- 琴5台
- 出入り口　靴下入れを置いておく

- 出来上がった作品を入れておく買い物カゴ
- 1ボ今井
- ごみ袋
- ★　★　☆
- 武井
- ★　★　☆
- 下平
- 1ボ田中
- 武田
- ★　★　★
- 窪田
- 1ボ市川
- ★　★　★　★
- 丸山
- 1ボ柳澤
- 出入り口

◀おしゃべり会▶ （小林）

10：40 ・第6回のおしゃべり会のアンケートで出た意見を保護者に伝え，「入園準備（立浪先生）」と「冬の外遊びについて（八木澤さん）」の2グループに分かれておしゃべり会をすることを伝える。

・保護者の方に2グループに分かれ，人数の偏りがあれば保護者の方の中で調節して頂く。

・託児に預けられる方に声を掛け，下の子を預かる。（花村，1ボ西山，1ボ矢口）

10：45 おしゃべり会開始

グループに分かれて自由にお話をしていただく。

11：15 残り時間が5分であることを伝える。

11：20 おしゃべり会の終了を伝え，子どもが中ホールに戻ってくるので各グループに座っていただくよう声掛けする。

さようならの後に，写真撮影とアンケートを書いていただくことを伝える。

託児に弟妹を預けている保護者には，製作時の様子を子どもや学生から聞いてから子どもを引き渡すことを伝える。

今までの活動での忘れ物を保護者の方に確認する。

◀おしゃべり会の記録▶

★八木澤さんグループ

人数：5人

テーマ：冬の外遊びについて

八木澤さん：冬の外遊びについてどう思いますか？

Dさん：子どもはいつまでも外で遊びたがるが，親からみると風邪を引かないのか，寒くないのかなど心配になります。いつ外遊びを終わりにしたら良いか，折り合いがわからなくて困ってしまいます。雪国出身ではないので，雪でどのようにして遊んだらよいかもわかりません。遊びのレパートリーを増やしたいです。皆さんはどのような遊びをしていますか？

Cさん：私自身寒いのが苦手だし，娘も寒いからあまり外に出たがりません。でも息子は雪遊びがしたいようで，どうしたら良いかわからなくなってしまいます。正月はほとんど家に引きこもっていました。

Gさん：私は四国出身なのでほとんど雪と触れ合ったことがありません。雪で遊ばせてもいいのか，寒いからやめたほうが良いのか，わかりません。スキーやソリも私自身あまり経験したことがないので，ゲレンデにも連れて行ったことがありません。

Dさん・Cさん・Gさん：寒い中子どもたちは遊んでいて平気なの？冷たくないの？と心配になってしまいますよね。身体を冷やしてしまったら風邪を引いちゃったりしないのかな？

Cさん：うちの子は外ではスキーウェアを着ていますが皆さんのお子さんは何を着ています

か？

Dさん・Gさん：うちもスキーウェアですよ。

Gさん：それでも寒くないのか心配です。それに雪は食べてもいいのかわからないです。

八木澤さん：学生さん（記録係）の出身地はどこですか？雪遊びの経験はありますか？

栗　林：飯綱町出身なので小さい頃はよく空き地でかまくらを作っていました。かまくらを作るのは意外と難しくて，かまくらを作っていたはずが途中から滑り台になったこともありましたが，それがまたおもしろかったです。最近は寒いのがいやだなと思いますが子どもの頃は不思議と寒いという感覚より，雪って楽しいと思う気持ちが強かったように思います。

Dさん・Cさん・Gさん：そうなんだ。子どもは大人が思っているよりも寒いっていう感覚がないのかもしれませんね。

八木澤さん：私は昔よく近くの空き地などで竹スキーやソリで遊んでいました。雪が冷たくてもそれが当たり前でした。昔は今ほど良い手袋はなかったので薄い手袋をつけて，しもやけになっても遊んでいました。それもやはり当たり前に感じていたように思います。また，親の雪かきを自分も手伝っていました。雪かきがとても楽しそうに見えたのを覚えています。雪かきもとても良い遊びになるのですよ。ただ，雪遊びはとても汗をかいて，それが冷えやすいので，風邪対策には汗をしっかり拭き取ることが大切です。スポーツタオルくらいの大きさのものを半分に折って，首が通るくらいの穴を開けてかぶらせ，汗をかいたら脱ぐといいですよ。

Dさん・Cさん・Gさん：子どもにとっては雪遊びってとても楽しいのですね。タオルの件は今度参考にしてみます。

八木澤さん：子どもだけでなく，ぜひお母さんも一緒に遊んでみてください。寒くなくなりますよ。

Dさん：私はしもやけになったことがありません。しもやけってどうなるのですか？

八木澤さん：手や足などを濡れたままにして暖かい所へ行くと，赤くなりかゆくなることですよ。

Cさん：私も知りませんでした。昔の言葉だと思っていました。

Qさん：うちはマンションだから遊ぶ場所がありません。城山（公園）に頑張って行ってみることもありますが，下の子がいるから長時間遊べません。

Cさん：そうですよね。来年からは幼稚園に通うので，幼稚園でおもいきり遊んでほしいです。

Dさん・Gさん・Qさん：私もそう思います！幼稚園の先生はきっと遊びなれているだろうから，とにかくたくさん遊んでほしいです。

Cさん：家の中ではどんな遊びをしていますか？

Dさん：午前中は外や家の中で遊んで，昼食を食べて少しゆっくりしたら午後はプールに行ったりじゃんけんぽんへ行ったりします。

Cさん・Gさん・Qさん：お母さんが疲れてしまいますね。お母さんもお昼寝したいですよね。

Hさん：うちの子はなかなか夜眠れません。早く寝ても夜中に起きてしまいます。

八木澤さん：お子さんはだいたい朝何時頃おきていますか？

Dさん・Cさん・Gさん・Qさん・Hさん：7：30〜8：00くらいです。

八木澤さん：起きてから人間の脳が働き始めるには約2時間かかると言われています。入園に備えて今から生活リズムを整えていくことが大切です。

Cさん：いつの時間を決めて整えれば良いですか？

八木澤さん：朝の起きる時間です。幼稚園に行く時間に合わせて起きる時間を決めるといいですよ。時計にかわいいシールなどを貼って，「ここになったら出かけるよ」と伝えるのもひとつです。

Gさん：朝ごはんを作っている間は寝ていてほしいと思って，つい起こさないでいることが多いですが，早めに起こしてあげたほうが良いのですね。

八木澤さん：食器を運ぶなどお手伝いを与えてみてはどうでしょうか。子どもは喜んでお手伝いをしますし，お母さんの負担も減りますよ。

Dさん：うちの子はなかなか寝てくれません。寝るためにいろいろ試してはみたのですが，もうあきらめました…。

Qさん：電気を暗くしてもなかなか眠れませんよね。どうしても寝なかったら，「寝なさい！」「もうお話ししちゃだめだよ！」と，つい強く言ってしまいます。

八木澤さん：寝ることは脳にも身体にも大切なことです。ただ，寝る時間が長いだけでなく，質が大切という話を聞いたことがあります。

Gさん：一番上の子は，幼稚園に行くまでは活発でなかなか寝れない子だったのですが，幼稚園に行くようになって生活リズムが整いましたよ。幼稚園に入ったら変わることもありますよね。

Dさん：ご飯もあまり食べません。どこからエネルギーをとっているのか不思議になるくらいです。私も十分に寝れず，小児科の先生にも「お母さんもしっかり寝なさい」と言われました。

Cさん・Gさん・Qさん・Hさん：幼稚園に通ったらお母さんもいっぱい寝てくださいね。

Gさん：幼稚園は知らない人ばかりだから，子どもも疲れるみたいですよ。きっと今よりも寝られるようになりますね。

Dさん：今は疲れて周りの人にたくさん愚痴を言っています。じゃんけんぽんの方にもよく話を聞いてもらっています。子どもが生まれてから4時間以上眠れていないのです。4月からはたくさん昼寝しようと心に決めています。

Cさん：子どもに落ち着いて遊んでいてほしいときは，ハサミで遊ぶと良いですよ。うまく切れなくて，とても集中しています。絵具も大好きなので，家にいるときは絵具で遊ぶことも多いです。

Qさん：うちは夫が子どもと一緒に遊んでいます。夫自身がかなり楽しんでいるようでよくごっこ遊びの相手をしています。

Dさん・Cさん・Gさん・Qさん・Hさん：冬は一日が本当に長いですよね。

八木澤さん：遊びのほうは幼稚園に期待しましょう。

第3章　「学生主体の子育て支援」実践の考察　　171

★立浪先生グループ
　　人数：8人
　　テーマ：入園準備について

立浪先生：それでは，入園準備についてお話をしたいと思います。何かお悩みなどある方はお
　　　　　られますか。
Oさん：うちは5月生まれなんですが，トイレのことで相談があります。トイレでおしっこは
　　　　できるんですが，うんちはおむつでしか出来ません。どうしたらいいでしょうか。
立浪先生：そうですか。他に同じような悩みを持ったお方はおられますか。
Nさん：うちの子は4月生まれです。トイレには気が向かないと行きません。おむつ大好き！
　　　　パンツはいや！と自分で言っているくらいで…。入園前にトイレでおしっこをできる
　　　　ようになってほしいのですが…。自分でおむつが楽だと分かっているみたいです。
Mさん：7月生まれです。下の子が1歳になってから，おしっこがおむつに出てからトイレ
　　　　に行くようになりました。おむつが当たり前という感じです。
Fさん：私が下の子を妊娠した時にやろうと思ったのですが，なかなか出来ませんでした。パ
　　　　ンツでは漏らしてしまいます。おむつだと大丈夫なんですが…。ただ，おしっこの我
　　　　慢は出来ます。おむつに履き替えてからおしっこをしてしまいます。
Rさん：うちは7月生まれです。今はまだ出来ません。夏くらいからトイレトレーニングをし
　　　　ています。
立浪先生：分かりました。それでは，もうトイレでおしっこが出来るというおうちの方はおら
　　　　　れますか。
Pさん：うちの子は8月生まれです。自分でパンツにしたいと言い，パンツに変えました。う
　　　　んちもいきなり便器でするようになりました。夜も自分でします。10月頃からでしょ
　　　　うか。うちの子はプリキュアが好きで，パンツはすべてプリキュアです。
立浪先生：それはお子さんが自分で選んだんですか。
Pさん：はい。プリキュアが好きで自分で選ばせました。
Gさん：うちは5月生まれです。6月に突然出来るようになりました。便器にしまじろうのシー
　　　　ルをはったりしていたんですが，なぜか6月に出来るようになりました。夜はおむつ
　　　　を履いています。
Iさん：6月に「今日からパンツに変えます」と言い，私がパンツに変えさせました。少し早
　　　　いかなとも思いましたが，トイレで出来るようになりました。おむつにうんちが付い
　　　　ていたら，それを子どもに見せて「このおむつもう履けないね。」などと言うように
　　　　していました。それで少し理解できたのかなと思います。
Oさん：入園してもおむつだとどうなんでしょうか。
立浪先生：幼稚園や保育園に入ったときにおむつでも大丈夫ですよ。幼稚園や保育園の先生と
　　　　　相談してください。幼稚園では焦りません。お母さんが焦っておむつを外そう外そう
　　　　　とすると，子供も焦って困ってしまいます。必ずおむつは取れます。いつ頃取るかは

先生と相談しながら決めましょう。幼稚園や保育園では友だちがおしっこしているのを見て，自分でやってみようと思うと思います。また幼稚園では大人用の便器ではなく，子供用の便器を使いますから，それでやりやすいということもあります。

立浪先生：他には何かお悩みなどありますか。

Gさん：まだお箸をちゃんと使えないんです。トレーニング箸を使ったりしています。ボタンを自分でつけたりするのもまだ出来なくて…。そういったことはどのような段階を経て教えていったらいいのでしょうか。

立浪先生：他に同じような悩みのある方はおられますか。

Nさん：ミニーちゃんが箸の頭に付いたものを使っていたのですが，取れてしまって…そのまま普通の箸に変わりました。エジソンから普通の箸に変えた方がよかったんですかね。あと，食事が偏ってしまったり，だらだら食べるような感じなんです。

Fさん：うちもです。だらだら食べになってしまって…。あと生野菜は全く食べないですね。煮た野菜なら少し食べます。ですが，卵焼きなどがあれば，野菜は食べずそればかりになってしまいます。

Rさん：エジソンの箸からより，最初から普通の箸の方がいいと聞きました。紙コップにおまめを入れて箸の練習をするといいとも聞きました。

Iさん：いとこが幼稚園の先生に「新聞紙を丸めたものを摘む練習をするといいと言われた」と言っていました。

Fさん：箸の持ち方の指導はした方がいいんでしょうか。

立浪先生：お箸は日本の大切な文化です。日本のお箸と韓国のお箸は違います。お箸を使うとき，最初は強くつまんでもだめです。まず大切なことは0～1，2歳は手づかみでもいいから楽しくおいしく食べること。そのあと，スプーンを持って，フォークを持って…。スプーンを持つ時は手首を使いますね。それから指先へ，そうやって（箸の使い方を）覚えていくんです。食べやすいものからとにかく手づかみでも食べることが楽しいということを知ることが出来たら，自分で食べたいという意欲が出てきます。そこから少しずつ覚えていくのです。箸はまずは握り箸からでいいです。ですが，大人はきれいな箸の持ち方で食べて，子どもに見せてあげてください。小学校前には必ず持てるようになりますから。煮物はとてもお箸の練習にいいですよ。あと，小学校までは子どもの箸の持ち方を注意して見てあげてください。持ち方はすぐに崩れてしまうので，しっかり見てあげてくださいね。

立浪先生：最後に何かある方はおられますか。

Rさん：お友だちとおもちゃやものの取り合いになってしまいます。親はそれを見守っていていいんでしょうか。仲裁などには入らなくてよいのでしょうか。

立浪先生：時間がなくなってきたので，一方的になったらすみません。親は出来るだけ見守ってあげてください。子どもがけがをしない程度のけんかなら見守っている方がいいですね。お友だちのおもちゃを取ってしまった子に対して「どうして貸したくないの」

といった「どうして」を聞いてあげてください。

Rさん：手が出てしまうようなけんかはどうしたらよいのでしょう。

立浪先生：危なくないときはこちらは手を出さないでいいと思います。子どもの手が出ることも学習です。多少の叩くは見守ってあげてください。大切なことは泣かせたり叩いてしまった子の言い分もしっかり聞くことです。もしかしたらその子は叩いてしまうくらい悔しい思いをしたのかもしれません。その子の気持ちをうやむやにしないで，しっかり受け止めることが大切ですね。

Rさん：ありがとうございました。

❀第7回もらっこ広場アンケート

◀今回の活動を終えての感想▶

○子育ての共通の悩みを話せてとても良かったです。子どもだけで活動させて頂き，幼稚園に行く準備の体験もできました。ありがとうございました。

○早いもので『もう終りなの…！？』とかなり寂しいです。新聞紙でのびりびり遊び，雪だるまの「紐通し」かなり楽しんでやっていました。ただ1人でいることができなくて，話の輪になかなか入れず，もう少し(かなり)聞いたりしたかったです。

○子どもと離れての活動，学生さん達とできるかな？の心配をよそに，楽しく遊んで帰ってきました。「もっと遊びたかった〜。」だって。いつもの学生さんで安心して楽しく遊べたのでしょう。何か誇らしげに見えました。私も子どもと離れ，ゆっくりおしゃべりできて楽しかったです。

○子どもと離れて母親同士お話できてリフレッシュできました。

○新聞での遊びが楽しそうでした。いつも母親にべったりで，今日も案の定離れて遊ぶことができなくて，お話になかなか参加できなかったのが残念でした。

○なかなか母と離れられずゴネられましたが，子どもは雪だるまづくり楽しかったそうでよかったです。

○雪だるまのおたよりばさみ，是非使いたいです。いろいろな話も聞けて良かったです。

○入園前の不安を同時期のお母さん方，そして立浪先生にお話を聞けてとても参考になりました。子どもと離れてお話ができたので，とても助かりました。

○家だとなかなかしてあげられない楽しい活動を考えてくださりありがとうございました。楽しかったです。クリスマスの時風邪でお休みしたのですが，細かなお気づかいとても嬉しかったです！！ありがとうございました。

○かわいいおたよりばさみで感動しました。

○外遊びについてのグループに参加させて頂きました。夏に比べ外で遊ぶ時間が減り雪の中どうしたら良いものか困っていたのですが，みんな室内遊び中心みたいですね。頑張りすぎなくても良いのかな。力が抜ける思いです。雪国ならではの遊び方，特に滑り台面白そうですね！やってみます。

○お母さん同士いろいろなお話ができて，みんな子育て頑張ってるんだなあと思いました。

子どもも親から離れて活動ができて，楽しかったみたいです。ありがとうございました。

○他のおうちの様子を聞く機会はあまりないのでとても参考になりました。子育ては慌てず…ですね。園生活に不安はありますが，子どもを信じサポートしたいと思いました。

○ゆきだるまお手伝いして頂き，楽しくできたようです。ありがとうございます。先生や皆さまより，入園に際してのアドバイスを頂きケンカしたときに「なんで？(why)」ではなく「何をしたかったの？」とwhatできもちを聞いていこうがとても響きました。

○入園までのおむつや食べ物の話などは参考になることが多く，またみんな育児に多少の困難はあると分かり，少し肩の力がぬけた思いがしました。子どもは，一度も親の部屋に戻ることなく，楽しく工作を終えたようで，学生さん方に感謝しています。

◀一年間の活動を通しての感想▶

○季節ごとに合った活動，よかったです。

○1年間楽しい思い出ができありがとうございました。学生の皆さんを慕っていたので幼稚園でも先生のことが好きになる気がします。

○もちっこ広場これで最後，さみしいです！入園までの3年間仕事するでもなく，母子べったりの素敵な時間でした。先生方，学生さんたちとの出会い，宝物です。本当にありがとうございました。

○季節を通していろいろな活動ができて楽しかったです。同い年のお友達と関われていい刺激になったようです。今日で終わってしまうのは残念ですが…いい思い出になりました。一年間ありがとうございました。

○4月に引っ越してきて長野に友達がおらず，じゃんけんぽんのスタッフの方に「もちっこ広場」を勧めていただき，感謝します。もうすぐ1年…。近所に小さい子がいないので，あまり同い年の子と触れ合える機会が少ないので，もちっこは貴重な場でした。毎回楽しい活動は楽しみだったし，学生さんたちのちょっとずつ子どもたち（私達）の前で話すことに慣れていく姿もうれしかったです。よい先生目指して頑張ってください！幼稚園教諭楽しいですよ！

○1年間たくさんのイベントを考え，手作りのおもちゃなど，お手間がかかった催しで楽しませていただきました。子どももとてもお姉さんが好きで，毎回嬉しかったです。明るく一生懸命なスマイル，本当にありがとうございました。よい先生になってください！期待しています。

○家ではできない遊びや，自然を感じる遊びを工夫してくださり，親子でとても楽しい時間を過ごすことができました。ありがとうございました！！

○1年間ありがとうございました。いろいろ家ではできない楽しい体験ができました。

○友達と一緒に何かをやるということ，お姉さん，先生たちと遊ぶと楽しいんだということわかってきたその様子が，1番嬉しかったです。

○本当にいつもいつも緻密，かつ細やかなところまで配慮された活動に感動！の連続でした。1年間，もちっこに通えて本当によかったな〜と思います。心のこもった演奏，歌，心に

染みました。お金をかける，というより，真心のこもった活動，というところでしょうか。子どもの名前もすぐ覚えてくれて，優しく声をかけて下さり，親と子ども，心を開いて参加できましたよ。ありがとうございました♪

○なぜか，もちっこの日に限って暑かったり，前の日雪が降ったり，季節的に大変な日が多かったような気がします。連れてくるだけでくたくた。（笑）学生さんらが入念に準備されている様子，感心しました。

○家の中でなかなかできない遊びがたくさんできて，とても楽しく過ごせました。ありがとうございました。

○いつも午前中あっという間に時間が過ぎ，楽しく過ごせました。ありがとうございました。

○外でたくさん遊べてよかったです。子どもも楽しそうでしたが，自分も楽しめました。外での遊びの方法も学んだ気がしました。

○毎回工夫がたくさんで，親子共々毎回楽しみにしておりました。色水遊びや，運動会，クリスマス会など子どもも家に帰って家族に楽しそうに話していました。本当にありがとうございました。これから就職，頑張ってくださいね。

◀**全体の反省**▶

○初めての親子別活動で，どのような展開になるか不安であったが，母子ともに楽しい時間を過ごせたようで良かった。

○中には和室と中ホールを行き来する親子が見られたので，もう少し学生が声をかけたりして，それぞれの活動に集中できる環境を作ることが出来たらよかったように思う。

○おしゃべり会のお母さん方の熱心にお話しされる姿を見て，子育てに少なからず不安を抱いている方がおられるということを知った。そういった意味では，今回のおしゃべり会はお母さん方にとってとても有意義なものになったのではないかと思った。

○弟妹の託児の場を作ったが，託児で預かった子どもの人数より学生が少なかったため，お母さんが子どもを抱いて話を聞く姿も見られた。託児係の人数を増やし，お母さんがゆっくりおしゃべり会に参加出来る環境を作ることが出来たらよかった。

○製作の途中で和室から中ホールに来て，お母さんに泣きつく子も見られた。導入で親子の時間をしっかり取るなど，子どもが安心して製作に入れるようにしてあげられたら良かった。

○今回はお休みの子が多かったので，学生が一人で見る子どもの人数は少なかったが，子どもが全員来た時に1テーブル3人の子どもを学生1人で見るにはどうしたらいいかということの予測をもう少し丁寧に立てておくべきだった。

○今回初めて親子を分離して活動を行ったので，子どもの行動の予想が立てづらかったが，子ども達は不安そうな表情をしながらも親と離れて活動をしていて，6月や7月の活動時に親にべったりとしていた子ども達の成長を実感した。また保護者の方も子どもの成長を実感している様子が見られ，家庭ではなかなか見ることのできない子どもの成長した姿を見ることが出来たのではないかと思った。

○活動中に和室と中ホールを行き来してしまう子が何人かいたが，その対応についてはあまり考えておらず，当日急遽平澤さんが子どもに危険がないように見守ってくださった。扉に手を挟んでしまう危険性なども事前にしっかりと把握し，お預かりしている子ども達に怪我がないように安全にはもっと気を配らなくてはならなかったと反省した。

○子ども達の行動の予想を立てていた段階では製作にまったく興味を示さない子もいるだろうと予想していたが，実際には全員の子どもが集中して製作(糸通し)ができていて，2歳児の姿は予想外のことが多かった。2歳児は製作にどのくらい興味を示し，どのくらい集中して，どのくらいできるのかなど，私たちがわからない部分がまだまだあるのだなと思った。そのため,今回のように様々な子どもの姿の予想を立てておくことが大切だと思った。

○今回は親子別々の活動で，子どもたちがどのような動きをするのか分からない状態で不安があった。しかし，ほとんどの子どもは製作や新聞紙遊びに集中してくれ，絵を描くこと糸を通すこと，新聞紙を破ることなど，ねらいに書かれた活動が出来たと思う。しかし，導入の際の立ち位置，ボランティアの配慮など反省点も多かったように感じる。

○何より子どもたちが楽しんでくれたことがとても嬉しかった。最後に，今回の活動は，ゼミ生やボランティアの協力があって出来た活動だった。みんなに感謝したい。

◀1年生の反省▶

○初めて2歳の子と触れ合った。行動を予測することが難しかった。

○指導案が分かりやすくて勉強になった。小さい子どもの予測が出来て参加して良かった。

○写真係で子どもと関わることはなかったが，3年生は子どもの対応を見て，すぐに配慮していた。その素早い行動は勉強になった。

○託児をやらせて頂き，お母さんが抱っこしているのに託児をするかどうかなどタイミングが分からなかった。3年生の姿を見て，勉強させてもらった。

○製作で関わり方が分からないとき，3年生が対応してくれて勉強になった。未満児との関わり方の勉強になった。

○製作前，声かけでは離れない子どもがいて，対応の仕方が適当になってしまった。託児では，初めて子どもと会い，自分に心を開いてない子への対応が難しかった。

○子どもが「見て見て」と言ってきたが,どのような対応をしたらよいのか分からなかった。3年生は子どもが話す前に,子どもの姿を見て言葉掛けをしていた。関わり方の勉強になった。

◀おしゃべり会反省，感想▶

○おしゃべり会の始まるときに栗林・小林が書記を担当するということを一言伝えればよかった。何も言わずにおしゃべり会がスタートしてしまい，保護者の方の中には「何を書いているんだろう」「書いてそれはどうするんだろう」と思う方もいたかもしれない。

○おしゃべり会が進むにつれ，どんどん質問が出たり，「こんなことで困っています」と悩

みを打ち明けたりしていた。日頃なかなかお母さん同士で話す機会はないのでこのような
機会はとても大切なのではないかと感じた。

○八木澤さんグループは人数が少なかったため，お母さん同士普通の会話をしているよう
だった。子育てに悩みを抱えているお母さんに対して，「お母さん大変だね」「時間見つけ
てちゃんと休んでね」という言葉が多くあり，お母さん同士で悩みを共有している姿が見
られた。また，一人のお母さんの悩みに対して，「うちの場合はこうだったよ」「こうして
みたらいいんじゃない？」と様々な意見が出て，子育てをしているお母さん同士だからで
きる話が多くできてよかったように思う。

○制作をしている子どものところへ行っていて，なかなか話し合いに参加できず，途中から
参加しても話についていけない方がいた。「今こんな話しているところですよ」などの学
生の一言が大切だと感じた。

○製作から戻ってきたお母さんに「今，こういった話をしているところですよ」「こちらの
場所へどうぞ」など声をかけると「ありがとうございます。」と言われ，お母さんもスムー
ズに話し合いに入っていけたように感じた。

○立浪先生のグループでは一人ひとりのお母さんが悩みや現状を報告したり，立浪先生にア
ドバイスを求める姿がよく見られた。

○なかなか同世代の子どもを持つ親との交流が少ないのか，とても熱心に他のお母さん方の
お話を聞いている方が多かった。

○とても自由なおしゃべり会で，お母さん方もどんどん意見を言われる姿が見られた。情報
を交換したり，共有したりすることでお母さん方の不安が少しでも解消されたらいいと感
じた。

○立浪先生のグループでは大きく分けて3つの話題が上がったが，どの悩みにも共感する姿
が見られた。

○おしゃべり会の最後，話がまとまらず，無理矢理終える形になってしまった。そのことに
対して八木澤さんに，「お母さん同士言いたいことや悩みをたくさん話せたから，これで
良かったですよ」と教えていただいた。おしゃべり会において，話すことに答えを出すと
いうよりも，悩んでいることなどを打ち明けることでお母さん同士が悩みを共有すること
が大切なのだと感じた。

◀託児反省・考察▶

○当日は子どもたちが和室に移動したあとタイミングを見計らって弟妹のいるお母さん方に
「お預かりします」と声をおかけして弟妹をお預かりしようと思っていたが，子どもたち
が移動したあとすぐにおしゃべり会の説明になったため，弟妹をお預かりするのが（また
は声をおかけするのが）お母さん方は輪になってからになってしまった。このことからお
母さん方が預けやすく，かつ学生がお預かりしやすいように，おしゃべり会の説明の時に
「弟妹のいらっしゃる保護者の方は託児係が弟妹をおしゃべり会の間お預かりしますので
どうぞお預けください。」などと一言声をかけてもらえるとよかったかもしれない。

○また，子どもたちが和室に移動するとき一緒に和室まで付いて行ったお母さん方の中に弟妹を抱っこしている方もいらっしゃり，1年生に和室まで行って声をかけてもらうという形になってしまった。お母さん方も弟妹を抱っこしながら上の子を見るのは大変だったと思うので，そういう風になるかも知れないと想定した上で子どもたちが移動する前に弟妹を預かるなどという気遣いが出来たらよかった。

○今回託児ではまだお座りも出来ないような赤ちゃんから，Y（Oくんの弟妹）ちゃんのように活発に動き回る子がいたり，和室から戻ってきてビニールプールで遊ぶ子どもたちがいたり…と子どもたちの出入りが激しかったように感じる。三人では対応しきれない部分も多々あり，小林や平澤さんの手をお借りする場面もあった。

○今回お休みされた親子がもし出席されていてその分託児で見る弟妹がこれ以上増えていたとしたら，他のスタッフの手をお借りしたとしても対応しきれなかったと思うので，やはり弟妹の人数分託児係はいた方が安全面から見ても好ましいと思う。

この記録は，学生たちもようやく指導案作成に慣れて，リーダーとしても全員が２回目となり，前回の反省を意識して作成した指導案とその実施記録です。

特に，この日は初めて本格的に親子が分かれて活動するということで，１年生７名がボランティアとして参加しました。そのため学生たちは，親と子の分離活動，先輩としての１年生への気遣いと，二重の配慮を必要とする指導案を作成することとなりました。

その結果，これまでの経験から，かなり子どもの反応の予測が的確になり，導入など製作予定の実物の拡大モデルを示して実際のやり方を示したり，「雪だるまができたら，お母さんに見せてあげようね。」と具体的な方向性を示したりできましたので，子どもたちはほとんど集中して学生の導入に見入っており，スムーズに親子分離ができました。

また活動の場でも，これまでの経験から，ひとりひとりの行動の予測が前もって何通りも具体的にイメージできました。それぞれの反応に見合った対応策を前もって考えておくことで，学生たちも落ち着いて活動できたようです。

その背後には，これまでの経験から，２歳児に無理のない，それでいて興味関心を引き出すよい教材を選ぶ力が，少しずつですが育ってきたという蓄積があったと思います。ただ，お母さんたちに安心して「おしゃべり会」に集中してもらいたいという願いから，託児係もこれまでより増員して臨みましたが，すでに弟妹のなかには歩くお子さんや動き回るようになったお子さんもおられて，始めのころとは勝手が違い，「１対１の人員が必要だった。」という反省も出ました。教材研究も，細かい点ではまだまだ反省点がたくさんあります。

しかし，この日の活動で筆者が一番心を打たれたのは，一人急病で当日の朝欠席するというハプニングにも慌てず，残った９名が思いを一つにして，本当によく息のあった行動をみせてくれたことです。回を重ねるごとに力を付けてきていることは実感していましたが，改めて若い人の伸びる力の大きさを目の当たりにして，敬虔な気持ちにさえなりました。

本書に紹介した指導案は，どれもあくまで学生が実習として作成する指導案の例です。筆者は，学生が作成する指導案と現場で保育者が日常作成する日案等では，その目的や意義に本質的な違いはないものの，相違点も少なくないと捉えています。

指導案作成は，まず実践そのものをデザインする（設計する）ところに意義があります。指導案とは，いわばそのデザイン画であり，設計図です。ベテランなら，頭の中に詳細なデザイン画があり，設計図が描かれているでしょうが，学生の段階では，それを目に見えるものにして，実習指導者をはじめとする多くの人の目を通して検討されることで初めて，少しずつその輪郭が見えてきます。したがって，学生の場合は，そのような客観的集団的検討を可能にする具体的でわかりやすい指導案を書くことが，実践力を付けていく第一歩になると筆者は考えています。

もちろん，このような考え方が唯一絶対などとはまったく考えていませんが，本来何のために指導案を立てるのか，どのような書き方をすれば，指導案が本当に実践に役立つのか，あるいは保育者の実践力を高めるものとして生かすことができるのか，今後，特に実習生に求める指導案をめぐっては，現場と養成校とでもっと具体的な論議を深めていく必要があるのではないでしょうか。

❹ 子育て支援とは

現代社会では，新たに保育者に「子育て支援者」としての役割が求められるようになりました。「子育て支援とは何か」「どうすれば子育て支援が実施できるのか」は，これから保育者と保育学研究者が突き詰めていかなければならない問題です。そして今後，保育者になろうとしている学生に，それをしっかりと伝えていかなくてはなりません。

本稿では特に「学生主体の子育て支援」という視点から，今後の子育て支援教育の在り方を考えてきました。

しかし，当初「もちっこ広場」を立ち上げようとしたときは，学生は補助者としてしか位置づけていませんでした。保育のテーマとしてもまだ新しい「子育て支援」ですから，まずは実践者によって，しっかりとその足場を築くことが先決だと思っていました。また，学生たちにとっても，親や保護者との直接的な交流・連携は負担が大きすぎるのではと危惧していました。

しかし，「じゃん・けん・ぽん」の保育者たちの勧めによって，親たちとの交流を学生自身に課していくと，学生たちは，はじめのころこそ「緊張して話しかけることもできない」といった状況が見られましたが，しだいに親子とあいさつを交わすだけでなく，自分から話しかけていく姿が見られるようになりました。親の中にも，学生の緊張をほぐしてくれるような心づかいを見せてくださったり，むしろ学生との交流を楽しみにして来てくださる方がいたりしたことが，大きかったと思われます。

そのなかで，学生たちが「自分たちにもできる子育て支援」として発見し，積極的に取り組んでいったことは，「下の子を預かる」ということでした。

参加者の中には，毎年下の子も連れて参加する人が少なくありませんでした。それもまだ小さいので，抱いたり，おんぶしたり，ベビーカーに乗せて連れてくる人がほとんどです。受付や遊びなど，何をするにも赤ちゃんを抱いたままで，上の子の名札を付けたり，着替えをさせたり，そのうちに赤ちゃんが眠ってしまったりなど，見ていても本当に親は大変そうでした。

学生たちは，目の前で下の子に手を取られ難儀している親，なかなか親と二人だけで思いっきり遊べず，ときどきすねたりしてしまう上の子を見る機会が多くありました。それで，自然に「下のお子さんをお預かりしましょうか」という声が出てくるようになったのです。これには「ちょっと下の子を見てもらっていてもいいかしら？」と学生を信用して預けてくださる親や，ごく当たり前のように下の子を引き取ってあやしている「じゃん・けん・ぽん」のボランティアの姿に触れてきたことも，非常に大きかったと思います。

こうして，最初は思いつかなかった，だっこしているうちに自分の手の中で眠ってしまった赤ちゃんをそっと下ろして寝かせるための「長座布団」や，「おむつ交換場所」，「授乳場所」などを，指導案の環境構成欄に書きこむ学生の姿がみられるようになってきました。

学生たちが，「私たちでもできる子育て支援」として見出した，「下の子を預かる」という支援は，けっして特別なものではなく，だれもが参加しやすい子育て支援の一形態でしょう。一日中来る日も来る日も子どもの相手に追われて休む暇もない親が，少しでも休息がとれるようにしたり，ときには親がじっくりと上の子どもと向き合えたりできるように，地域住民の手で，このような支援がもっ

ときめ細かく広がっていくことが求められます。

また2010年度は，「市民カレッジ」受講生のための託児を実施しましたが，これは子どもや子育てのための学習の場に足を運ぶ人たちの託児の場が，伴われる子どもたちにとっても楽しい遊びの場となることを，ねらっての活動でした。

たとえ育児中であっても，親が働き続ける事はもちろん，自分の関心あることがらを学んだり，好きな事を続けたりすることは，生活に張りを持たせ，豊かな人生を送るのに欠かせないものです。そのような育児中の親の願いをサポートするために，託児はとても重要な子育て支援です。昨今では，保育所や子育て支援センターを利用して，親の所用やリフレッシュのための「一時保育」もかなり普及してきました。このような一時保育の体験実習もこれからの保育者養成には必要になってくるでしょう。そのような視点から2010年度は託児の実践を行いました。

一応の事前申し込みはあるとしても，実際には毎回参加する子どもの数や年齢や性別が直前までわからないという制約のもとで，学生たちは精一杯事前にさまざまな環境構成を行って，子どもたちの入室を待ちました。しかし中には母親の姿が見えなくなると体を反らして泣き続け，泣き疲れて眠ってしまう子どももいましたから，そのような子どもを抱き続けたり，ほとんど休みなく動き回る子どもに付いて回るなど，初めは1対1で対応するのがやっとでした。

しかし，毎回ひたむきに対応する学生たちの思いが子どもたちに通じたのでしょうか，子どもたちも，しだいに会話ができるようになったり，帰りの時間近くになると，じっと絵本の読み聞かせに耳を澄ませたりできるようになりました。

また初めは，泣いていてどんな言葉掛けにも耳を貸さなかった4歳の女の子が，「じゃん・けん・ぽん」のボランティア保育者に，「お母さんは今勉強しているの。Sちゃんが泣いているとお母さん勉強ができないよね。」と声をかけられ，泣き止んで少しずつ好きな遊びを見つけて遊びだしました。そのあとは，学生とも目を合わせたり一緒に遊びを楽しんだりできるようになりました。

このような場面を通して，学生たちは，子どもが周囲の変化に気づき，どのようにそれを受け入れていくのかを目の当たりにすることで，子どもたちの柔軟性や自らの意思で動き出すときの生き生きしさを意識するようになりました。ただ一度の託児といえども，子どもにとっては貴重な生活の場です。その場にかかわることによって，「子どもにかかわる」保育者という役割の意味をより実感的につかんだ経験となりました。

● 「学生主体の子育て支援」を通じた学生の学び

2012年度の学生たちは，筆者が目指してきた「学生主体の子育て支援」のひとつの姿を彼ら自身の手で図らずも示してくれました。

学生たちは「幼児教育学総合演習の記録」中，（保育内容論）の最後の「研究のまとめ」を次のように締めくくっています。

◀研究のまとめ1▶
〈指導案作成からの学び〉
①子の姿から考えるねらい・内容
はじめの頃は活動を選ぶポイントとして，季節感，気候，外でできること，2歳児ができることなどを踏まえながら活動を考えてい

た。しかし回数を重ねるごとに，親子だから
できる活動，保護者同士や子ども同士の関わ
りを持てるもの，前回の親子の姿を踏まえて
活動を選べるようになってきたように思う。
さらに「あの子だったらこうなりそう」と個々
の予想や配慮を考えながら計画を進めていけ
るようになってきた。この活動がいいのでは
ないか，と頭で考えても，実際にやってみる
と，難しかったり，簡単すぎたり，面白くな
かったり，新たなアイディアが浮かんだりす
る。その中でも自分たちが楽しいと感じた活
動を行うと，親子にもとても楽しんでもらえ
たように感じる。

②**教材研究の徹底**

　活動の候補をいくつか挙げながらそれらを
実際に自分たちでやってみて，試行錯誤を繰
り返すことでより良い活動選択に繋がってき
たのではないかと感じる。例えば色水遊びで
はペットボトルのキャップにつける絵具の種
類や，量・乾かす時間の調整などをリーダー
だけでなくゼミ生全員で検討したことで，異
なる視点や気づかなかった点に気づけた。
また，教材研究をすることで活動を自分自身
が経験して『もしかしたらこんな事もあるか
も…』といったようにさまざまな想定をする
こと，その想定に対する配慮を考えることの
大切さを学ぶと共に難しさを知った。

③**仲間との連携**

　毎月のリーダーを交代して行っていたた
め，自分がリーダーになったときに他のゼミ
生や，活動によってはボランティアの学生に
も確実に内容を伝えることの難しさを知っ
た。確実に仲間に伝えるためには，ねらいは
何なのか，どこに重きを置いているのかなど
をリーダー自身が明確にしていること，また

指導案は誰が読んでも分かるように，いかに
具体的且つ簡潔に書くかということが大切だ
と改めて気付いた。指導案はゼミの時間に何
度も検討を重ねたが，検討の際には自分の
意見を主張しながらも他の学生や立浪先生，
じゃん・けん・ぽんのスタッフの方の意見を
取り入れることで，活動もより深まり，さら
にさまざまな考え方，見方があることを知っ
て自分の考えの幅を広げることができたよう
に思う。

◀**研究のまとめ2**▶
〈**目標について**〉

　『身近なものや環境を生かして，外遊びが
できる場を親子に提供する』という目標を掲
げていたが，実際に親子と関わる中でペット
ボトルがおもちゃになったり，葉っぱがスタ
ンプになったりするなど，身近なものでも遊
べるというきっかけづくりになったと思う。
実際の活動後でのアンケートでも，「家でも
やってみたい」という声があった。また，保
護者同士の関わりも回を重ねるごとに多く
なった。このことから，外遊びができる場を
提供するだけでなく，身近なものでもおも
ちゃになったり，保護者同士の関わりが増え
たりするなど，知るきっかけや話すきっかけ
づくりとしての場でもあったのではないかと
考える。

〈**実践を通して**〉

　子ども中心の活動で，保護者は一緒に参加
してもらうというスタンスで行ってきたが，
親子に活動を楽しんでもらうにはまず，保護
者が安心できるような配慮が必要であるとい
うことに気づかされた。例えば，8月の活動
では託児の環境構成まで意識がいかず，おむ
つ替えスペースや授乳室の環境を指導案上で

考えていなかったり，乳児にとって危険なものが手の届くところに置いてあったりなど，衛生面・安全面での配慮が足りなかった。そのため9月以降の活動では，指導案に授乳・おむつ替えスペースの環境構成を細かく書くよう心掛けてきた。

　毎回活動後に反省会を行い，実践と反省を繰り返していく中で，特に衛生面・安全面での配慮の不足などが課題として浮かび上がり，どのようにしたら保護者が安心して活動に参加できるのかという点に視点を置いて，子育て支援を改めて見つめ直した。」

（長野県短期大学幼児教育学科・平成24年度幼児教育学総合演習の記録より）

5　卒業生のたよりから

　もちっこ広場を担当した学生たちは，ほとんど幼稚園，保育園の現場に就職しました。最初の学生たちは，2012年度で5年目を迎えています。本書の執筆にあたって，もちっこ広場を体験した卒業生にアンケートを送り，その後の感想を聞いてみました。その中からいくつかご紹介します。

■「卒業後，ゼミでの経験が何か役に立ったなと思ったことがありましたか？」

●学生時代は実習以外は保護者の方と接することがほとんどなかったのですが，もちっこ広場では，子どもたち，保護者の方ともお話したり接することが多かったので，就職してから保護者の方とお話する際に役立ちました。
　登降園の際に保護者の方と話す際に，わからないなりにも，もちっこ広場のことを思い出しながらやらせていただいてます。

（2008年3月卒業　保育士）

●お母さんが子育てを楽しめないと，お母さんが笑顔でないと子どもが安心して楽しめる環境は作れないということです。
　1年目，うまく関係が築けず，対応に悩む保護者がいたときに自分に言い聞かせ，お母さんが子育てを楽しむために私ができることは何か考えました。
　日々子どもをよく見て，いいところや頑張ったこと好きなこと喜んでいた姿などをよく伝えること，そしてお母さんとは一緒に考えましょう，頑張っていきましょうという立場をとること，お母さんの頑張りをねぎらうことだと思い接するようにしています。

（2008年3月卒業　保育士）

●自分達で考え，実践するという活動を，もちっこ広場を通して何度も経験していたため，園内での行事の準備，運営にも，積極的に参加することができている。ゼミの仲間で相談し，思いつく限りの可能性や危険を予想し，準備の大変さや，教材研究の重要性も回を重ねるごとに実感していったので，一人で保育や行事担当を行っている今，できるだけ先を見て計画や準備を行うことができているのではないかと思う。
　幼稚園で保育をしているため，3歳未満児とかかわることはほとんどない。しかし，登降園時，下の子がいる保護者の子育ての悩み（愚痴）を聞き，（わからないことばかりで，ほとんど聞き，共感して終わることが多いが）自分の経験やもちっこ広場に遊びに来ていた子どもの様子を交えながら，具体的に話をすることができている。

（2009年3月卒業，幼稚園教諭）

- 小麦粉粘土をやりたいと思ったときに，過去のもちっこ広場の指導案を見て，作り方やポイントなどがすぐにわかったこと。

（2010年3月卒業　保育士）

- 園の参観日で，親子で遊べるコーナーを設け，保護者の方にも参加していただくという形の参観日がありました。コーナーの一つにシャボン玉コーナーがあったのですが，以前ゼミのもちっこ広場でシャボン玉をやったときに使ったアイディアを取り入れて行ったところ，保護者の方にも子どもにも大好評でした。具体的には，団扇の骨組みや針金に毛糸を巻いて作った枠などをシャボン液につけてシャボン玉遊びを楽しみました。
学生のころ，ゼミの仲間ともちっこ広場の活動のためにさまざまな教材研究をしたことや，活動の計画を練った経験が保育の現場で役に立ったと感じました。

（2010年3月卒業　幼稚園教諭）

卒業生たちの感想は，おおむね，

① 教材研究や指導案の内容を現場で生かせた
② 保護者との交流や保護者支援に抵抗感や苦手意識を持つことなく，スムーズに対応できる

の2点に集約されるようです。

これらは，おおよそ筆者が期待していたことであり，もちっこ広場の活動が実践現場で少しでも役に立ったとすれば，本当に喜ばしいことです。

ただ，現場に出れば，さまざまな困難が待ち構えていることも事実です。卒業生たちの回答には，保護者の愛情を求めて屈折した行動に出る園児に戸惑ったり，「気になる子ども」の対応に試行錯誤の連続だったり，外国人親子の支援に悩んだりする姿も垣間見えました。そのなかで，現場で感じとった本来の子育て支援について，目を向け始めている卒業生もいます。

- もちっこ広場では，月1回の活動ということもあり，親子の表面的な部分しか見ることができませんでした。しかし，クラスの担任になって，子どもたちの背景にあるものを把握できるようになったことで，この家庭には何が必要かを具体的に考えられるようになりました。学生の頃，子育て支援を大きな枠で捉えていたように感じます。今では，日々の保育そのものが子育て支援になっていると思うと，子どもたちのためなら何でもやろうと思ってしまいます。

（2010年3月卒業　保育士）

筆者は，常々「子育て支援は特別なものではない。保育者はずっと前から子育て支援をやってきたのだ。幼稚園や保育所そのものが子育て支援の場なのだから」と言ってきましたが，はや，そのことをつかんでくれたのかと，とてもうれしく思いました。まさに「わが意を得たり」という思いでした。

もちっこ広場を始めて7年，筆者自身が思いもかけない発見が多くあり，また見直しを迫られることも少なくありませんでした。しかし，多くの方に支えられ，今は，この活動に取り組んでみて，だれよりも多くの収穫があったのは，実は筆者自身ではなかったかと感無量の思いです。

❶☞ http://www1.odn.ne.jp/youth-study/
reserch/index.html

❷☞ 堀合文子監修「堀合文子先生の実践ビデオ」
全7巻 実践保育研究会制作 2003 ～ 2005

❸☞ 同上 第1巻「3歳児・春」

❹☞ 堀合文子・田中三保子・上坂元絵里・嶺
村法子「保育のいずみをくむ：堀合文子先生に
伺う」『幼児の教育』，第89巻第8号 フレー
ベル館 1990 p.16

❺☞ 同上 p.11

❻☞ 同上

❼☞ 同上 p.10

❽☞ 堀合文子「現代の幼児教育を考える」『幼
児の教育』第89巻第3号 フレーベル館
1990 p.33

❾☞ 同上

❿☞ 前掲❹ p.15

⓫☞ 2012年度長野県短期大学幼児教育学科
「幼児教育学総合演習の記録」より

あとがき

　保育を実践科学としてとらえるとらえ方は，最近でこそ珍しいものではなくなりましたが，「実践とは何か」「実践科学としての保育の研究とはどういうものか」という点では，まだまだ本格的な追及はなされていないように思われます。

　かなしいかな，ことばだけがすぐ独り歩きしてしまう保育研究の実態は，いまだ，あまり改善されているようには思えません。

　筆者は，保育者養成に従事してすでに30数年を数えますが，これまで一貫して追い求めてきたのは実践の科学でした。「実践科学としての保育研究」の在り方を模索する中で，実験や観察とは異なる実践記録による研究に着目するようになり，保育者とともに，「実践記録の書き方」についての研究や「実践記録を読み合い，討議する」研究を，積み重ねてきました。

　しかしそのなかで，保育者の書いた実践記録をともに読み合い分析しながらも，どこか核心を伝えきれないもどかしさを感じることが再三ありました。

　そこで，やはり自分も自分自身の実践記録を書いてみなければ，といつしか思うようになりました。「保育者養成」もまた教育実践の一つであるというとらえ方は，まだそれほど普及しているとは言えないかもしれませんが，このジャンルで自分の実践をまとめることで，保育にも共通する，実践のとらえ方，まとめ方，研究としての在り方を具現化してみたいと思いました。

　書き上げて思うことは，まだまだいかに未熟なものかということです。合わせて，言い訳になるかもしれませんが，「書かなければ始まらない」ということも実感しています。これまで自分は何を言いたかったのか，学生や保育者に何をわかってほしいと願ってきたのか，すべて表現しきれているわけではありませんが，ようやく少しは言葉にできたかなという気がしています。あとは，これをさらに検証しなおしていくことが課題です。

　概説書や授業テキスト等の公刊は，おびただしいものがありますが，これまで「保育者養成の実践記録」というジャンルでは，どれだけのものが公刊されているでしょうか。まだまだ乏しいのが現実でしょう。そういう意味で，本書がこの分野での一つの捨石になればと願ってあえて出版を決意しました。

　本書をまとめるにあたって，これまでともに学び合ってきた多数の卒業生，現場の保育者，こども広場「じゃん・けん・ぽん」，長野市役所の生涯学習課や保育家庭支援課の皆様に心からお礼を申しあげます。とりわけ，2006年度からともに保育内容論ゼミを作り上げてきたゼミ生の名を下記に記して，心からの感謝を捧げます。

- 2006 年度
  北村茉弓・小林身江・齋藤祥子・桜井花絵・佐藤明美・中澤　恵・保坂美里・
  増子有紀・宮下明子（2 年生 9 名）
- 2007 年度
  北原成美・熊谷円香・清水萌葉・田口朋絵・田本　淳・長島未怜・丹羽直美
  （2 年生 7 名）
- 2008 年度
  安部愛沙子・大久保恵・岡本美希・松本奈央・南　艶香・百瀬史麻・柳澤友希
  横谷茉那美（2 年生 8 名）
- 2009 年度
  安部愛沙子・岡本美希・松本奈央・南　艶香・百瀬史麻・柳澤友希・横谷茉那美
  （専攻科生 7 名）
- 2010 年度
  伊東千明・岡澤沙季・木村彩乃・小林ちひろ・坂西麻衣・滝澤　薫・降旗大治
  （3 年生 7 名）
- 2011 年度
  岩垂彩香・小林佳奈・高山みどり・中村円香・片見直美・松澤　梓・百瀬はるか
  （3 年生 7 名）
- 2012 年度
  窪田詩織・栗林朋子・小林未佳・下平綾音・武井　遥・武田由佳・花村ちひろ
  丸山愛子・柳澤美里・芳川愛子（3 年生 10 名）

ありがとうございました。

　また，勤務校の長野県短期大学の上條宏之学長には，ご多忙のさなか，「上梓を歓ぶ」を御寄稿いただき，感謝に堪えません。

　ななみ書房の長渡晃氏にはこのたび本書刊行の機会のみならず，さまざまなご配慮をいただきました。あわせて深く御礼申し上げます。

立浪　澄子

■■著者紹介■■

立浪澄子（たちなみ　すみこ）

《略　歴》
1951 年　熊本県生まれ
1974 年　お茶の水女子大学家政学部児童学科卒業
　　　　　小学校教員，富山女子短期大学講師，助教授，
　　　　　カナダ・ローレンシアン大学客員研究員を経て
1997 年　長野県短期大学幼児教育学科助教授
2003 年　同教授，現在に至る。
2010 年〜　同付属幼稚園長兼務

《主な著書・論文》
（共著）
立浪澄子他著『保育カリキュラムをつくる・はじめの一歩−
　　　長野県短期大学付属幼稚園の実践』新読書社　2000
福田光子編『女と男の時空　第 4 巻』藤原書店　1995
岩崎次男編著『幼児保育制度の発展と保育者養成』
　　　玉川大学出版会　1995　等
（単著論文）
「保育者の誕生−東京女子師範学校初代主任保姆松野クララ来日の
　　　経緯について」『幼児の教育』111 巻 4 号
　　　フレーベル館　2012
「どう教える？『木は生きている』」『保育学研究』第 42 巻第 1 号
　　　日本保育学会　2004　等

実践力を育てる　−「学生主体の子育て支援」を通して−
2013 年 5 月 1 日　第 1 版第 1 刷発行

●著　者　　　立浪澄子
●発行者　　　長渡　晃
●発行所　　　有限会社　ななみ書房
　　　　　　　〒 252-0317　神奈川県相模原市南区御園 1-18-57
　　　　　　　TEL　042-740-0773
　　　　　　　http://773books.jp
●絵・デザイン　磯部錦司・内海　亨
●印刷・製本　　協友印刷株式会社

©2013　S.Tachinami
ISBN978-4-903355-36-8
Printed in Japan

定価は表紙に記載してあります／乱丁本・落丁本はお取替えいたします